LA
GUERRE FRANCO-ALLEMANDE
DE 1870-1871
SOUS
LE ROI GUILLAUME

PAR UN OFFICIER D'ÉTAT-MAJOR PRUSSIEN

TRADUIT DE L'ALLEMAND PAR

L. DE DIESKAU CAPITAINE D'ÉTAT-MAJOR

ET

G. A. PRIM LIEUTENANT D'INFANTERIE

ADJOINTS A L'ÉTAT-MAJOR DE LA PREMIÈRE DIVISION TERRITORIALE
DE BELGIQUE.

DEUXIÈME PARTIE.

DU 8 AOUT 1870 A L'INVESTISSEMENT DE METZ

(avec deux annexes et trois cartes).

PARIS.
Imprimerie et Librairie militaires
J. DUMAINE, LIBRAIRE-ÉDITEUR
Rue et Passage Dauphine, 30.

BRUXELLES.	**TURIN ET FLORENCE.**
C. MUQUARDT,	BOCCA, FRÈRES
HENRY MERZBACH, succ', Libraire-Éditeur.	Libraires de Sa Majesté le Roi d'Italie.

1872

LA

GUERRE FRANCO-ALLEMANDE

DE 1870-1871

SOUS LE ROI GUILLAUME.

DEUXIÈME PARTIE.

ANVERS. — IMPRIMERIE J.-E. BUSCHMANN.

LA
GUERRE FRANCO-ALLEMANDE
DE 1870-1871

SOUS

LE ROI GUILLAUME

PAR UN OFFICIER D'ÉTAT-MAJOR PRUSSIEN

TRADUIT DE L'ALLEMAND PAR

L. DE DIESKAU CAPITAINE D'ÉTAT-MAJOR

ET

G. A. PRIM LIEUTENANT D'INFANTERIE

ADJOINTS A L'ÉTAT-MAJOR DE LA PREMIÈRE DIVISION TERRITORIALE
DE BELGIQUE.

DEUXIÈME PARTIE.

DU 8 AOUT 1870 A L'INVESTISSEMENT DE METZ

(avec deux annexes et trois cartes).

PARIS.

Imprimerie et Librairie militaires

J. DUMAINE, LIBRAIRE-ÉDITEUR

Rue et Passage Dauphine, 30.

BRUXELLES.	**TURIN** ET **FLORENCE.**
C. MUQUARDT,	BOCCA, FRÈRES
HENRY MERZBACH, succ', Libraire-Éditeur.	Libraires de Sa Majesté le Roi d'Italie.

1872

Tous droits réservés.

XIII.

Considérations sur les suites des victoires du 6 août.

L'histoire nous offre peu d'exemples d'une guerre entre deux nations puissantes, où les premières rencontres eurent pour résultat d'ébranler jusque dans leurs fondements, la grandeur et la prépotence de l'une, tandis que l'autre montrait dans l'issue de la campagne une confiance absolue. Cependant, en face d'une nation aussi forte que la nation française, quelques divisions enfoncées ne suffisaient pas pour assurer le succès et confirmer cette confiance; d'autres circonstances favorables devaient évidemment se joindre à la valeur de nos généraux et de nos officiers, au courage de nos soldats : Une mobilisation plus prompte, une stratégie plus habile, enfin, notre tactique aussi heureuse qu'intrépide, ont largement contribué aux résultats que nous pouvions espérer, et sur lesquels les affaires de Wissembourg, Spicheren et Woerth ont exercé une influence considérable.

Ces trois victoires avaient certainement leur importance, mais elles n'étaient pas décisives — vu les armées nombreuses que les deux nations rivales avaient mises en présence — et ne devaient pas entraîner inévitablement l'évacuation de l'Alsace, de tous les passages des Vosges, et de la Lorraine jusqu'à la Moselle.

L'Allemagne *unie* se rencontrait pour la première fois avec les forces que la France avait rassemblées à sa frontière, avec les forces d'une nation que son influence politique, sa puissance et les produits de son intelligence avaient fait nommer la première du monde. Or, il était impossible, d'après ces simples préliminaires, de préjuger auquel des deux adversaires resterait la prépondérance.

Jugeons donc avec impartialité, et ne faisons pas la part trop large à notre valeur nationale !

Mais ce que nous pouvons affirmer, ce que nous devons à la vérité de dire, c'est que les succès rapides et importants que nous avons remportés au début de la campagne, sont dus à l'énorme dissemblance qui existait entre les deux chefs suprêmes, aux mains desquels les parties avaient confié leurs destinées respectives, et qui tous deux s'étaient préparés depuis plusieurs années, par tous les moyens en leur pouvoir, à la lutte gigantesque qu'ils venaient d'entreprendre.

Pour prouver ce que nous avançons, jetons un coup d'œil rétrospectif sur cette époque : Un écrivain français, que nous avons déjà consulté quelquefois, dit, en parlant des impressions produites par les premières défaites, et des circonstances qui les rendirent plus sensibles encore :

« Le pays, douloureusement impressionné déjà par la sur-
» prise de Wissembourg, apprit avec consternation le
» double désastre qui frappait notre armée le 6 août. A
» l'enthousiasme et à l'aveugle confiance des premiers
» jours succéda un profond découragement, une grande
» inquiétude de l'avenir. Les dépêches expédiées du grand

» quartier général étaient d'ailleurs peu faites pour ras-
» surer. »

La reproduction textuelle de ces dépêches est le meilleur moyen de présenter la situation sous son véritable jour ; les termes dans lesquels elles sont conçues, démontrent clairement quel coup l'attaque imprévue du souverain allemand avait porté au chef de la nation française :

« Metz, 7 août, 8 heures matin.

» Il est nécessaire que la France et Paris se préparent
» aux plus grands efforts, aux plus grands sacrifices. Point
» de défaillance. Mac-Mahon couvre Nancy. Le corps de
» Frossard est bien dirigé. Le major-général est aux avant-
» postes. »

« 11 heures 55 minutes.

» La concentration des troupes sur Metz continue sans
» difficulté. L'épreuve qui nous est imposée est dure, mais
» elle n'est pas au-dessus du patriotisme de la nation. »

« 4 heures soir.

» L'ennemi ne poursuit pas Mac-Mahon. Le maréchal
» concentre ses troupes. »

L'auteur français constate ensuite que ces dépêches jetèrent le cri d'alarme dans le pays et dans l'armée, enlevant ainsi à l'un et à l'autre le premier élément de succès, la confiance, bien qu'un quart seulement de l'armée, deux corps sur huit, eût été engagé.

Au moment où Napoléon III essuyait un premier échec, nous voyons, d'une part, sa nature timorée se révéler tout entière, tandis que de l'autre, le roi Guillaume montre toute l'énergie de son caractère, en poussant vivement ses forces en avant, sur le territoire même de l'ennemi.

Pendant que la démoralisation venait empirer la situation des Français, l'enthousiasme de l'Allemagne ajoutait à la confiance de l'armée et de la nation, qui se sentaient sûres désormais du succès de leurs efforts. L'une et l'autre voyaient se lever, pour le pays, une ère nouvelle d'honneur et de gloire.

Le général de Moltke avait raison de dire que : Hésiter dans l'offensive, ou s'en tenir à la défensive absolue, sont, d'après les circonstances, de plus grandes fautes stratégiques que de consentir à des sacrifices tels que ceux que notre armée dut s'imposer en chargeant les masses françaises, et qui peuvent sembler énormes.

L'ennemi possédait une arme d'infanterie meilleure que la nôtre et combattait sur son propre territoire, où il s'était choisi des positions éminemment favorables, renforcées encore par des ouvrages de fortification, outre le système de places fortes existant. L'Allemagne devait donc absolument, au début de la guerre, se résigner à de terribles holocaustes, dès qu'elle se fût décidée à adopter le rôle offensif. Pour les rendre moins sensibles, les chefs de l'armée allemande devaient profiter du dissentiment qui divisait les conseillers de Napoléon, c'est-à-dire ne pas leur laisser le temps de se mettre d'accord et d'exécuter leurs projets. Il s'agissait donc d'attaquer le plus vite possible. Plus tôt la frontière serait franchie, moins l'entreprise coûterait de sang ([1]).

Cependant ce plan stratégique ne pouvait être l'œuvre

([1]) Nous restons convaincus, malgré les affirmations contraires, que l'état-major français avait adopté le plan d'une offensive énergique.

du général de Moltke seul; le roi Guillaume y a puissamment contribué, tout en donnant plein pouvoir à son chef d'état-major général, afin de faciliter sa tâche sous le rapport administratif. Les connaissances militaires du roi Guillaume, sa grande expérience des choses de la guerre, ne permettent point de considérer comme une faute politique, cette confiance absolue que le souverain avait placée dans l'habileté d'un de ses généraux, sans pour cela s'affranchir en aucune façon de sa propre responsabilité : De cette manière seulement, les ordres importants qui devaient imprimer sa direction à l'armée, pouvaient être transmis dans le plus bref délai.

Le plan de campagne, la distribution des forces, les marches de concentration, en un mot, les premières dispositions stratégiques de l'armée allemande, semblaient l'œuvre d'une seule et même intelligence, précisément parce que le commandant en chef s'était entendu avec son conseiller.

Mais le souverain seul pouvait prendre sur lui de pénétrer rapidement en pays ennemi; c'était en effet remettre entre les mains du destin des batailles, outre l'éclat de sa couronne, la chute ou l'élévation de la patrie allemande.

Par conséquent, bien que l'intention du général de Moltke eût été de marcher vivement en avant, s'il s'était vu contrarié dans ses projets par un souverain moins audacieux, qui aurait préféré s'appuyer sur la garantie que lui offraient les forteresses du Rhin, à quoi auraient servi la valeur de nos troupes, l'habileté de nos chefs, bref, tous nos avantages pour l'offensive? Nous ne serions pas devenus le premier peuple du monde!

La stratégie adoptée vis-à-vis de l'Autriche, pouvait bien ne pas réussir contre la France. François-Joseph, autrefois, avait été tellement sûr de la victoire, qu'il rejeta, en les blâmant avec sévérité, les avertissements du feldzeugmeister de Gablenz. Mais il lui manquait l'énergie voulue pour prescrire d'attaquer sur-le-champ un ennemi qu'il croyait inférieur. Après, on chercha à expliquer l'insuccès de la campagne, en prétendant que l'armée n'était pas prête.

. L'empereur Napoléon, au moment même où il lançait son cartel à l'Allemagne, était presque certain de ne pas trouver, dans les Etats du Sud, l'alliance qu'il avait espérée. Il aurait donc pu les attaquer, et nous causer ainsi un grand tort, tout au commencement de la campagne. Ce n'étaient pas les plans qui lui manquaient. Il annonçait lui-même son intention de pénétrer en Allemagne par Maxau. Pourquoi ne l'a-t-il pas fait? Puisque la guerre était déclarée, et que momentanément il était le plus fort, il pouvait tout aussi bien entreprendre l'invasion que de laisser ses troupes immobiles à la frontière.

Une tentative de ce genre ne pouvait nullement influer sur l'issue de la campagne, c'est vrai ; mais c'eût été un acte d'énergie qui pouvait électriser ses soldats. Enfin, cette résolution, il ne sut pas la prendre, bien qu'autrefois la fermeté ne lui fit pas défaut pour certaines entreprises.

L'histoire, toutefois, ne peut condamner les deux princes que nous venons de citer, parce qu'ils ont manqué de résolution, pas plus que la crainte d'être taxés de flagornerie, ne nous empêchera de proclamer l'énergie, l'audace dont le roi Guillaume, notre général en chef, a fait preuve au moment décisif.

Quelle que fût l'habileté de nos chefs, quelles que fussent la valeur et l'intrépidité déployées par les Allemands dans les premières rencontres, elles ne pouvaient pourtant surprendre les Français, instruits par l'histoire des dernières années, au point de complétement les étourdir.

Mais voici la cause de leur stupeur : Le roi Guillaume avait reconnu devant l'Europe la puissance de la France, et il n'avait point rejeté comme impossible, l'idée d'un premier échec. Aussi l'ennemi, qui possédait une arme d'infanterie supérieure, dont l'armée était établie dans des positions fortifiées, protégées par un système de places de guerre, ne pouvait-il prévoir que le souverain de l'Allemagne, sans attendre que la concentration stratégique de ses forces fût terminée, laisserait loin derrière lui les forteresses allemandes, et viendrait déployer son drapeau bien au-delà du Rhin.

Il est difficile d'admettre que les Français fussent dans une ignorance complète au sujet du plan de mobilisation de l'armée prussienne, et du temps nécessaire à son exécution : Les résultats brillants obtenus par l'emploi stratégique des chemins de fer, pouvaient tout au plus les tromper de quelques jours sur le terme de notre première marche stratégique. Mais ils étaient loin de se douter que le roi Guillaume, contraint à la guerre, viendrait sitôt forcer les portes de la France.

Cependant Napoléon, généralement irrésolu, était d'autant plus actif et prudent pour se garantir d'une surprise. Mais en cette occasion, il ne montra ni prudence ni activité : il passa le plus confortablement possible, les heures qui le séparaient du premier choc.

Mac-Mahon, ainsi que nous l'avons vu, parla d'une façon assez dédaigneuse des Prussiens, qu'il attendait au combat ; pourtant le maréchal n'était pas fanfaron, et il est probable que lui-même, au 5 août, ne connaissait pas la force imposante des troupes ennemies qui déjà se trouvaient dans son voisinage.

En ce qui concerne le général de Failly, son impuissance et son inaction paraissent si étonnantes en présence de son exactitude habituelle à remplir ses devoirs, que l'on ne peut repousser, quant au fond, les justifications qu'il a publiées sur sa conduite : Il se sentait surpris, et nullement à hauteur de la situation, qui le plaçait entre deux dangers, bien qu'il ne fût pas attaqué lui-même.

Enfin, l'immobilité du maréchal Bazaine, le 6 août, n'est explicable que par l'idée fausse qu'il se faisait des intentions de l'ennemi.

Que voyons-nous immédiatement après les événements qui suivirent l'ouverture des hostilités, et qui n'étaient pas assez importants, avouons-le, pour compromettre la France?

L'impératrice-régente annonce par une proclamation ces grands malheurs au pays ; les chambres, répondant à ce cri de détresse, se réunissent d'urgence ; dès le 7 août au matin, le conseil des ministres déclare Paris en état de siège : un décret appelle dans la garde mobile tous les jeunes gens au-dessous de 30 ans, et dans la garde nationale tous les citoyens de 30 à 40 ; deux jours après, les divisions militaires de Lille, Châlons, Strasbourg et Lyon sont mises en état de siége ; enfin, la patrie est déclarée en danger !

La patrie cependant ne courait pas un danger tel, qu'il fallût le publier à son de trompe parmi toute la France. Après avoir vaincu à la frontière au prix d'efforts inouïs, les Allemands, dont une partie de l'infanterie et du train e trouvait encore en arrière, ne pouvaient se porter en avant avec la prodigieuse rapidité que l'on semblait craindre.

Les Français, ayant appris le 7 au matin que Sarreguemines était occupée par les avant-postes ennemis, on fit reculer encore le gros de l'armée du Rhin. D'après les sources françaises, ce fut la retraite précipitée du corps de Frossard et sa rencontre, vers 4 heures du soir, avec le corps de Bazaine à Puttelange, qui détermina une déroute générale et complète de ces deux corps.

Le maréchal Le Bœuf, major-général, apprenant cette retraite désordonnée, ne trouva rien de mieux que d'ordonner une concentration rapide sur Metz, des IIe, IIIe, IVe corps et de celui de la garde.

Le major-général aurait pu expédier plus tôt, dans la nuit du 6 au 7 par exemple, des ordres qui eussent conservé jusqu'à un certain point la confiance des troupes et de leurs chefs, et, vu le nombre de corps restés intacts, empêché peut-être la retraite de se changer en déroute.

Jamais le roi de Prusse ni son chef d'état-major n'ont hésité à consacrer la nuit à des travaux pressants ou à des marches, quand il y avait lieu d'en espérer quelque avantage. Napoléon, dont les plus grands intérêts étaient engagés, ne pouvait-il faire de même ? Non : Il s'en est reconnu incapable, ce que prouve la dépêche suivante, datée du 8 août, adressée à l'impératrice par M. Piétri, chef du cabinet de l'empereur, et qui n'a été connue que plus tard :

« N'écoutant que mon dévouement, j'ai demandé à l'empe-
» reur s'il se croyait physiquement assez fort pour supporter
» les fatigues d'une campagne, rester à cheval tout le jour
» et passer la nuit au bivac. Il m'a avoué que cela lui était
» impossible. Après quoi je lui fis remarquer qu'il vaudrait
» mieux partir pour Paris, afin d'y organiser une nouvelle
» armée, avec le maréchal Le Bœuf comme ministre de
» la guerre, et de remettre le commandement au maréchal
» Bazaine. Ce dernier possède la confiance, et on le croit
» capable de tout réparer. Dans le cas d'une défaite réitérée,

» l'empereur n'en porterait plus toute la responsabilité.
» C'est également l'avis de tous les vrais amis de l'em-
» pereur. »

Certes, il eût été préférable, pour les intérêts de Napoléon, qu'il eût suivi aussitôt ce conseil, au lieu de rester éloigné de la capitale, ce qui ne pouvait que mettre en relief sa nullité sur le champ de bataille, où sa présence était moins utile qu'embarrassante.

Après nos premières victoires, l'incapacité de l'empereur fit plus encore pour nos succès futurs que la défaite même de deux corps d'armée, et ceci fut cause qu'en Allemagne on ne se rendit pas exactement compte, avant les journées de Metz, de la résistance qui nous fut opposée par l'ennemi.

La panique qui s'était propagée parmi les troupes françaises, n'avait pas pour cause leur propre impuissance. Non, ce sont les terreurs des chefs, dont l'inaptitude était déjà reconnue, qui ont produit un effet désastreux sur les rangs inférieurs.

L'armée du Rhin avait à sa disposition un réseau télégraphique parfaitement complet; il était si facile, dans le rôle défensif, d'en faire un usage rationnel pour donner des ordres et recevoir des renseignements avec la plus grande célérité. Forbach, Puttelange, Sarreguemines, Bitche, Reichshofen étaient reliés à Metz par des fils télégraphiques. Il n'eût donc pas fallu de grands efforts à l'état-major général, pour empêcher la déroute, s'il avait été capable de prendre une décision. Des ordres clairs et précis pouvaient arrêter la retraite, établir l'armée dans de nouvelles positions (des corps entiers étaient intacts), et par suite, changer considérablement la face des choses.

Il fallait, pour arriver à ce résultat, commencer par couvrir la retraite jusqu'à ce que l'ordre fût rétabli dans les troupes battues. Cette mesure aurait eu également pour effet de ramener la confiance dans l'esprit des chefs. Il n'en fut rien, et tous les officiers, jusqu'aux grades inférieurs, ne voyant pas arriver du grand quartier général, le lendemain de leur défaite, un ordre quelconque qui vînt relever le moral des troupes, devaient évidemment reconnaître l'inopportunité de tout mouvement qui n'avait pas pour but exclusif la sécurité de l'armée.

Lorsque le major-général se décida enfin à donner des ordres, il ne lui restait plus qu'à concentrer une partie de l'armée du Rhin sur Metz, et à diriger l'autre partie (Ier et V^e corps) sur Nancy et Toul.

Loin de s'occuper, au grand quartier général, à relever le moral de l'armée, comme l'exigeait la situation, des renseignements nouveaux et de source certaine, nous apprennent que l'on songeait, dans les premiers moments, à abandonner la Moselle, et à se retirer tout d'un coup jusqu'à Châlons.

On revint bientôt sur une détermination aussi grave ; mais il n'en est pas moins vrai que l'hésitation et l'ineptie de Napoléon et de son entourage, eurent pour conséquence la division de l'armée du Rhin en deux parties indépendantes ; car la retraite projetée de l'aile droite sur Nancy et Toul, ne put s'exécuter dans cette direction.

Une grande étendue de pays fut abandonnée en peu de jours à l'ennemi, et la place frontière de Strasbourg se trouva complétement isolée, coupée de toutes ses communications avec la France.

Dans le pays comme dans l'armée, on accusa d'incapacité ceux qui avaient été placés à la tête des opérations. Il n'est pas juste pourtant de rendre un chef d'état-major ou un aide de camp, qui peut avoir de grandes qualités, responsable des fautes d'un commandant d'armée qui, de son propre aveu, se sent incapable de supporter les fatigues d'une campagne. Cependant l'empereur, pour donner satisfaction à l'opinion publique, accepta la démission du maréchal Le Bœuf et celle du général Lebrun, lesquels, il est vrai, avaient tenu entre leurs mains tous les fils qui viennent aboutir au commandement supérieur.

On forma donc deux armées tout-à-fait indépendantes, sans véritable direction centrale : l'une, celle de Metz, fut confiée au maréchal Bazaine (¹); l'autre, composée des troupes qui se réunirent par la suite à Châlons, fut placée sous les ordres de Mac-Mahon.

On jugea inutile de conseiller à l'empereur de remplacer le maréchal Le Bœuf; lui-même, d'ailleurs, était commandant d'armée sans pouvoirs, non pas qu'il se fût démis de sa qualité de général en chef, mais parce qu'il n'avait plus le personnel d'état-major nécessaire pour diriger la stratégie française; aussi ne fit-il, vis-à-vis de l'armée, qu'un usage très-réservé de son droit de commander comme chef de l'Etat.

Le nouveau ministre de la guerre à Paris, était seul revêtu de l'autorité supérieure sur les deux armées.

Le général de Montauban, comte de Palikao, venait d'entrer dans le ministère de la défense nationale nommé par l'impératrice. Ancien militaire plein d'expérience, qui s'était distingué en Algérie et en Chine, il convenait certainement pour ces fonctions; toutefois, résidant à Paris, loin du théâtre de la guerre, au milieu d'une révolution qui commençait déjà, et occupé à organiser des forces défensives nouvelles, il devait lui être fort difficile de diriger les opérations des deux armées opposées à l'ennemi. Il eût été absurde, du reste, de supposer que la chose fût possible dans de pareilles conditions, d'autant plus qu'à

(¹) Napoléon remit le 12 août, au maréchal, le commandement de cette armée.

ce moment il n'existait, dans le pays, aucune notabilité militaire qui pût exercer un prestige réel sur les deux armées de campagne. D'autre part, Bazaine comme Mac-Mahon ne se soumettaient que conditionnellement à l'autorité du ministre, agent de l'impératrice, cette autorité pouvant à tout aussi bon droit revenir à l'empereur, dont les idées flottantes ne rencontraient guère, à cette époque, celles de la régente.

Revenons encore sur nos pas, pour examiner comment le mouvement révolutionnaire prit naissance.

Le 6 août arrive à Paris la nouvelle d'une victoire éclatante, remportée par l'armée française ; mais bientôt la fausseté de ce bruit fut reconnu, et on se consola par la lecture d'un rapport du ministre Ollivier : Une division française, disait-il, avait résisté à des forces beaucoup plus considérables, déployant un courage sublime.

Mais le lendemain apparaît une dépêche annonçant l'évacuation de tous les passages des Vosges, qui impressionna douloureusement tous les partis. Le Parisien, comme d'ailleurs le Français en général, est peu versé en connaissances géographiques ; on savait pourtant que les Vosges devaient présenter à l'armée ennemie des obstacles extrêmement difficiles à franchir. Et l'on avait raison, car, bien que les passages nous fussent ouverts, notre IIIe armée eut beaucoup de peine à les traverser.

Pendant les deux derniers jours de son existence, le ministère Ollivier sut prendre des mesures utiles, mais qui ne firent qu'exciter l'effervescence populaire : Dès le 8 août, on commença la construction des ouvrages qui devaient compléter le système de défense de Paris. On désigna comme éléments pour la formation des nouvelles armées qu'il s'agissait de lever :

1º Les 4es bataillons de tous les régiments d'infanterie.

2º La gendarmerie disséminée dans le pays.

3º Les troupes de la marine.

4º Le restant des troupes demeurées dans l'intérieur ou en Algérie.

5º Les miliciens qui, au début de la guerre, avaient dû se réunir dans les dépôts.

6º La garde mobile, organisée d'après la loi existante.

7º Les francs-tireurs.

(V. le rapport du ministre de la guerre à l'impératrice, 1ᵉ partie, page 218.)

Sous la république, les troupes ainsi réunies, et dont le chiffre répondait assez bien aux calculs du gouvernement impérial (V. le rapport précité), servirent à remplir les cadres de nouveaux corps d'armée, dans lesquels on fit entrer les officiers disponibles. Mais ce que le gouvernement avait affirmé quant à l'armement, se trouva complétement faux. Toutefois, les ministres impériaux avaient déjà entrepris des achats d'armes chez les neutres.

Malgré toutes les peines que s'était données le ministère Ollivier-Grammont, le 8 et le 9 août, malgré son entière confiance dans l'avenir, tant pour lui-même que pour la marche des événements, il succomba le 10 août, un jour après la réunion des chambres, et immédiatement après avoir lancé ses décrets.

Quelques instants avant sa chute, Ollivier télégraphiait encore à l'empereur, à Metz : « L'état des esprits est ex-
» cellent. A la consternation, à une douleur immense, la
» confiance a succédé. Le parti révolutionnaire lui-même
» est rentré dans le calme. Soyez sans inquiétude pour
» nous et ne pensez qu'à la revanche. Nous sommes tous
» unis. »

Jusqu'où peut aller la folie humaine !

XIV.

Retraite de l'armée française vers Metz et Châlons, et changements introduits dans son ordre de bataille.

(V. CARTE V.)

On songeait bien plus, dans l'armée française, à se garantir de nouveaux revers, qui pouvaient porter un coup funeste au cœur de la France, qu'à prendre la revanche conseillée par Ollivier.

Une grande partie de notre armée du centre n'avait pas encore franchi la frontière, que les IIe et IIIe corps français battaient en retraite dans les directions suivantes :

Le *IIe corps* (Frossard), resté à l'aile droite, arriva le 8 août à hauteur de *Gros-Tenquin* (où les routes de St-Avold et de Sarreguemines se croisent), le 9 à *Remilly* (sur le chemin de fer de Metz à Forbach), et prit position, le 10, derrière les hauteurs de la Nied française, près de *Mercy-le-Haut* (à l'est et contre la route de Metz à Nancy), couvert par les IIIe et IVe corps.

Le *IIIe corps* (dont le commandement fut confié au général Decaen) se dirigea de *Puttelange* sur *Metz*, par

St-Avold, en suivant la chaussée : Le 8, il se trouva dans la position de *Pont-à-Chaussy* (environ 2 ½ milles est de Metz), où il s'arrêta jusqu'à ce que le IIe corps se fût retiré et établi comme nous venons de l'indiquer.

Le *IVe corps* (Ladmirault) se porta en même temps de *Bouzonville* à la position *des Etangs* (au confluent de la Nied française et de la Nied allemande) par la route de Sarrelouis à Metz, et concourut avec le IIIe à couvrir la retraite du IIe corps.

Le *corps de la garde* (Bourbaki) se trouvait alors en réserve derrière les autres corps, dans les environs de *Silly*.

La cavalerie de réserve fut établie dans la vallée de la Moselle, au nord et au sud de *Metz*, et contre cette place.

La nature du terrain et le nombre des troupes restées intactes (le VIe corps s'était porté de Châlons à Metz par chemin de fer), rendaient cette disposition des forces favorable, dans son ensemble, à la reprise des hostilités. Cependant, bien qu'il fût probable que ces corps ne seraient attaqués d'abord que par une partie de l'armée allemande, bien qu'ils eussent l'avantage de pouvoir se replier sans peine jusque sous le canon de Metz, dès que l'ennemi se montrerait en nombre supérieur, ces positions furent abandonnées de nouveau le 11 août, et l'armée se retira plus en arrière encore.

Il semble étonnant de prime abord, que le maréchal Bazaine, avec sa réputation d'énergie, ait consenti à reculer jusque sous les murs de la place avec son armée. Mais on comprendra, jusqu'à un certain point, que du moment où sa propre responsabilité était engagée, il préférât tirer le plus grand parti possible de la garantie de sécurité que paraissaient lui offrir les forts de Metz. Aussi est-il probable qu'il ordonna lui-même cette nouvelle retraite.

A ce mouvement se rattachait aussi, sans doute, la partie du plan d'après laquelle les Ier et V^e corps devaient être dirigés sur Toul et Nancy. Mac-Mahon ne voulait pas assumer la responsabilité du choix de la position de Metz, et Napoléon n'avait ni assez d'énergie pour user de son autorité, et ordonner au moment opportun la concentration rapide de toute son armée, ni assez de pénétration pour voir que cette mesure eût été éminemment plus avantageuse que le fractionnement de ses forces.

Le camp de Châlons, il est vrai, offrait à Mac-Mahon, pour l'organisation régulière d'une armée nouvelle et imposante, des garanties plus sûres que la position choisie sur la Moselle. Mais avant l'exécution des projets formés au sujet de cette réorganisation, il pouvait survenir bien des événements désastreux pour la France.

La démoralisation des troupes, le manque de confiance, les pertes numériques importantes de son corps devaient l'emporter, dans les déterminations du maréchal, sur toutes les autres considérations.

Pendant que les IIe, IIIe et IVe corps, ainsi que celui de la garde, se concentraient sous Metz, le *VIe corps* (Canrobert), qui était à Châlons, fut également dirigé sur cette ville par chemin de fer. Le 12 août, cinq corps se trouvaient donc établis sur la rive droite de la Moselle, et protégés par les forts qui couvraient Metz du côté de l'Allemagne.

Malgré plusieurs dépêches émanant du grand quartier général, les Ier et V^e corps se mirent en marche pour Châlons, d'après les ordres seuls de leurs commandants, Mac-Mahon et de Failly.

La retraite du *Ier corps* s'opéra comme suit :

A la fin de la première partie de cet ouvrage, nous

avons laissé Mac-Mahon à Saverne. Dans la soirée du 7 août, le maréchal, croyant à tort être suivi de près par les Allemands, ordonna une marche de nuit pour les troupes qu'il avait avec lui, et celles qui, dispersées dans les environs, pouvaient recevoir ses instructions par des estafettes. Il aurait dû se dire, cependant, qu'il nous eût été difficile de poursuivre ses bataillons avec autant de rapidité qu'ils en avaient mis à fuir.

Le corps atteignit *Sarrebourg* le 8, après une marche de 32 kilomètres; le 9, le quartier général était à *Blamont*; le 10, à *Lunéville*.

Le maréchal supposait que les troupes allemandes avaient poussé jusqu'à Nancy, afin d'occuper le chemin de fer conduisant à Châlons par Bar-le-Duc. S'il était peu disposé auparavant à se diriger vers le nord, cette circonstance était une excellente raison pour y renoncer tout-à-fait.

Il résolut donc de gagner Châlons par la ligne de Chaumont et St-Dizier. En conséquence, il se dirigea de *Lunéville* sur *Neufchâteau*; son corps fit étape, le 11, à *Bayon-sur-Moselle*, le 12 à *Haroué* (sur le Madon), le 13 à *Vicherey*, et entra le 14 à *Neufchâteau*, où le maréchal fit embarquer une partie de ses troupes, qui arriva au camp de Châlons le lendemain. L'autre partie, notamment la cavalerie, dut suivre par étapes par Joinville et St-Dizier.

D'après des renseignements de source française, le Ier corps ne comptait plus que 20 ou 22,000 hommes.

Voyons maintenant comment le général de Failly dirigea la retraite du *Ve Corps* en quittant Bitche:

Le 6 au soir, apprenant la défaite de Mac-Mahon, et craignant d'être coupé s'il ne se repliait aussitôt, le général se décida à faire une marche de nuit, en laissant ses bagages à Bitche. Le 7 au soir, le gros de son corps atteignit la petite forteresse de *la Petite-Pierre* (Lützelstein), qui, bientôt après son départ, fut occupée par les Allemands (IIIe armée, 10 août).

De cette façon le Ve corps, qui avait été porté plus en avant, et qui se composait de troupes fraîches, servait d'arrière-garde au Ier corps, qu'il suivait à une journée de marche.

Le Ve corps campa le 8 août à *Lixheim*, le 9 à *Sarrebourg*, le 10 à *Avricourt*, et arriva le 11 à *Lunéville*.

Remarquons ici que, suivant les données de notre auteur français, le général de Failly n'avait avec lui, à Bitche, que trois brigades, au moment où il dut prendre une décision.

Dans la justification publiée par ce général, il dit avoir assemblé un conseil de guerre, lequel aurait déclaré que le chemin de la Petite-Pierre était la seule ligne de retraite possible.

La division de Lespart, envoyée au secours du Ier corps, et qui ne le rejoignit qu'après la bataille de Woerth, juste à temps pour couvrir sa retraite, avait eu un long défilé à traverser, et il est assez vraisemblable que, même en continuant sa marche, elle n'aurait pu arriver à temps sur le champ de bataille.

Le général de Failly prétend, dans son mémoire justificatif, ne pas avoir envoyé au général de Lespart l'ordre de s'arrêter.

Près de Niederbronn, harcelées par la poursuite, les deux brigades de la division de Lespart furent obligées de se séparer : La 1e (Abbatucci) rejoignit le gros du général de Failly, tandis que la brigade de Fontanges dut se replier sur le Ier corps.

Le général de Failly laissa à Bitche un bataillon d'infanterie, une compagnie de gardes frontières et un petit détachement d'artillerie, comme noyau pour l'organisation de la défense de cette forteresse.

Notons encore que de Failly avait reçu de l'empereur des instructions spéciales (elles étaient du moins rédigées au grand état-major général), lui ordonnant de se diriger sur Nancy. Mac-Mahon usa de son influence pour neutraliser les ordres de Napoléon. Le commandant du Ve corps assure qu'il avait l'intention d'obéir, et qu'il avait pris ses dispositions en conséquence. Mais le maréchal, pour l'en dissuader, non-seulement lui fit voir le danger dans lequel le mettait la proximité de l'ennemi([1]), mais il l'informa en outre que le commandant de Nancy avait fait sauter, pour la même raison, le grand pont sur la Meurthe.

Malgré tout, le général de Failly aurait voulu, dit-il, exécuter les ordres du général en chef, quand arrivèrent de nouvelles instructions de la part du major-général, qui lui permettaient, sous certaines hypothèses, de continuer sa marche vers le sud-ouest.

Placé dans de pareilles conditions, le général de Failly n'avait pas besoin de se justifier davantage. Mac-Mahon n'aurait dans aucun cas pris une autre direction, et comme de Failly s'était vu de nouveau dans la nécessité de fractionner son corps (des considérations d'entretien, paraît-il, ne permettaient pas de le tenir rassemblé), il ne lui restait plus qu'à opérer sa retraite dans la direction suivie par le maréchal.

La plus grande partie du Ve corps s'était retirée de

([1]) La cavalerie allemande, qui avait été lancée en avant, avait trompé Mac-Mahon aussi bien que le quartier général de l'empereur.

Sarrebourg par *Réchicourt* et *Lunéville;* la *division de Lespart* par *Baccarat* (sur la Moselle). Le corps ne se trouva réuni de nouveau que le 11 août, en arrière de *Charmes* (sur la Moselle). Il est possible que le général de Failly eût encore l'intention de se diriger de là sur Nancy, afin d'éviter le fractionnement de l'armée. L'exécution de ce projet eût été d'autant plus facile, que le Ier corps pouvait être considéré alors comme hors d'atteinte.

Le général de Failly rapporte qu'il reçut le 12 août, du quartier-général de l'empereur, une dépêche lui prescrivant de marcher sur Toul. Cet ordre était plus réalisable encore, et de Failly se préparait à l'exécuter; mais il devait d'abord se mettre en rapport avec Mac-Mahon, pour régler l'ordre de marche et les détails d'exécution, afin d'empêcher les colonnes de se rencontrer. Ceci prit du temps, et sur ces entrefaites, six heures et demie après, dit le général, arriva du grand quartier général une nouvelle dépêche, contenant un contre-ordre.

Le désarroi et la confusion qui régnaient à cette époque dans l'entourage de Napoléon, explique surabondamment la dissolution du grand quartier général. Que de marches inutiles le général de Failly aurait faites, s'il avait obéi sur-le-champ à tous les ordres qu'il recevait, et de combien les difficultés de sa retraite se fussent-elles augmentées ! L'empereur devait évidemment perdre de jour en jour de son autorité.

Le contre-ordre dont il s'agit prescrivait au commandant du Ve corps de se diriger sur Paris, lui abandonnant le choix de la route la plus convenable. Il importait alors de ne plus se tenir à proximité de Mac-Mahon, mais de suivre un itinéraire qui lui permît d'avancer le plus facilement possible, et d'atteindre avant tout un nœud de voies ferrées. En conséquence, laissant Neufchâteau au nord, il se dirigea par *Mirecourt*, *La Marche* et *Montigny* sur *Chaumont,* où il arriva le 16 août.

Afin de ne pas intervertir l'ordre chronologique des événements, nous arrêterons ici l'exposé de la retraite opérée par le Ve corps. Seulement nous attirerons l'attention du lecteur sur ce fait, que le 14 août, date de la première bataille de Metz, Mac-Mahon se trouvait à Châlons, et que le 16 août, date du deuxième engagement, de Failly était à Chaumont.

Il ne nous reste plus qu'à faire connaître les mouvements qui s'exécutaient, pendant ce temps, à l'extrême droite de la ci-devant armée du Rhin, occupée, d'après l'ordre de bataille, par le VIIe corps (Douay).

Ainsi que nous l'avons vu à la bataille de Woerth, ce corps avait envoyé à Mac-Mahon, une division (Conseil-Dumesnil) qui partagea la déroute du Ier corps. Une autre division (Dumont) de ce corps, était encore en formation à Lyon.

Le commandant du corps lui-même se trouvait avec la division Liébert près de Mulhouse, où il s'était rendu en hâte, de Belfort, après avoir été informé que l'ennemi entretenait près de Lörrach, de nombreux feux de bivac, et qu'il se disposait à franchir le Rhin. C'est en cet endroit qu'il apprit la bataille de Woerth, dont les premiers bruits avaient encore exagéré la désastreuse vérité.

N'ayant à sa disposition, outre la division Liébert, qu'une brigade de cavalerie et son artillerie de réserve, le général Douay dut revenir sur Belfort, où l'organisation de la garde mobile venait de commencer, et où il rentra le 7 août.

Pour caractériser la situation du commandant de ce corps, bien qu'elle n'eût aucune influence sur les événements futurs, nous mettrons sous les yeux du lecteur quelques renseignements puisés dans un ouvrage français, qui expliqueront bien des choses.

Après son arrivée à Belfort, le général Douay reçut de Mac-Mahon la première nouvelle officielle de la perte de la bataille de Woerth ; le maréchal lui prescrivait en même temps d'attendre les ordres de l'empereur. Ces ordres arrivaient à Belfort une heure après. La dépêche de Napoléon était ainsi conçue : « Jetez, si vous le pouvez, une division » dans Strasbourg, et, avec les deux autres, couvrez Belfort. »

L'empereur avait donc l'intention de protéger Strasbourg par des troupes mobiles de l'armée du Rhin, et d'assurer les communications avec Belfort au moyen de détachements relativement faibles, tandis que sous ses yeux même, des corps de troupes beaucoup plus forts, et restés intacts, abandonnaient précipitamment les positions qu'ils avaient occupées jusqu'alors.

Il résulte également de cet ordre, qu'au moment où Napoléon voulait pour la première fois disposer du VIIe corps, ni lui ni son chef d'état-major ne connaissaient les emplacements qu'il occupait.

Les deux chefs qui s'étaient chargés de la conduite des opérations, ignoraient qu'une des divisions de ce corps était encore en formation à Lyon, et qu'une autre avait essuyé, la veille, une défaite sanglante dans une direction tout-à-fait opposée.

Il n'y a pas lieu de reprocher au général Douay de s'être résolu, avec une certaine précipitation, à songer à sa propre sécurité et à la défense de Belfort, au lieu de s'occuper de Strasbourg. Ne devait-il pas avoir perdu toute confiance dans le commandement supérieur, et ceci ne devait-il pas influer également sur l'esprit et la discipline de son corps ?

Le général réunit le 8 août, à Belfort, toutes les troupes dont il disposait, et fit compléter les travaux de défense de la place, qui consistaient principalement dans la construction de trois ouvrages extérieurs : le fort des Grandes Perches, celui des Petites Perches et celui des Barres, dont les terrassements étaient à peine commencés.

Le 13 août, la division Dumont arrivait à Belfort ; mais la brigade de cavalerie du Coulombier, qui était adjointe au VIIe corps, resta à Lyon pour y maintenir l'ordre parmi la population ouvrière.

Après avoir examiné l'historique de la retraite de l'armée française, et afin de préciser les réflexions que nous avons faites jusqu'ici sur les résultats des combats livrés le 4 et le 6 août, nous pouvons dire en résumé : que c'est principalement à l'incapacité des chefs français que nous devons la défaite de l'armée du Rhin, et, pour nos armes, un succès dépassant toutes nos espérances ; et secondement, que cette circonstance fut d'autant plus favorable à notre cause, par la suite, que l'aptitude et l'habileté du roi Guillaume à remplir les devoirs que lui imposait la situation, égalaient l'ineptie de son adversaire.

Les idées démocratiques du siècle ne portent plus guère le monde à glorifier les personnages nés sur les marches du trône. Et pourtant, nous ne pouvons nous abstenir de rendre hommage, tant aux qualités personnelles qu'aux vertus gouvernementales d'un prince sans lequel — nous en appelons à l'impartialité de tous les partis politiques — l'Allemagne n'aurait pas atteint le degré de puissance qui lui est acquis aujourd'hui.

Avant de continuer le récit des événements, nous ajouterons, pour donner une idée juste de notre appréciation, que si le succès qui marqua pour notre armée le début de la campagne, dépendit particulièrement des circonstances que nous avons énumérées, par contre, la plus grande part du résultat final des trois batailles de Metz, doit être attribué à la différence de la valeur nationale respective des deux peuples adversaires.

Il est incontestable que sans la discipline qui régnait dans les rangs de l'armée prussienne, nos soldats n'auraient pas montré la vaillance qui fut déployée dans tous les engagements de cette terrible guerre ; cette discipline est une des sources de la force et de la vertu de la nation allemande : Elle honore également ceux qui s'entendent à la maintenir, et ceux qui savent héroïquement se soumettre à ses exigences.

En Allemagne, l'armée c'est la nation ; c'est donc à la nation entière qu'appartiennent les lauriers cueillis en ces mémorables journées de Metz. C'est à elle aussi que revient le mérite d'avoir produit un grand roi et tant de chefs habiles et intelligents.

Nos victoires étaient d'autant plus glorieuses, que nous avions un grand peuple à combattre. Tout ce dont étaient capables des hommes défendant l'honneur de la patrie, en se rappelant l'ancienne gloire nationale et les exploits de leurs ancêtres, fut exécuté pendant ces trois journées, par l'élite des soldats de Napoléon III.

Nous insistons avec intention sur la valeur des troupes françaises, afin de mieux faire ressortir qu'elles ne sont pas responsables des défaites honteuses de l'armée du Rhin, qui eurent pour conséquence immédiate la perte de deux provinces : La preuve en est dans la résistance héroïque que ces mêmes troupes nous opposèrent sur la Moselle.

L'empereur, cédant à une nécessité morale, s'était démis,

de fait, du commandement supérieur ; mais un nouveau chef ne pouvait être investi du pouvoir, dans les conditions voulues, aussi promptement que le réclamaient les circonstances : En vertu du prestige que conservaient encore, pardessus tous les autres, les noms de Bazaine et de Mac-Mahon, on laissa à ces deux maréchaux, pleine autorité sur les armées dont ils avaient pris le commandement. Quant Mac-Mahon fut blessé et remplacé à Sedan, nous avons pu nous convaincre que l'influence de son successeur était à peu près nulle.

L'ex-armée du Rhin devait être complétement réorganisée ; sa prompte retraite lui procura donc un avantage relatif, car les Allemands, devant prendre possession des provinces évacuées, ne purent empêcher la réorganisation nécessaire, ni la formation des deux armées de Metz et de Châlons : En effet, d'un côté la IIIe armée allemande, l'aile gauche, poursuivit l'ennemi avec difficulté à travers les Vosges, et ne put avancer qu'avec la plus grande circonspection ; de l'autre côté, l'aile droite (I^e et IIe armées) eût rencontré moins d'obstacles, mais la concentration de tous les corps de cette aile n'était pas terminée. Les échelons de la IIe armée qui étaient encore en route pour se rendre à la frontière, devaient être dirigés sur de nouvelles lignes d'opérations, dans des conditions de transport et d'entretien plus difficiles.

Le temps fixé pour ces mouvements était déjà très-court, et ne pouvait être abrégé : Il fallait assurer l'entretien des troupes, régler l'arrivée de tous les équipages du train, et organiser le service des étapes dès que la frontière était franchie ; de plus, nos divisions de cavalerie étaient encore en formation, tellement le premier choc avait suivi de près la mobilisation. Enfin, l'ensemble du plan de campagne, ainsi que nous le verrons plus tard, ne permettait pas de faire poursuivre l'ennemi par des corps isolés.

Si la courte durée de la poursuite laissa à l'armée française le loisir de se réorganiser, rien ne l'empêchait de profiter des avantages que lui offrait la nature du terrain, pour s'établir dans les premières positions favorables qui se présentaient. Dans ce cas, nos chefs seraient peut-être restés indécis sur les moyens de défense que l'ennemi comptait employer, si notre cavalerie, supérieurement organisée, n'avait été à même de les renseigner sur tous ses desseins.

La cavalerie divisionnaire, puis des corps de cavalerie opérant d'une manière indépendante, étaient chargés d'explorer le pays fort en avant de notre véritable ligne de bataille. Cette arme nous aida puissamment à tirer parti, sous le double rapport de la stratégie et des subsistances, du territoire abandonné par l'ennemi.

Nous nous occuperons, dans le chapitre suivant, du terrain que l'armée allemande eut à parcourir dans sa marche en avant. Mais il nous reste à mentionner auparavant les changements apportés dans l'ordre de bataille français, reproduit dans la première partie de cet ouvrage.

N. B. — *Pour faciliter les recherches, nous répéterons ici les noms de tous les commandants de corps et de division, bien que les IIe, IVe, VIe corps et celui de la garde n'aient subi, sous ces rapports, que peu de modifications. (V. I^e partie, pages 63-72.)*

ARMÉE DE METZ.

Commandant en chef : Maréchal **Bazaine**.
(Ex-commandant du IIIe corps).
Chef d'état-major : Général de division Jarras.

IIe CORPS : Général de division **Frossard**.

39 bat., 18 escadrons,
15 batt., 5 comp. du génie.

- 1e Division d'infanterie : Général Vergé.
- 2e »   »   »   Bataille.
- 3e »   »   »   de Laveaucoupet.
- Division de cavalerie :   »   Lichtlin.

IIIᵉ CORPS : Général de division Decaen.
(Ex-commandant de la 4ᵉ division.)

52 bat., 31 escadrons,
20 batt., 5 ½ comp.
du génie.
- 1ᵉ Division d'inf. : Général MONTAUDON.
- 2ᵉ » » » DE CASTAGNY.
- 3ᵉ » » » METMAN.
- 4ᵉ » » » AYMARD (ex-cᵗ de brig.)
- Division de cav. : » DE CLÉREMBAULT.

IVᵉ CORPS : Général de division de Ladmirault.

39 bat., 18 escadrons,
15 batt., 5 comp. du génie.
- 1ᵉ Division d'inf. : Général DE CISSEY
- 2ᵉ » » » GRENIER,
- 3ᵉ » » » DE LORENCEZ.
- Division de cav. : » LEGRAND.

VIᵉ CORPS : Maréchal Canrobert.
(Plus ancien que Bazaine, mais volontairement sous ses ordres.)

40 bat., 9 batt.
Le reste des armes spéciales du corps et la division de cav. demeurèrent à Châlons.
- 1ᵉ Division d'inf. : Général TIXIER.
- 2ᵉ » » » BISSON.
- 3ᵉ » » » LA FONT DE VILLIERS.
- 4ᵉ » » » LEVASSOR-SORVAL.

CORPS DE LA GARDE : Général de division Bourbaki.

24 bat., 24 escadrons,
12 batt., 2 comp. du génie.
- 1ᵉ Division d'inf. : Général DELIGNY.
- 2ᵉ » » » PICARD.
- Division de cav. : » DESVAUX.

Brigade Lapasset (coupée du Vᵉ corps.)

7 bataillons, 4 escadrons, 1 batterie.

Cavalerie de réserve.

1ᵉ Division :
Général DU BARRAIL.
- 15 escadrons.
- 2 batteries à cheval.

N. B. — Le 4ᵉ régiment de chasseurs d'Afrique resta à Châlons, et fut placé dans le XIIᵉ corps.

Les 1ᵉʳ et 3ᵉ régiments retournèrent plus tard à Châlons avec l'empereur.

3ᵉ Division :
Général DE FORTON
- 16 escadrons.
- 2 batteries à cheval.

ARMÉE DE CHALONS.

Commandant en chef : Maréchal **Mac-Mahon.**
Chef d'état-major : Général FAURE.

Iᵉʳ CORPS : Général de division **Ducrot.**

Nous avons vu la réduction subie par ce corps après sa déroute.
- 1ᵉ Division d'inf. : Général WOLFF.
- 2ᵉ » » » PELLÉ (avant lui DOUAY A.)
- 3ᵉ » » » L'HÉRILLER (av. lui RAOULT).
- 4ᵉ » » » DE LARTIGUE.
- Division de cav. : » DUHESME.

D'après des renseignements positifs, de source française, le 1ᵉʳ corps fut renforcé successivement de deux régiments de marche et d'un bataillon de francstireurs.

Vᵉ CORPS : Général de division **de Failly** (plus tard **de Wimpffen.**)

32 bat., 14 escadrons, 14 batt., 4 comp. du génie.
- 1ᵉ Division d'inf. : Général GOZE.
- 2ᵉ » » » DE L'ABADIE (avec une seule brigade, la brigade LAPASSET se trouvant avec Bazaine.)
- 3ᵉ Division d'inf. : Général GUYOT DE LESPART.
- Division de cav. : » BRAHAUT.

VIIᵉ CORPS : Général de division **Douay (F).**

38 bat., 8 escadrons, 15 batt., 4 comp. du génie.
- 1ᵉ Division d'inf. : Général CONSEIL DUMESNIL.
- 2ᵉ » » » LIÉBERT.
- 3ᵉ » » » DUMONT.
- Division de cav. : » AMEIL (avec une brigade, la brigade DU COULOMBIER étant restée à LYON).

XIIᵉ CORPS : Général de division **Trochu**, plus tard gouverneur de Paris. (Après lui, le général de division **Lebrun.**)

N. B. — *Comme ce corps, nouvellement formé, n'appartenait pas à l'armée du Rhin, il n'a pas été renseigné dans le premier ordre de bataille. Il était composé en partie de troupes de la marine, de régiments de ligne retirés de la frontière espagnole, et de régiments de marche, de création récente.*

40 Bataillons, 16 escadrons, 15 batteries, 4 comp. du génie.

1ᵉ Division d'infanterie :
Général **Grandchamp.**
- *1ᵉ Brigade :* Général CAMBRIELS.
- 22ᵉ et 34ᵉ régiments de ligne.
- Bataillon de chasseurs de marche.
- *2ᵉ Brigade :* Général DE VILLENEUVE.
- 58ᵉ et 79ᵉ régiments de ligne.

2e Division d'infanterie : Général **Lacretelle**.	*1e Brigade :* Général BERNIER. 14e, 20e et 30e régiments de ligne. *2e Brigade :* Général MARQUISAN. 2e et 4e régiments de marche.
3e Division d'infanterie : Général **de Wassoigne**.	*1e Brigade :* Général REBOUL. 1er et 2e régiments d'infanterie de marine. *2e Brigade :* Général MARTIN DES PAILLIÈRES. 3e et 4e régiments d'infanterie de marine.
Division de cavalerie : Général **Fénélon**.	*1e Brigade :* Général SAVARESSE. 1er et 7e régiments de lanciers. *2e Brigade :* Général DE BÉVILLE. 5e et 6e régiments de cuirassiers.

N. B. — La 1e brigade de la 2e division d'infanterie appartenait au VIe corps. Les deux brigades de cavalerie provenaient également du VIe corps ; elles étaient restées à Châlons, où elles furent adjointes au XIIe corps.

Cavalerie de réserve.

2e Division : Général DE BONNEMAINS.	1er, 2e, 3e et 4e régiments de cuirassiers, (16 escadrons). 2 batteries à cheval.
4e Division : Général MARGUERITTE.	1er, 3e et 4e régiments de chasseurs d'Afrique. 1er régiment de hussards et 6e régiment de chasseurs. (Ces deux derniers appartenaient également au VIe corps.)

OBSERVATIONS.

Après la formation de sept corps d'armée, outre celui de la garde, il restait disponible, en fait de troupes mobilisées :

1º En Afrique : Les 16e, 38e, 39e et 92 régiments de ligne ; 3 bataillons d'infanterie légère d'Afrique ; le régiment étranger ; le 8e régiment de hussards ; les 1er et 9e régiments de chasseurs et le 3e régiment de spahis.

2º En France : Les 35e et 42e régiments de ligne, venant de Civita-Vecchia.

Nous parlerons en temps et lieu des organisations qui se firent par la suite. On remarquera que les VIIIe, IXe, Xe et XIe corps ne figurent ni dans l'ancien ni dans le nouvel ordre de bataille. Il faut admettre que la formation de ces nouveaux corps avait été ordonnée (dans le sens indiqué dans notre 1er chapitre, notamment au moyen des 4es bataillons) mais n'avait pu encore recevoir son exécution. Tous les rapports français se taisent à ce sujet. Comme ce ne fut qu'après les premières défaites que l'on songea sérieusement à organiser de nouvelles troupes, les éléments destinés à former ces corps restèrent probablement réunis sur certains points, et servirent de troupes de garnison jusqu'à ce que l'on en fit des régiments de marche. Plus tard ces régiments, conjointement avec la garde mobile, servirent à créer un nombre de corps beaucoup plus considérable. Ainsi, à l'époque où s'arrête notre récit, ces troupes étaient dans l'inaction, et faute d'être organisées, elles ne pouvaient être stratégiquement employées.

XV.

Nouveau coup d'œil sur le théâtre des opérations.

(V. CARTE V.)

Le terrain qui, après les batailles des 4 et 6 août, servit de théâtre aux opérations de la guerre, était en général, et quelle que soit la contrée que l'on veut examiner, très-avantageux pour la défensive, difficile et plein d'obstacles au contraire pour l'offensive.

L'évacuation rapide et peu prévue des Vosges, ainsi que la retraite de l'armée française sur la Moselle et le camp de Châlons, avaient considérablement facilité la marche en avant de nos armées; mais la nature du terrain et le système de places de guerre qui se présentait devant nous, devaient positivement nous donner à réfléchir.

Certains neutres, ennemis secrets de la Prusse et de l'Allemagne comptaient nous voir subir des échecs ultérieurs, malgré nos récentes victoires, et fondaient leurs espérances sur les obstacles que nous devions inévitablement rencontrer.

La difficulté du terrain ainsi établie, les dispositions hautaines que bientôt les Français montrèrent de nouveau, après être revenus de la surprise causée par leur première défaite, étaient bien plus fondées que l'Allemagne, dans le premier enivrement, ne semblait vouloir l'admettre. La confiance absolue que la nation avait placée dans nos armées pouvait être un indice, mais non une garantie certaine de nos succès futurs.

Les plans ingénieux adoptés par l'état-major général, semblaient exiger des sacrifices bien plus grands que les pertes que nous avons réellement éprouvées. Et pourtant, n'estimant pas à sa juste valeur les avantages que la nature du terrain offrait à l'ennemi, en lui permettant de gagner le temps nécessaire pour mettre sur pied toutes les ressources militaires de la France, qui étaient encore très-imposantes, l'opinion publique passait assez légèrement sur ces considérations, et s'attendait à voir terminer plus tôt cette lutte terrible, dont nous ne sommes sortis victorieux que grâce à l'héroïsme de nos troupes.

L'armée française qui, peu auparavant, comptait transporter le théâtre des opérations au-delà du Rhin, avait complétement abandonné la vallée de ce fleuve, ainsi que les Vosges, une des plus importantes chaînes de montagnes du pays, pour se retirer sous le canon de ses forteresses. Mais il existait dans ces régions un grand nombre de petites places, qui menaçaient nos flancs dans notre marche en avant, et pouvaient même devenir dangereuses sur nos derrières. En cas de revers, elles eussent opposé des obstacles sérieux à notre retraite. Du reste, pour pouvoir considérer tout ce pays comme réellement conquis par les armes, lors du règlement de nos comptes avec la France, ces petites places devaient tomber en notre pouvoir. Il fallait donc ne reculer devant rien, et vaincre l'une après l'autre toutes les difficultés.

Dans la description que nous allons donner du nouveau théâtre des opérations, nous éviterons d'entrer dans des détails fatigants, que le lecteur trouvera aisément dans d'autres ouvrages ; mais il pourra se convaincre, toutefois, que les avantages du terrain étaient loin d'être en notre faveur.

Qui ne sait aujourd'hui combien les remparts de Strasbourg furent déchirés par nos boulets, et la quantité incroyable de projectiles qui fut lancée dans cette place ? Qui n'a entendu parler des forts des Perches (sur les rochers de Belfort), qui paraissaient suspendus dans l'espace ? Quels engins n'a-t-il pas fallu mettre en œuvre pour envoyer dans Paris des masses de fer colossales ?

Quels efforts surhumains eussent donc été nécessaires pour conquérir le terrain dont nous nous occupons, s'il avait été défendu !

Lorsque Paris succomba, après avoir vu repousser toutes ses sorties, il existait encore près de la frontière un nid imprenable (Bitche), bâti dans les rochers des Vosges pour en défendre un des rares passages.

Remarquons ici combien il était difficile de conduire une armée de 200,000 hommes à travers cette chaîne de montagnes, par une seule grand' route ; les chemins parallèles étaient peu praticables. C'est au prince royal et à son chef d'état-major, le général de Blumenthal, que revient le mérite d'avoir conçu le plan de cette marche, et d'avoir aussi heureusement exécuté cette importante opération, peu connue jusqu'à présent, et dont l'ouvrage du colonel Borbstädt fait la première mention.

Afin de conserver à l'armée du prince royal toute son action pour les événements ultérieurs, il fallait éviter le moindre arrêt, le moindre écart qui eût pu altérer ses relations avec la IIe armée, et compromettre ainsi le résultat général du plan de campagne.

Dans le nord, nous ne rencontrons plus le terrain tourmenté des Vosges, ni de nombreuses places fortes comme dans le sud, mais nous y trouvons Metz, qui, sous tous les rapports, formait la barrière la plus sérieuse et la plus redoutable que les Allemands eurent à franchir ou à briser. C'était un nœud gordien qui ne pouvait être tranché de façon ou d'autre que par l'épée. La France, dans le but de soumettre l'Allemagne, avait groupé sur la Moselle une telle quantité d'obstacles de toute espèce, qu'au premier aspect il eût été difficile de s'imaginer par quels moyens on en viendrait à bout.

Si les Français, en opérant leur retraite, abandonnèrent aux Allemands, sans coup férir, des cours d'eau larges et profonds, aux lits fortement encaissés, aux bords élevés et propres à la défense, il faut en chercher la cause dans la proximité d'un réduit aussi redoutable, dans la force duquel ils avaient une entière confiance. Aussi est-il certain que les chefs auraient tiré un plus grand parti du terrain, s'ils avaient pu s'entendre, car il eût été facile d'attaquer les Allemands avant qu'ils ne fussent suffisamment concentrés.

Ce terrain renferme de nombreuses lignes de hauteurs, qui s'étendent très-avantageusement pour la défensive, le long des cours d'eau. On y trouve également d'excellentes positions couvertes, favorables aux attaques par surprise.

Le système de places fortes basé sur Metz, terminé au nord près de la frontière par Thionville, au sud par Toul, sur la Moselle, formait le long de cette rivière, et dans la partie septentrionale des Vosges, une ligne de défense aussi complète que possible. Il ne manquait qu'un homme qui sût en tirer parti.

Avec les 60,000 hommes de Mac-Mahon et de Failly, on aurait pu adopter, pour un certain temps, un plan de défense qui, au prix d'un sacrifice de 10,000 hommes au besoin, eût peut-être réussi à arrêter plus longtemps devant les Vosges, l'armée du prince royal. Bazaine se fût trouvé, dans ce cas, en mesure d'envoyer au moment voulu, de Metz à Pont-à-Mousson, les troupes nécessaires pour soutenir Mac-Mahon et de Failly, et protéger leur retraite.

Si, par suite de ces dispositions, les Allemands s'étaient vus dans l'impossibilité de passer la Moselle au sud de Metz, ils auraient dû tenter le passage au nord de cette place, et les difficultés qui se présentaient de ce côté rendaient l'opération bien plus dangereuse. De plus, le prince royal aurait dû se séparer des deux autres armées, de telle façon qu'il n'eût pas assisté à la défaite des Français à Metz, ni pris part à la seconde bataille décisive, quand bien même elle ne se fût pas livrée à Sedan.

Les Français, s'ils avaient immédiatement occupé les Vosges avec des forces suffisantes, auraient pu faire subir un échec sérieux à l'armée du prince royal, dans le cas où elle eût osé s'engager dans les défilés.

D'un autre côté, les masses de l'armée de Bazaine auraient pu être établies elles-mêmes, partie à Pont-à-Mousson, sur les hauteurs de la rive gauche de la Moselle entre Toul et Metz, partie sous les murs de cette dernière place, de manière à se trouver parfaitement reliées entre elles, et à pouvoir être réunies en quelques heures pour repousser une attaque. Cette combinaison offrait des chances de combat bien plus avantageuses que la concentration de toutes ces forces autour de Metz, où la crainte d'être tourné d'un côté ou de l'autre, devait inspirer à l'ennemi des idées de retraite, avant même d'avoir livré bataille.

Nous ne nous appesantirons pas davantage sur ces considérations à vol d'oiseau, suggérées par la revue des événements; elles prouvent néanmoins que les chefs français n'ont pas su profiter de la supériorité que leur donnait la nature du terrain sur lequel ils devaient opérer.

Il est à remarquer encore que les environs de Metz étaient aussi favorables aux Français, que le plateau même sur lequel ils s'étaient établis, ce qui força la IIe armée allemande à combattre, le 16 août, dans des conditions très-désavantageuses.

Les gigantesques fortifications de Metz n'ont pas été détruites; elles sont intactes! Notre persévérance, notre extrême ténacité, la bravoure de nos soldats ont paralysé la défense jusqu'au moment où la famine nous livra la place, avant l'arrivée des secours qu'elle attendait. Mais pour arriver à ce résultat, il avait fallu livrer une bataille terrible, qui dura trois jours, et qui força l'armée de Bazaine à s'enfermer dans Metz, circonstance que les premières dispositions prises pour l'investissement ne pouvaient faire prévoir, et sans laquelle la forteresse eût pu tenir bien plus longtemps.

D'après ce qui précède, on comprendra que les Français n'éprouvaient aucune crainte au sujet de Metz, avant d'avoir appris que Bazaine s'y trouvait bloqué; et lorsqu'au commencement de la deuxième quinzaine d'août, le comte de Palikao, ministre de la guerre, montrait à la chambre une grande confiance, ce n'était pas à tort. En effet, admettant même qu'il doutât d'une vraie victoire, il pouvait encore espérer dans l'avenir, aussi longtemps qu'il savait Bazaine à Metz, et qu'il ignorait que son séjour n'y était plus volontaire. Il était évident que si Bazaine avait conservé ses positions, après trois batailles comme celles qu'il venait de livrer, il n'y avait plus lieu de craindre qu'il pût en être délogé.

De plus, Toul était encore libre, et fermait, aussi longtemps que Metz n'était pas en notre pouvoir, la seule ligne ferrée conduisant directement de notre base d'opérations sur Paris.

Les puissances neutres ne comprenaient pas non plus comment une armée, qui avait su résister à trois jours de combats sans être entièrement ébranlée, qui était à même de compléter à tout instant et dans d'excellentes conditions son matériel de guerre, enfin, qui avait à sa disposition un camp retranché inattaquable, avait pu se laisser définitivement enfermer. Il fallait admettre, en effet, qu'une position d'une étendue si considérable, entourée de hauteurs parfaitement fortifiées et armées, reliées au réduit de la place, présentait toutes les garanties de sécurité désirables, aussi longtemps que l'armée s'y maintiendrait avec l'espoir d'être secourue et délivrée.

Cette appréciation était assez juste, et l'on doit reconnaître qu'il a fallu toute la supériorité, toute l'habileté des troupes allemandes, pour neutraliser l'armée de Bazaine jusqu'à la capitulation de Metz, et que cette armée ne doit qu'aux avantages topographiques de sa position, de n'avoir pas été détruite après la perte de trois batailles. Il nous était impossible de la suivre dans ses retranchements, et Bazaine pouvait espérer avec raison, jusqu'à la dernière heure, être délivré par une armée formée depuis l'investissement.

Les Français ont montré une trop grande confiance dans

la force de Metz. Les populations de l'Allemagne, par contre, mal renseignées, s'étaient attendues à voir tomber plus promptement cette place entre nos mains. Nous ferons observer à ce sujet, que si les approvisionnements de Metz avaient été un peu plus considérables, et l'effectif de l'armée de Bazaine un peu moindre, la forteresse aurait pu sans peine, et à notre grand détriment, retarder encore sa capitulation.

L'imposant système des ouvrages de défense de *Metz* se composait : d'abord de la place elle-même, sur la rive droite de la Moselle; ensuite du camp retranché sur la rive gauche; enfin, des citadelles et des forts situés sur les deux rives, et qui entouraient au loin les deux premiers réduits. Ces ouvrages détachés sont tous bâtis sur des hauteurs, et ceux qui se trouvent sur la rive gauche, dominent et commandent ceux de la rive opposée (¹).

La vallée de la Moselle ne prend une certaine largeur que sur la rive gauche, où elle est bordée de hauteurs boisées, à pentes raides, qui s'étendent vers Thionville au nord, et vers Pont-à-Mousson au sud. Les gorges qui viennent aboutir, sur la rive gauche, à la vallée de la Moselle, sont très-profondes, de sorte que les hauteurs sur lesquelles se trouvent les forts n'étaient accessibles que par d'étroits défilés.

Au point de vue stratégique, Metz commandait la rive droite de la Moselle depuis le grand-duché de Luxembourg jusqu'aux premiers défilés des Vosges. Thionville et Toul couvraient les flancs de la position. Les Allemands, après avoir franchi la Sarre, ne pouvaient suivre d'autres routes

---

(¹) Les forts ne furent cependant achevés qu'au début de la guerre; le fort St-Julien, principalement, fut mis en état de résister à un assaut.

que celles qui venaient aboutir dans ce rayon, et si leurs colonnes s'étaient dirigées sur Thionville ou sur Toul, Metz menaçait l'un ou l'autre de leurs flancs. Il s'agissait donc de paralyser cette place avant de songer à marcher en avant.

Dans le cas où une armée voulait tenter le passage de la Moselle hors de la portée du canon de Metz, il fallait une seconde armée pour occuper les défenseurs et les empêcher d'inquiéter les flancs de la première, d'autant plus que le système de routes qui rayonnaient de Metz vers l'est, se prêtait parfaitement à une attaque de ce genre, à moins qu'elles ne fussent occupées fortement.

Metz fermait donc toutes les routes qui conduisaient de notre base d'opérations sur Paris.

Nous voyons d'après ce qui précède, que tandis que les I^e et IIe armées allemandes devaient agir directement contre Metz, et occuper toutes les communications qui convergeaient vers cette place, l'armée du prince royal était obligée de suivre les routes étroites et difficiles qui traversent les Vosges, en se dirigeant vers Nancy, Toul et Lunéville; car Paris restait notre objectif principal, et la liaison stratégique entre les différentes armées ne pouvait être rompue.

Si la IIIe armée avait pu choisir un point de direction plus au nord, elle aurait eu moins de trajet à faire pour arriver à la position que, d'après le plan de campagne, elle devait occuper. Mais les circonstances s'y opposaient, et l'avantage du terrain fut, encore ici, pour nos adversaires.

Examinons maintenant par quels chemins il était possible de tourner la position de Metz, et de faire passer la Moselle à l'une de nos armées pendant que l'autre se dirigeait sur la place même, par les routes indiquées, afin de faire une diversion.

Entre Metz et Thionville, il n'existait aucun chemin répondant à ce but, et pouvant servir de ligne d'opérations. Il fallait naturellement considérer, du reste, si le prolongement de cette ligne, sur l'autre rive, ne présentait pas de difficultés trop considérables.

Il n'en était heureusement pas de même au sud de Metz, où nos troupes trouvèrent quelques chemins praticables, au nord et près de Pont-à-Mousson. Deux grand' routes venant de l'est, aboutissaient à ce point, et un grand pont facilitait le passage. Sur la rive gauche, quelques défilés étroits et quelques chemins encaissés permettaient aux troupes de toutes armes, à l'aide de grands efforts, de déboucher au nord-ouest des ouvrages de défense de Metz. De cette façon, il était possible de diriger les corps isolés par des chemins vicinaux sur la Moselle, et de leur faire traverser la rivière.

Le général en chef fit exécuter le passage sur différents points. Nous reviendrons sur les difficultés qu'il rencontra sur la rive gauche, et nous rappellerons seulement que les chemins que nos colonnes eurent à parcourir, suivaient, dans le rayon de Metz, les défilés et les vallées transversales que nous avons mentionnés.

La forteresse de *Toul*, bien qu'à l'abri d'un coup de main, n'était pas en état de résister longtemps à notre artillerie de siége. Pour détruire rapidement cet obstacle, il s'agissait donc d'amener en temps opportun un grand matériel sous la place, malgré les difficultés de transport résultant de l'encombrement de l'unique voie ferrée qui pût servir à cet usage, et qui passait par Wissembourg, Hagenau, Lunéville et Nancy. La chute de Toul nous ouvrait le prolongement de cette ligne vers Châlons etc. via Paris.

Thionville pouvait être considérée comme une espèce de poste avancé du système de fortifications de Metz. Située près de la frontière, elle devait être neutralisée pour permettre aux Allemands de passer en fortes colonnes entre ces deux places.

Cette ville est tellement rapprochée de Metz, qu'une grand'route entre ces places n'est pas indispensable. On n'y trouve que des chemins de traverse, qui ne pouvaient servir de lignes d'opérations.

Thionville avait encore une certaine importance sous un autre rapport : Elle reliait le camp retranché de Metz à la ligne des places fortes du nord-est, dont les premiers chaînons sont Longwy et Montmédy. C'est sur ces points que devaient s'appuyer les corps d'armée qui avaient pour mission de marcher au secours de Bazaine, en renonçant à leur base d'opérations principale (Paris). Mais l'essai que Mac-Mahon tenta dans ce but, par la suite, n'eut d'autre résultat qu'un immense désastre (Sedan) : Tous les avantages que lui offrait la nature du terrain, ne parvinrent pas à sauver la France.

Il faut conclure de là qu'un système de petites places, bien que nombreuses, n'aura jamais l'importance d'une seule grande forteresse convenablement établie et armée. Au contraire, ces petites places deviennent quelquefois, comme nous l'avons vu, de véritables souricières.

Ajoutons encore, au sujet de Thionville, que cette place, voisine de la frontière, se prêtait très-bien aux intrigues que l'ennemi pouvait nouer, en dépit du droit des gens, avec le Luxembourg neutre.

La situation des forteresses du nord-est, en considération

du rôle qui leur était assigné dans cette guerre, n'était pas sans influence, attendu qu'elles étaient séparées, par les Ardennes, de nos lignes d'opérations sur Paris. De cette façon l'ennemi, tourné vers Metz, avait sa gauche appuyée aux frontières d'un pays neutre, et il se croyait parfaitement couvert, à droite, par les obstacles que cette chaîne de montagnes devait opposer à notre passage.

Les Français espéraient que ces obstacles, et les difficultés que nous éprouverions dans ces régions stériles à pourvoir à la subsistance de nos troupes, nous effraieraient, et que nous poursuiverions notre marche sur Paris en les éludant, d'autant plus qu'une ligne beaucoup plus directe s'offrait à nos armées, et leur permettait de rester unies. Ils ignoraient que pour nous, la question des subsistances n'était que secondaire du moment où l'ennemi se montrait, ou qu'il fallait promptement le découvrir.

En pareilles circonstances, et lorsqu'il s'agissait d'atteindre un but important, pas un de nos chefs, même les plus élevés, ne pensait à se plaindre de la maigreur de ses repas, de l'interruption de son sommeil, ou des fatigues d'une marche pénible. Dès que l'ennemi était proche, on s'inquiétait peu du lendemain : on marchait !

Aussi, dans les derniers jours d'août, quand tout faisait supposer que Mac-Mahon se tenait au-delà des Ardennes, l'armée allemande ne songea plus à gagner du terrain vers Paris, mais une nouvelle ligne d'opérations fut ouverte aussitôt, et l'on se porta au plus vite dans cette direction, à travers les contrées les plus arides.

Pleins de confiance dans les avantages topographiques qui les favorisaient, les chefs français négligèrent certaines précautions commandées par les principes les plus élémentaires de la stratégie. L'armée française pouvait se trouver dans la nécessité, en raison du but qu'elle voulait atteindre, de s'éloigner de ses lignes d'opérations primitives, ainsi que l'armée allemande, du reste, fut plusieurs fois obligée de le faire ; mais il était très-imprudent de s'écarter autant de Paris, sans laisser derrière soi des garnisons suffisantes pour assurer, à défaut d'autres points d'appui plus solides, les nouvelles lignes d'opérations.

Nous terminerons ici la rapide description de cette partie du théâtre de la guerre, pour dire quelques mots des places fortes du sud, dont nous aurons à nous occuper par la suite.

En première ligne, nous citerons *Strasbourg*. Cette grande place de guerre, bien armée, possédant des locaux spacieux pour y loger et abriter des troupes nombreuses, était une menace permanente pour le grand-duché de Bade. Mais elle pouvait être cernée par des forces relativement faibles, ce qui diminuait considérablement sa valeur stratégique. Il fallait néanmoins, avant de songer à cette opération, que l'armée de campagne française se fût éloignée complétement de la frontière, et que le corps de Douay, qui avait eu auparavant pour mission de protéger cette place, se fût retiré derrière les remparts de Belfort, abandonnant Strasbourg à ses propres forces. Le simple investissement eût suffi, si la place, ainsi paralysée, avait perdu toute l'importance que l'ennemi y attachait. Mais, outre les motifs politiques qui nous commandaient de reconquérir par les armes cette ancienne cité allemande, nous devions nous prémunir contre les secours dè toute espèce que pouvait encore fournir le sud de la France, et contre la chaîne de forteresses qui, de Strasbourg, s'étendait jusqu'à Lyon, cette capitale du Midi. En effet, si de nouvelles troupes rassemblées dans le sud avaient entrepris un retour offensif, et réussi à débloquer Strasbourg avant la capitulation de Metz, la levée du siége de Paris et la retraite de notre armée principale en étaient les conséquences possibles. Par suite, nos chefs ne pouvaient considérer leur ligne de retraite comme suffisamment assurée, aussi longtemps que Strasbourg n'était qu'investi.

Les murs de cette place étaient de construction ancienne, il est vrai, mais leur grande étendue, et la force remarquable des ouvrages isolés, notamment de la citadelle, exigeaient, pour les réduire, l'emploi de pièces de siége d'un modèle tout nouveau, que l'on venait de couler, et en faisaient, même après la retraite de l'armée du Rhin, un point stratégique des plus importants. Elle formait, avec les autres forteresses de la vallée du Rhin français et du versant oriental du Jura, un rempart sur lequel la France aurait pu rassembler des forces imposantes, et menaçantes pour l'Allemagne, dans le cas où la fortune des armes nous eût abandonnés. Si l'importance de Strasbourg se trouva considérablement amoindrie par la perte des passages des Vosges, en revanche, la levée du siége de cette place pouvait les rendre à nos ennemis.

La forteresse de Strasbourg était donc, après celle de Metz, le point stratégique le plus important de la partie du territoire dont nous nous sommes occupés précédemment, et, plus encore que cette dernière, elle pouvait influer sur le résultat de nos opérations, aussi longtemps qu'elle n'était pas en notre pouvoir.

Les petites forteresses rhénanes *Schélestadt* et *Neuf-Brisach* avaient pour la France une valeur à la fois stratégique et politique, car elles défendaient, même après la prise de Strasbourg, une partie de l'Alsace, et menaçaient une certaine étendue de la frontière allemande. Elles représentaient les postes avancés de la ligne de forteresses du sud de la France, et ouvraient l'Allemagne à l'invasion. Nous ne pouvions donc les négliger.

Dans cette chaîne de places fortes, nous trouvons *Langres* et *Belfort* en première, *Auxonne* et *Besançon* en seconde ligne ; ces deux lignes reliées aux monts de la Côte d'Or, qui s'étendent jusque dans les bassins de l'ouest, formaient une muraille solide pour le midi de la France.

Si l'ennemi se croyait en sûreté sur la Moselle, couvert par les Vosges dans le nord, il pouvait supposer, avec non moins de fondement, que le sud était entièrement à l'abri d'une invasion allemande.

Les bassins à l'ouest de la Moselle, dans la direction de Paris, perdaient toute valeur dès que l'armée française se trouvait impuissante à arrêter l'envahisseur sur cette rivière.

Verdun, sur la route de Metz, n'avait relativement aucune importance stratégique : Cette place n'interceptait aucune des voies ferrées venant de l'est, et ne pouvait nous empêcher d'atteindre le camp de Châlons et de nous engager dans le chemin le plus court vers Paris.

Le *camp de Châlons* lui-même n'était qu'un établissement militaire, magnifiquement organisé pour servir aux manœuvres en temps de paix. S'il avait été convenablement fortifié, il eût opposé un obstacle sérieux à notre marche sur Paris, car l'armée française, dans sa retraite, y aurait trouvé un point d'appui d'une grande solidité. En temps de guerre, il ne pouvait servir, tel qu'il était et grâce seulement à ses communications favorables, que de lieu de rassemblement pour les nouvelles troupes à organiser. Les événements ont prouvé qu'il perdit toute son importance à l'approche de l'ennemi : L'armée de Mac-

Mahon, qui devait s'y concentrer, ne put attendre que cette opération fût terminée, et dut se retirer sur Rheims.

Paris, qui était en même temps la tête et le cœur de la France, se présentait évidemment, bien plus en sa qualité de capitale de l'empire que par sa situation topographique, comme objectif principal à une armée ennemie quelconque adoptant le rôle offensif. Il était heureux pour nous que Paris ne fût pas situé plus au sud, car sa position dans le nord, qui ne l'éloignait pas trop de la frontière allemande, était éminemment favorable à nos opérations. Cette circonstance nous permit également d'amener promptement devant Metz, l'énorme matériel nécessaire à son investissement, et d'écarter ainsi toute tentative de tourner cet obstacle, manœuvre dangereuse pour nos armées.

Le récit des événements nous ramènera naturellement, et en détail, sur le système de défense de Paris.

Il a été question dans la première partie de cet ouvrage, de l'importance des lignes ferrées de cette région du théâtre de la guerre, au point de vue de la concentration des troupes françaises. Quant aux armées allemandes, elles n'avaient à leur disposition qu'une seule ligne pendant la première période de la campagne, et nous avons rapidement passé sur ce sujet.

Les chemins de fer ont, en temps de guerre, une importance capitale. Qu'on veuille les détruire ou les conserver, qu'ils aient peu ou point de valeur sous le rapport militaire, ils réclament toute l'attention des stratégistes. Il serait permis bien plutôt de négliger une forteresse située à l'extrême limite du rayon des opérations, qu'une ligne ferrée dans les mêmes conditions. Les chemins de fer qui ne pourront être utilisés, seront détruits autant que possible.

Si les lignes d'opérations suivent une direction différente, des détachements de cavalerie seront chargés d'aller enlever les rails sur une certaine étendue, et détruire au moins les petits ponts de la voie.

Un coup d'œil sur la carte montrera suffisamment au lecteur comment les lignes ferrées parcouraient la partie du territoire français qui a fait l'objet de ce chapitre. De longs détails seraient donc superflus.

A l'époque où l'on s'occupa principalement de la construction des chemins de fer, la France, bien plus que l'Allemagne, se basait sur des considérations militaires pour déterminer le parcours de ses lignes. Il s'ensuit qu'elles étaient établies aussi favorablement pour les armées françaises, que désavantageusement pour leurs ennemis.

La voie de Sarrebruck vers Metz était trop courte pour nous être de quelque utilité; par contre, celle de Wissembourg à Nancy (fermée par Toul) était excessivement longue, et nous faisait faire un immense détour pour nous conduire de Sarrebruck à Toul.

Les lignes du grand réseau français, en général, se dirigeaient du sud au nord et au nord-ouest. Aussi nos armées, venant de l'est, n'auraient-elles pas rencontré la ligne unique dont nous avons parlé, si la France n'avait eu grand intérêt à relier Strasbourg avec le nord.

Il est évident que l'ennemi aurait endommagé bien plus qu'il ne l'a fait, les lignes qu'il était forcé de nous abandonner, si une retraite moins précipitée lui en eût laissé le temps. Mais les *divisions de chemins de fer*, attachées à notre état-major, étaient expertes et toujours prêtes, d'ailleurs, à remettre promptement en état les voies qui restaient au pouvoir des Allemands.

XVI.

Offensive des armées allemandes après leur entrée en France.

Le roi Guillaume arriva le 9 août à *Sarrebruck* avec son état-major, et parcourut le champ de bataille du 6 août. Un coup d'œil sur les hauteurs de Spicheren lui dit, bien plus que tous les rapports qu'il avait reçus, les prodiges de valeur accomplis par ces mêmes régiments qui avaient appris à combattre en 1864 et 1866. Il rendit un dernier hommage aux premières victimes de cette guerre, en visitant leurs tombes, et voulut voir les hôpitaux de Sarrebruck et de St-Jean, où, assis au chevet des blessés, il leur montra la vive part qu'il prenait à leurs souffrances, et ne chercha point à dissimuler la douleur profonde dont ce spectacle navrant remplissait son âme.

Mais il dut bientôt s'arracher à ses tristes pensées ; une noble mission, de grands devoirs réclamaient tout le pouvoir de son intelligence, pour mener à bonne fin la lutte gigantesque dans laquelle il se trouvait engagé.

Le commandant en chef des armées allemandes ne se laissa point éblouir par les premières victoires ; il s'appliqua plus que jamais, au contraire, à mettre en pratique les enseignements puisés dans sa longue carrière de chef et de soldat. En esprit calme et réfléchi, il ne s'écarta pas un instant du plan de campagne adopté, et il exigea sur les champs de bataille, de la part de ses officiers, la même précision tactique que sur les champs de manœuvres. L'expérience des dernières guerres avait prouvé que l'enthousiasme du succès dans quelque engagement partiel, entraîne parfois les chefs subalternes au delà des limites de leurs devoirs.

Le roi Guillaume, d'accord sur ce point avec son chef d'état-major, ne voyait aucun avantage à faire pourchasser quelques corps ennemis en déroute. La belle armée que la nation allemande avait confiée à son souverain, et qu'il eût été difficile peut-être de remplacer en un siècle, était appelée à de plus vastes entreprises.

Une discipline sévère régnait dans les armées et dans les corps, et bien que chacun en particulier eût vivement désiré poursuivre les vaincus, il suffit d'un ordre pour enchaîner toutes les impatiences.

En 1866, les circonstances, bien plus que des événements prévus, décidaient du moment où nos troupes s'élançaient à la poursuite de l'ennemi ; aussi cette opération, bien que mûrement pesée, pouvait-elle ne pas toujours produire l'effet voulu. En 1870, au contraire, une organisation plus conforme à ce but y tenait nos armées constamment préparées.

Le roi Guillaume, se trouvant au sein de la mêlée le 3 juillet 1866, à Stresetitz, avait remarqué que les régiments du corps de cavalerie destiné à porter en masse compacte un coup suprême, s'étaient dispersés pour combattre isolément. Au moment décisif, il était convaincu que cette belle arme, fractionnée, pouvait rendre d'immenses services, et qu'il suffisait à cet effet de modifier son organisation.

Dès ce moment, le roi sembla prendre un intérêt particulier à la cavalerie, et s'occupa spécialement des détails qui la concernaient. Après avoir donné auparavant tous ses soins à l'infanterie, il devint l'organisateur prévoyant de la cavalerie. Bien souvent, malgré le soleil et la poussière, le roi suivit avec la plus grande attention les manœuvres de cette arme.

La cavalerie fut considérablement augmentée lors de la réorganisation qui résulta de l'accroissement de notre territoire, et, sous l'impulsion du souverain, l'esprit de corps s'y développa notablement. Elle avait appris, en 1866, les services qu'elle était à même de rendre en certaines circonstances, et elle tenait à prouver, à la première occasion, qu'elle n'était pas inférieure aux autres armes.

Avec l'aide de deux conseillers tels que les généraux de Roon et de Moltke, le roi eut bientôt trouvé le mode d'organisation qui donnait à la cavalerie la plus grande utilité dans la tactique moderne. Il s'agissait de remplacer les corps de cavalerie par des divisions, plus mobiles et tout aussi indépendantes, destinées à être attachées, sans nouveau fractionnement, aux armées et aux corps d'armée.

Dès que l'infanterie et l'artillerie avaient décidé le gain d'une bataille, chacun des commandants d'armée disposait de deux divisions de cavalerie ([1]) pour faire poursuivre l'ennemi, découvrir sa nouvelle position, le tromper, détruire ses communications, le harceler et l'intimider de toutes manières, enfin, pour reconnaître en même temps

---

([1]) Au 6 août 1870, ces divisions n'étaient pas encore entièrement formées; elles n'existaient pas en temps de paix.

le terrain sur lequel l'armée entière devait ensuite se porter en avant.

Nous verrons plus tard que le 9 août, deux divisions de cavalerie furent ainsi lancées à la suite de l'armée française, quoique leur formation ne fût pas terminée, et qu'elles surent rendre tous les services qu'on en attendait.

Voyons maintenant de quelle manière l'armée allemande devait être dirigée après le 6 août, suivant le plan d'opérations tracé, et tout en tenant compte des événements de cette journée. Nous relierons ces considérations à celles que nous avons émises dans la première partie de cet ouvrage.

La description que nous avons donnée du nouveau terrain que les troupes allemandes allaient avoir à parcourir, semble montrer à l'évidence qu'il ne pouvait entrer dans les vues des chefs français de transporter le théâtre de leurs opérations dans le sud, après avoir pris tant de soin à se créer, à Metz, une position défensive formidable. Une telle résolution eût ajouté de graves difficultés à l'exécution de notre plan de campagne.

La supposition que l'armée française battrait en retraite dans cette direction, était également inadmissible ; l'expérience l'a prouvé. Mais sans nous arrêter au résultat, il est certain — bien que l'hypothèse n'ait peut-être pas été discutée lors de l'établissement du plan de campagne français — qu'une retraite vers le sud offrait plus de chances de succès, malgré toute la force de la position de Metz, que celle qui fut opérée dans la direction opposée. Il est vrai que les résultats du plan de défense de nos adversaires ne pouvaient être plus malheureux qu'ils ne l'ont été réellement.

Les Français attribuent généralement à la supériorité des

forces allemandes, les défaites subies jusqu'au 6 août ; mais alors, ils auraient dû éviter avant tout de se retrouver en face de nos lignes, jusqu'à ce que l'équilibre fût rétabli. De cette façon l'armée impériale, si elle ne pouvait échapper au désastre, l'eût du moins différé.

Les Vosges furent abandonnées par crainte des armées allemandes. Les Français perdirent également toute confiance dans leur position de la Nied, sitôt que l'ennemi s'en fut approché, et l'on avait pourtant commencé à la fortifier. Même sous les murs de Metz ils ne se crurent plus en sûreté, après avoir expérimenté de nouveau, le 14 août, l'impétuosité de la tactique prussienne, et ils regrettèrent de ne pas s'être retirés plus tôt. L'empereur et Mac-Mahon éprouvèrent les mêmes appréhensions dès le moment où la cavalerie allemande se montra dans les environs de Châlons, et ils cherchèrent un refuge à Rheims.

Donc on avait évacué successivement et sans résistance, les positions que leur situation et leur force destinaient à jouer le principal rôle dans la défense.

La crainte de livrer bataille avait inspiré aux Français la résolution de battre en retraite le 14 août, et d'abandonner leur meilleure position défensive. En admettant qu'ils fussent parvenus à mettre leur projet à exécution, où espéraient-ils en trouver une plus favorable pour couvrir Paris ? On comptait ainsi pouvoir rejoindre Mac-Mahon ; mais alors les I^e et IIe armées allemandes se seraient réunies immédiatement à celle du prince royal, et le nombre des troupes que l'ennemi aurait eues à combattre, eût augmenté encore.

L'armée allemande, après avoir franchi la Moselle sans encombre, ne trouva, sur la rive gauche, que des positions bien moins favorables que celles occupées par les Français le 16 et le 18 août. Le prince Frédéric-Charles, se décidant à livrer bataille le 16, malgré ces conditions désavantageuses, avait pour but de retenir à tout prix l'ennemi à Metz. Le général en chef ainsi que les commandants d'armée étaient d'avis qu'il fallait reprendre les hostilités le plus tôt possible, pour ne pas perdre le fruit des premiers succès. Il était plus profitable pour l'armée allemande de déboucher immédiatement des défilés des Vosges, même avec la certitude d'y rencontrer l'ennemi, que de multiplier les marches en évitant de combattre. En effet, elle était en état de surmonter les difficultés du passage, et il fallait considérer qu'une trêve prolongée eût donné à nos adversaires le temps de recevoir du renfort, tandis que les Allemands devaient distraire de leurs corps, les troupes nécessaires pour occuper ou assiéger les places qu'ils laissaient derrière eux.

Le mouvement par lequel Mac-Mahon porta plus tard son armée vers le nord, lui donna certainement à réfléchir, mais il est évident que la position qu'il occupa devant Paris, dans un complet isolement, et qui avait été choisie exclusivement à cause du renfort qu'il pouvait en recevoir à cette époque, devait encore moins le satisfaire.

N'eût-il pas mieux fait, par conséquent, de prendre une direction opposée? Le midi lui offrait des éléments pour augmenter ses forces, et des lignes de retraite illimitées. Bazaine, sans danger, pouvait tenir fort longtemps dans sa position, et réussir peut-être à en sortir sans l'aide de Mac-Mahon; Paris était en situation de se défendre lui-même. Dans ce cas l'armée de Châlons, considérablement renforcée — pendant que la IIIe armée allemande se trouvait devant Paris — et prenant sa base d'opérations dans le sud, eût été en état de menacer sérieusement aussi bien les troupes qui cernaient la capitale, que celles qui bloquaient Metz.

Nous estimons que les chefs de l'armée française auraient rendu un service éminent à la cause du pays, en concluant de l'impuissance où ils s'étaient trouvés à se maintenir à la frontière, qu'un espace de 8 ou 10 jours ne suffisait pas pour remédier aux circonstances qui avaient provoqué leur prompte retraite. Ils auraient dû comprendre que si les hauteurs de Spicheren et de Woerth, le Gaisberg près de Wissembourg ne leur offraient pas de garanties assez solides, ils devaient renoncer à l'espoir d'un succès quelconque, sinon derrière les murs de leurs forteresses.

Quoique loin d'admirer *Gambetta*, nous devons convenir cependant que l'énergie qu'il sut montrer en arrivant au pouvoir, faisait totalement défaut à ceux qui, sous l'empire, avaient été chargés de la conduite des opérations, et que les armées républicaines, sous sa direction, l'emportaient relativement de beaucoup sur l'armée impériale.

Il n'existait pour les chefs découragés de l'armée napoléonienne qu'un seul moyen de retarder l'invasion : c'était de se retirer, dès le principe, de St.-Avold et Bitche vers les départements de la Haute-Marne, de la Haute-Saône et du Haut-Rhin, en laissant une arrière-garde dans les Vosges et à Toul, et, prenant pour base le plateau de Langres, Vesoul, Besançon et Belfort, d'y attendre les corps nouvellement formés, jusqu'à ce qu'ils pussent opposer à l'armée allemande des troupes numériquement supérieures.

L'expérience a prouvé, et les chefs français devaient l'admettre alors, que Paris et Metz, abandonnés à leurs propres forces, étaient en situation de tenir pendant plusieurs mois.

A quoi se fût décidée l'armée allemande si cette hypothèse s'était réalisée? Avant de répondre à la question, nous ferons observer d'abord qu'à cette époque le conseil du commandant en chef ne s'attendait nullement à la longue résistance de Paris, à l'énergie nationale que la mollesse des chefs impériaux avait été loin de faire prévoir. Cependant nous ne croyons aucunement que le roi Guillaume ni le général de Moltke eussent hésité un instant à persister dans leurs résolutions. Paris sans doute restait leur principal objectif; encore s'agissait-il, pour y arriver, d'anéantir les forces de l'adversaire sur toutes les lignes d'opérations qui y conduisaient. Mais dans le cas où l'ennemi se serait dérobé en se retirant comme nous l'avons supposé, la marche des Allemands sur Paris était une opération défectueuse, qui les aurait menés entre les murs de la place et l'armée française. Par conséquent, le plan de campagne aurait dû être totalement modifié: au lieu de battre l'ennemi à Metz, il eût fallu le dépister à Besançon peut-être, le réduire, et alors seulement se diriger sur Paris.

Après ces considérations, qui ont pour objet de mettre de plus en plus en lumière la simplicité de notre plan d'opérations, nous ne pouvons nous dispenser d'entrer dans quelques détails.

D'après ce plan, l'ennemi devait être resserré vers le nord-ouest, puis acculé contre sa frontière du nord; il fallait l'empêcher de s'échapper vers le sud, afin de tenir son armée tout entière dans un espace fort restreint, de l'obliger à combattre, et enfin de la défaire. C'est pourquoi tout engagement partiel qui ne se rapportait pas à cette combinaison, était absolument interdit aux différentes armées; il s'agissait de frapper un seul coup, mais un coup décisif.

Jusqu'à Sedan, ce plan fut suivi tel qu'il avait été conçu. Après cette journée, un nouvel adversaire se dressa devant les Allemands : la force nationale, révolutionnaire, fanatique. Un nouveau plan, presque l'anthitèse du premier, et s'étendant à plusieurs objets, était nécessaire pour la combattre. Mais le moment n'est pas venu où nous aurons à nous en occuper.

Si l'on veut bien se pénétrer de l'idée générale, on comprendra parfaitement que, passé le 6 août, plus notre aile droite (Iᵉ armée) s'arrêtait près de Sarrebruck, moins l'aile gauche de l'armée française se pressait de battre en retraite ; elle perdait ainsi le temps dont elle disposait pour se retirer vers le sud. Mais sur ces entrefaites, notre aile gauche (IIIᵉ armée) avançait rapidement et s'emparait successivement de toutes les routes que l'ennemi devait suivre pour se porter dans cette direction. De plus, l'aile gauche restant constamment en contact avec le centre (IIᵉ armée), celui-ci n'avait à parcourir que des distances relativement faibles pour que l'ennemi se trouvât insensiblement coupé de ses communications avec le midi.

Nous voyons que l'immense conversion par laquelle l'armée allemande devait faire front d'abord vers l'ouest, puis vers le nord-ouest, était résolue avant que l'on sût dans quelle direction l'ennemi opérerait sa retraite. Il importait seulement de se convaincre, dès lors, qu'il se maintiendrait dans le nord. En poursuivant les corps battus après les premières batailles, les Allemands furent entièrement fixés à cet égard. Il ne restait alors qu'à diriger habilement l'armée allemande tout entière dans le seul espace qui convînt à cette manœuvre colossale. La cavalerie, qui éclairait les armées, et chacune des armées elles-mêmes reçurent à cet effet des instructions spéciales, conformes à l'idée du plan de campagne.

Avant de nous arrêter à ces instructions, nous jeterons un coup d'œil sur les circonstances dans lesquelles nos chefs puisèrent la conviction que l'ennemi n'entreprendrait aucun mouvement qui contrariât leurs projets.

Il en était deux qui devaient peser fortement dans la balance, pour détourner les Français d'une retraite vers le midi.

D'abord Metz représentait trop bien pour eux l'idéal de la force et de la sécurité, pour que les chefs impériaux, au moment où l'armée subissait des échecs multiples, pussent songer, sans provoquer le mécontentement et la désobéissance, à d'autres combinaisons que celle qui faisait de Metz le centre des opérations défensives. Nous avons vu effectivement, dans notre description du terrain, que cette position offrait toutes les garanties désirables.

Le second point qui influait particulièrement sur les déterminations des commandants de l'armée française, était la *politique intérieure*. La guerre avait servi de dérivatif aux mouvements de l'opinion publique ; c'était, pour la France, une faiblesse qui ajoutait à notre force. Il sembla périlleux non-seulement à Napoléon, mais encore à ses maréchaux, de *découvrir Paris* en allant chercher, dans une autre direction, des voies et des moyens pour triompher de l'ennemi extérieur.

Outre ces considérations capitales, il en était encore d'accessoires, qui, abstraction faite des premiers renseignements obtenus au sujet de la retraite des Français, ne laissaient aucun doute sur leur intention de s'établir au-delà des Vosges, et de choisir la Moselle comme ligne de défense. Il fallait néanmoins ne compter qu'avec la réalité, et se convaincre avant tout que ces prévisions se justifieraient. Ce soin rentrait dans les attributions des divisions de cavalerie. Mais dix-huit jours après la déclaration de guerre, elles ne pouvaient être prêtes à opérer en première ligne; d'ailleurs, l'espace restreint du terrain abandonné et le peu d'étendue de notre front n'en rendaient pas l'emploi indispensable. Dans le principe, la cavalerie divisionnaire, presque entièrement formée, et répartie entre les différents corps d'armée, suffit à tous les besoins du moment. Après le 6 août, deux divisions de cavalerie se trouvèrent en état de participer aux opérations ; l'une d'elles s'était formée sur le territoire même de l'ennemi. La discipline prussienne sut obvier aux difficultés que présentait l'organisation intérieure de ces corps de troupes.

Les 5e et 6e divisions de cavalerie se portèrent d'abord à deux journées de marche en avant de la IIe armée, afin de pousser des reconnaissances sur le front et les flancs de l'ennemi, inquiéter son arrière-garde, et détruire ses communications. Elles étaient soutenues sur leurs ailes par la cavalerie divisionnaire des Ie et IIIe armées.

La cavalerie avait à régler ses mouvements sur la conversion générale ; celle qui se trouvait sur la droite, devant le pivot, devait manœuvrer de manière à ne pas rencontrer le front de l'ennemi, mais de façon à déborder son aile, et explorer aussitôt que possible les environs de Metz. (Trois jours après les premières batailles, la droite de la cavalerie allemande avait déjà dépassé Les Etangs.)

La conversion dont nous avons parlé avait pour but d'établir d'abord la ligne de bataille de nos armées réunies, parallèlement à la ligne de la Moselle, tout en appuyant d'un côté ou de l'autre s'il était nécessaire.

La Ie armée ne pouvait donc s'abandonner à la poursuite du corps de Frossard, sans troubler notablement la corrélation indispensable entre les trois armées. Les avantages à retirer de la poursuite étaient du reste fort douteux, d'autant plus que cette armée s'exposait à rencontrer, loin de tout secours possible, les corps français restés intacts.

La Iᵉ armée demeura sur la Sarre, afin d'attendre les corps de la IIᵉ armée qui se trouvaient encore en arrière, et de donner à l'aile marchante, la IIIᵉ armée, le temps de gagner le terrain qu'elle avait à parcourir en plus pour rester à hauteur des deux autres.

Les routes comprises dans l'espace affecté à la conversion, depuis la frontière jusqu'à la Moselle, furent partagées entre les différentes armées, de façon à leur permettre d'avancer simultanément, tout en conservant à chacune d'elles la liberté de ses mouvements.

Les dimensions restreintes de l'espace disponible exigeaient en outre une plus grande concentration de nos forces ; la réduction de l'étendue de notre front, qui en résulta, obligea la IIᵉ armée à se former en colonnes de marche très-profondes.

Des dispositions analogues à celles indiquées ci-dessus, avaient réglé les premières marches stratégiques des Allemands ; la IIIᵉ armée avait également gagné du terrain sur les deux autres, et c'est ce qui lui permit, après Wœrth, de porter en même temps tous ses corps en avant, malgré les difficultés du terrain, et d'éviter ainsi la moindre interruption dans le mouvement général.

Restait à considérer s'il était possible de retirer de l'Allemagne les réserves qui y avaient été laissées.

Bien qu'à cette époque tous les doutes ne fussent pas levés au sujet de la neutralité de l'Autriche et de l'impuissance de la flotte française, la résolution dont les chefs allemands avaient fait preuve jusqu'alors, ne se démentit pas en cette conjoncture. Ces troupes devaient nous être d'un grand secours pour renforcer l'armée d'opérations, occuper les lieux d'étape et cerner les places fortes situées dans le territoire envahi. Sans hésiter devant les conséquences qui pouvaient en résulter, on les fit immédiatement diriger sur le théâtre de la guerre.

Les circonstances et les considérations qui ont fait l'objet de ce chapitre, avaient donné lieu aux dispositions suivantes, qui résument les opérations offensives de l'armée allemande :

1º Les *5e et 6e divisions de cavalerie*, ainsi qu'une partie de la *cavalerie divisionnaire des Ie et IIIe armées*, avaient pour mission de se porter en avant résolûment, rapidement, et le plus loin possible; d'occuper aussitôt le terrain que l'ennemi abandonnerait; de chercher à connaître les intentions de ce dernier, et de pénétrer aussi avant que possible dans ses lignes.

2º Pendant que la *Ie armée* demeurait sur la Sarre, elle avait à se faire rejoindre par les troupes restées en arrière (Ier corps, 1e et 3e divisions de cavalerie). Les routes de *Sarrelouis* à *Metz* lui étaient assignées pour marcher en avant.

3º Le corps en tête de la *IIe armée* ne devait avancer que lentement, afin de permettre aux corps qui se trouvaient en arrière, en deuxième ligne, de se rapprocher de la première ligne. Cette armée devait suivre les routes qui, partant de *Sarrebruck*, *Sarreguemines* et *Deux-Ponts*, conduisent au sud de *Metz* et au nord de *Nancy*.

4º Les corps engagés à *Woerth*, avaient reçu ordre de se porter rapidement en avant, ensemble et accolés, par les routes qui se dirigent du champ de bataille vers *Nancy-Toul* et *Lunéville*.

5º La *division badoise* était désignée pour marcher sur

Strasbourg, afin de procéder aux premières opérations du siége.

6º Les corps d'armée restés en Allemagne devaient rejoindre les armées auxquelles ils appartenaient d'après l'ordre de bataille *(II*ᵉ *et VI*ᵉ *corps)*.

7º La *division de landwehr de la garde*, établie dans le Hanovre le long des côtes de la mer du Nord, était désignée pour renforcer les troupes de siége devant *Strasbourg*.

8º Les *divisions* (landwehr) *de réserve* également établies près des côtes, devaient être dirigées sur le théâtre de la guerre pour assurer les lignes d'opérations de l'armée (les étapes en pays ennemi), et cerner les petites forteresses qui s'y trouvaient.

9º Organisation, dans le territoire ennemi, du *service des étapes*, des *ambulances permanentes* et du *service volontaire de secours aux blessés*.

10º En attendant l'arrivée des troupes renseignées aux §§ 7 et 8, les différentes armées devaient faire remplir provisoirement, par des détachements, les missions qui incombaient à ces troupes.

11º Préparatifs pour l'*administration* civile et militaire du territoire envahi.

12º Fixation de l'itinéraire du grand quartier général, de *Hombourg* à *Sarrebruck* et *St-Avold* ; proclamation du roi, commandant en chef, à la nation française.

Cette proclamation était ainsi conçue :

« Nous Guillaume, roi de Prusse, faisons savoir ce qui
» suit aux habitants du territoire français occupé par les
» armées allemandes : Après que l'empereur Napoléon eut
» attaqué sur mer et sur terre la nation allemande, qui
» désirait et désire encore vivre en paix avec le peuple

» français, j'ai pris le commandement supérieur des armées
» allemandes pour repousser cette agression ; à la suite
» des derniers événements militaires, j'ai franchi la fron-
» tière française. Je fais la guerre aux soldats et non aux
» citoyens de la France. Ceux-ci continueront donc à jouir
» en toute sécurité de leurs personnes et de leurs biens,
» aussi longtemps qu'ils ne m'auront pas enlevé, par des
» entreprises hostiles contre les troupes allemandes, le
» droit de les protéger. Les généraux commandant les
» corps détermineront, par des dispositions spéciales qui
» seront portées à la connaissance du public, les mesures
» à prendre contre les communes ou les individus qui
» violeraient les usages de la guerre ; ils décideront égale-
» ment toutes les questions relatives aux réquisitions
» jugées indispensables pour les besoins de la troupe,
» et fixeront la différence de cours entre les monnaies
» allemandes et françaises, afin de faciliter les relations
» entre les troupes et les particuliers. »

GUILLAUME.

SARREBRUCK, *le 11 août 1870.*

XVII.

Marches des armées allemandes vers la Moselle, jusqu'au 11 août, et dispositions pour le siége de Strasbourg.

(V. CARTE V.)

Pour donner à notre récit toute la clarté possible, nous le reprendrons au 8 août. A cette date, le *roi de Prusse* avait encore son quartier général à *Hombourg*. Celui du général *Steinmetz* se trouvait à *Völklingen*, près de Sarrebruck. Le *prince Frédéric-Charles* se rendit le même jour avec son état-major à *Bliescastel*, dans le Palatinat, à une journée de marche en avant du grand quartier général ; le *prince royal*, qui était resté à Soultz le 7, alla s'établir à *Mertzweiler*, station de chemin de fer entre Reichshoffen et Hagenau.

La *Iᵉ armée*, composée à cette époque des VIIᵉ et VIIIᵉ corps (de Zastrow et de Göben), campait *sur la Sarre* entre Völklingen et Forbach, le VIIᵉ corps à l'aile droite, le VIIIᵉ à l'aile gauche. On attendit en cet endroit, l'arrivée du 1ᵉʳ corps (de Manteuffel), ainsi que des 1ᵉ et 3ᵉ divisions de cavalerie, pour compléter l'organisation de la Iᵉ armée.

Pendant ce temps, la cavalerie divisionnaire fut poussée vers les routes aboutissant au nord-est de Metz.

Quelques détails sur la *IIe armée* :

Le 6 août, avant la bataille de Spicheren, une partie de la 5e *division de cavalerie* (de Rheinbaben) avait traversé la Sarre et frayé le passage aux têtes des colonnes de l'aile droite de la IIe armée, ainsi qu'à l'aile gauche de la I^e armeé (division de Kameke) (¹).

Cette division se reforma le même jour, mais elle ne fut pas, comme l'auraient désiré certains esprits impatients, lancée à la poursuite de l'ennemi ; cette tâche incombait plutôt à la cavalerie divisionnaire.

Après que la victoire de Spicheren eut livré à la I^e armée et à l'aile droite de la IIe armée la rive gauche de la Sarre, et leur eut permis de marcher en avant, la 5e division de cavalerie fut chargée de protéger également le passage de l'aile gauche de la IIe armée (qui s'était avancée vers la frontière française par Kaiserslautern). L'opération devant s'effectuer près de *Sarreguemines*, la 5e division eut à se porter, par un à gauche, devant le front ouest de cette ville, que les premières colonnes de l'aile gauche (IXe corps) occupèrent sans encombre ; alors seulement la division Rheinbaben devint disponible pour concourir au mouvement général qui portait les armées allemandes en avant.

A l'époque où une partie de cette division se trouvait encore à Sarrebruck, la *6e division de cavalerie* (duc Guillaume de Mecklembourg) était établie avec les avant-postes près de *Bliescastel*, vers Sarreguemines ; il est probable que sa formation incomplète ne lui permit pas de protéger elle-même le passage sur ce dernier point. Mais à la suite de cette opération, il lui était difficile de reprendre sa place à l'aile gauche de la IIe armée. Après que le

---

(¹) Sarrebruck se trouvait sur la ligne d'opérations de la IIe, mais non de la I^e armée, et si malgré cela le général de Kameke y passa le 6 août, ce ne pouvait être qu'en vertu d'un ordre supérieur.

3e régiment de hussards eut soutenu, en cet endroit, de nombreux combats d'avant-postes, pendant la première période de la guerre, la division entière se porta par un demi à droite devant l'aile droite de la IIe armée, tandis que la 5e division restait à l'aile gauche.

Le 8 août, la 6e division de cavalerie fut dirigée de Sarrebruck, par le nord, vers les chemins est du rayon de Metz. La 5e division s'avança de même, par le sud, de Sarreguemines vers le sud-est du réseau, jusqu'à Pont-à-Mousson, dans le but indiqué au chapitre précédent, et en même temps pour dérober les mouvements des corps de la IIe armée, qui marchaient sur Metz.

Au moment où toutes nos forces franchissaient la frontière ennemie, la IIe armée était répartie comme suit, et se mit en mouvement dans le même ordre (V. carte V) :

A l'aile droite, le *IIIe corps* (d'Alvensleben II) s'était dirigé de Neunkirchen vers la Sarre, l'avait traversée, et campait près de *Sarrebruck*, après que son avant-garde eut pris part à la bataille de Spicheren.

Le *IVe corps* (d'Alvensleben I) avait atteint en même temps les environs de *Deux-Ponts*, pour de là franchir la frontière, et se trouvait à 4 milles sud-est du IIIe corps.

Entre les deux précédents, le *Xe corps* (de Voigts-Rhetz) était établi près de *Bliescastel*, front vers Sarreguemines, et en mesure de soutenir, suivant les circonstances, le IIIe ou le IVe corps.

Après la bataille de Spicheren, et lorsqu'une partie de nos troupes se fut déployée sur la rive gauche de la Sarre, sous la protection de la 5e division de cavalerie, l'avant-garde du Xe corps occupa *Sarreguemines* dans la nuit du 7 au 8 août.

La deuxième ligne de l'armée du centre ne devait commencer son déploiement que le 6 août. Elle se composait jusqu'alors de fortes colonnes, marchant à la suite l'une de l'autre, à la distance d'une demi-journée de marche environ, sur la grand'route de Kaiserslautern et Landstuhl. Le *IXe corps* (de Manstein) se trouvait à proximité de cette dernière localité au moment de la bataille de Spicheren; le *XIIe corps* (prince royal de Saxe) suivait un peu plus loin; enfin venait le *corps de la garde* (prince de Wurtemberg).

L'aile droite de la première ligne ayant été lancée contre l'ennemi, il fallut faire suivre aussitôt une colonne de la deuxième ligne. En conséquence, le *IXe corps* (qui était en tête) reçut l'ordre de se diriger sur *Neunkirchen* par une demi-conversion à droite, afin de rejoindre immédiatement le IIIe corps. Il se mit en marche le 7, et le 8 il se trouvait en communication avec ce dernier.

Les événements du 6 août, qui avaient décidé le roi Guillaume à dépasser son étape de Kaiserslautern, firent fournir également au XIIe corps et à celui de la garde, une marche forcée qui les mena jusqu'à Hombourg.

Le *corps de la garde*, qui suivait le Xe corps sur la route de Sarreguemines, commença le déploiement de la seconde ligne, en passant à côté du corps saxon, désigné pour rester en réserve. Il vint s'établir ainsi à hauteur du IXe corps, lequel, comme nous l'avons dit, se trouvait en arrière du IIIe.

Le centre et l'aile droite étaient donc soutenus par deux corps d'armée, tandis que l'aile gauche, le IVe corps, qui suivait les traces de l'ennemi, n'avait qu'une importance secondaire; il conservait néanmoins une certaine indépendance, dont l'initiative était laissée au prince Frédéric-Charles, et qui devait surtout ne pas nuire à l'harmonie des mouvements des trois armées.

Grâce aux victoires du 6 août, la IIIe armée put également gagner du terrain. Des rapports arrivés le 7, nous informaient déjà que Mac-Mahon renonçait à défendre les passages des Vosges ; il fallait supposer pourtant que le maréchal, se faisant rejoindre par le corps de Failly, tenterait de surprendre la IIIe armée au débouché. Le *IVe corps* fut chargé, en conséquence, de la soutenir éventuellement, et se dirigea par Rohrbach vers l'issue des défilés. (A Rohrbach, les routes de Sarreguemines à Bitche et de Sarre-Union à Deux-Ponts se croisent.)

Ce corps devait se mettre en étroite communication avec l'aile droite de la IIIe armée ; mais la démoralisation des chefs français avait rendu cette précaution inutile.

Arrivons à la *IIIe armée :*

Le 6 août, elle avait livré la bataille de Woerth ; le 7, elle se reposa sur les positions conquises. L'infanterie avait certes besoin de se refaire après un combat aussi acharné, mais, outre cela, l'état-major devait attendre des informations précises avant de remettre l'armée en mouvement. Il ne pouvait, sur les impressions du moment, et sans données certaines, l'engager inconsidérément dans les défilés des Vosges.

Le 8 août, tous les corps étaient prêts à marcher et à suivre les directions indiquées dans notre précédent chapitre. Nous allons voir comment l'état-major disposa l'ordre de marche des différentes parties de l'armée, et prit les mesures nécessitées par cette importante opération.

Nous avons parlé, au chapitre XIV, du chemin que Mac-Mahon avait choisi pour opérer sa retraite. Supposons que le prince royal eût immédiatement suivi le maréchal avec toutes ses forces disponibles ; il ne pouvait en résulter aucun avantage réel. L'armée française, dans l'état où l'avait mise la démoralisation de ses chefs, et dans la précipitation de sa retraite, aurait conservé de toutes façons une certaine avance sur nos troupes victorieuses, malgré la rapidité de leurs marches et à cause même de leur régularité. L'ennemi, évidemment, aurait dû finir par s'arrêter ou se débander tout-à-fait ; mais rien ne pouvait faire prévoir à quel moment. Le prince royal était en mesure de hâter cette situation, mais il lui eût fallu renoncer à sa liaison avec la IIe armée, et il n'était pas impossible qu'au même instant des réserves fraîches fussent arrivées au secours de Mac-Mahon.

Si le commandant de la IIIe armée s'était dirigé plus au sud pour suivre le maréchal, non-seulement il aurait dû se séparer de la IIe armée, mais l'ennemi pouvait aussi lui échapper. Les Français avaient encore à leur disposition des lignes ferrées qui leur facilitaient un changement de direction vers le nord, dans le cas où ils auraient rencontré les Allemands au sud.

Mac-Mahon avait choisi cette ligne de retraite précisément parce qu'il supposait, avec raison d'ailleurs, que les troupes prussiennes (la cavalerie) occupaient le nord. Il aurait marché en sens inverse, s'il avait cru les rencontrer au midi. Il n'existait donc aucune raison sérieuse qui déterminât les Allemands à quitter leur principale ligne d'opérations. Aussi longtemps que le gros de l'armée française restait établi dans le nord, le corps de Mac-Mahon devait en tous cas chercher à le rallier.

Quelques relations françaises prétendent que le prince royal s'était trompé sur la véritable direction suivie par Mac-Mahon dans sa retraite, parce que celle-ci s'étant effectuée par le col de Saverne, le prince royal s'était porté avec la plus grande partie de son armée au nord de ce passage. Elles sont dans une erreur profonde : Le prince royal se conformait, dans ses opérations, aux principes de la grande guerre, et non pas à ceux qu'eût adoptés sans doute le commandant d'un corps de partisans ou d'une armée d'expédition.

De plus, la poursuite ainsi prolongée aurait pu avoir pour conséquence de retarder, jusqu'à ce que la IIIe armée eût repris sa position dans l'ordre de bataille, le passage de la Moselle par la IIe armée, dont le flanc gauche serait ainsi resté découvert.

D'après le plan d'ensemble qui réglait les mouvements combinés des trois armées, la grand'route de Saverne était réservée exclusivement à l'aile gauche de la IIIe armée ; le reste des forces allemandes devait passer plus au nord.

Nous ne savions pas si l'ennemi avait complétement évacué les Vosges ; il était donc avantageux, dans tous les cas, et indépendamment du plan général d'opérations, de les traverser aussi promptement que possible. En conséquence, l'état-major de la IIIe armée fit avancer simultanément, par tous les chemins renseignés sur les meilleures cartes, les corps et les divisions vers les lignes d'opérations conduisant sur Nancy, et de façon que chacune des colonnes de marche pût immédiatement communiquer avec celles qui la flanquaient.

Les petites forteresses qui défendaient ces chemins durent être enlevées ou cernées, opérations accessoires mais non faciles.

Les corps de la *IIIe armée* se mirent en marche le 8 août, dans l'ordre suivant :

1° Le *IIe corps bavarois* (de Hartmann) occupait l'aile droite, et passa par *Bitche*.

2° A sa gauche, le *Ier corps bavarois* (von der Tann), se dirigeait par des sentiers parallèles sur le village de *Lemberg*, à 1 mille sud-ouest de Bitche.

3° La *division wurtembergeoise*, (d'Obernitz,) au sud du précédent, marchait sur le village de *Meisenthal*, à ³/₄ mille ouest-sud-ouest de Lemberg.

4° Suivait le *V^e corps* (de Kirchbach), vers la *Petite-Pierre*, à 1 ½ mille sud de Wiesenthal.

5° Le *XIe corps* (de Gersdorf, en remplacement du général de Bose, blessé) formait l'aile gauche, et suivait la grand'route qui traverse les Vosges par *Saverne*, un peu moins de 2 milles sud-sud-est de la Petite-Pierre.

La même route servit à la *4e division de cavalerie* (prince Albrecht), qui dépassa plus tard le XIe corps pour opérer d'une manière indépendante — d'abord sur la rive gauche de la Sarre — dans le sens que nous avons indiqué. Cependant, elle ne put encore se porter en avant le 8 août, parce que la partie principale des Vosges devait être franchie ce même jour par les colonnes d'infanterie.

6° La *division badoise* (sous le commandement supérieur du général de Werder) s'était dirigée le 7 août déjà, du point qu'elle avait atteint le 6 en marchant vers le champ de bataille, et sans prendre de repos, sur *Hagenau*, qui avait été enlevée dès la veille par la cavalerie badoise. Le 7 août, le ministre de la guerre badois de Beyer, qui avait été malade, reprit le commandement de la division, et s'avança le lendemain vers la ligne ferrée conduisant à Strasbourg. Il atteignit cette ligne le 8, à *Brumath*, et la grande forteresse fut ainsi coupée de ses communications avec Mac-Mahon, ainsi qu'avec l'ouest.

Pour compléter le tableau des dispositions stratégiques du 8 août, il nous reste à mentionner les mouvements exécutés par les corps laissés en réserve jusqu'au commencement du mois d'août.

Le *Ier corps* (de Manteuffel), ainsi que les *1e et 3e divi-*

sions de cavalerie, avaient rejoint la I^e armée le 8 août et s'étaient mis en communication avec elle.

Le *IIe corps* (de Fransecki) fut dirigé le 7 août, par chemin de fer, de Berlin sur le théâtre de la guerre, mais le 8, il n'était pas encore arrivé.

Le *VIe corps* (de Tümpling) et la *2e division de cavalerie* (comte Stolberg) s'étaient embarqués les 2 et 3 août à Görlitz et Breslau. Le transport du VIe corps, dirigé sur Landau fut accéléré de telle façon, que le 8 août il put déjà établir sa liaison avec la IIIe armée.

La *12e division d'infanterie* (de Hoffmann) suivait la colonne formant l'aile droite de cette armée, qui avait été dirigée sur *Bitche*, pendant que le commandant du corps, le général de Tümpling, marchait avec la *11e division* et l'artillerie du corps, dans les traces de l'aile gauche vers *Saverne*.

La *2e division de cavalerie* fut débarquée à Mayence, et se trouvait, le 8 août, à trois journées de marche de Soultz. La ligne d'opérations de cette division passait également par Saverne.

JOURNÉES DES 9, 10 ET 11 AOUT.

L'armée allemande, pleine d'assurance, continua pendant ces journées et sans rencontrer de résistance, sa marche vers l'intérieur du pays. Les chemins parcourus par l'ennemi étaient semés des preuves de son découragement ; partout il avait laissé des traces de sa retraite désordonnée, et la confiance de nos troupes dans le succès de la campagne augmentait à chaque pas. Les localités voisines des routes étaient remplies de blessés et de mourants ; les armées allemandes recueillirent sur leur passage une grande quantité de matériel et d'approvisionnements de toutes espèces abandonnés par l'ennemi, ainsi que des bandes de maraudeurs et de soldats épuisés.

La I^e armée, ralliée par les corps qui se trouvaient encore en arrière le jour de la bataille de Spicheren, n'aurait pu marcher aussi rapidement sur Metz, ni s'emparer des routes indiquées, si le gros de l'armée française s'était retiré de Metz vers le sud. Mais les informations reçues, ainsi que les rapports sur la retraite de l'ennemi, dont nous avons déjà parlé, nous apprenaient que les corps impériaux s'étaient arrêtés et établis sur la Nied française, donc immédiatement en avant de Metz. Afin de ne pas contrarier les dispositions du plan de campagne, la I^e armée ne pouvait avancer dans cette direction que jusqu'au point voulu pour maintenir l'ennemi dans sa nouvelle position. Si, dans ce but, il avait fallu livrer bataille, chaque étape qui rapprochait la IIe armée de la I^e, augmentait les chances de succès.

Le *9 août*, la cavalerie avait dépassé la ligne sur laquelle étaient échelonnées, du nord-ouest au sud-est, les localités suivantes : 1° *Les Etangs*, à 2 milles de Metz. La cavalerie allemande était donc parvenue jusqu'au flanc de la position française, tandis que la cavalerie ennemie restait immobile près de Metz. 2° *Fouligny*, à 3 $\frac{1}{2}$ milles de Metz, sur la Nied allemande et la route de Sarrebruck à Metz. 3° *Faulquemont*, à 1 mille sud-est de Fouligny, sur le chemin de fer de Forbach à Metz. 4° *Gros-Tenquin*, à 2 milles est-sud-est de Faulquemont, sur la route de Sarreguemines. 5° *Sarre-Union*, sur le versant des Vosges, à 3 $\frac{1}{2}$ milles est de Gros-Tenquin.

La cavalerie se trouvait de 4 à 6 milles (deux journées de marche) en avant des colonnes d'infanterie.

A cette date, jour où les I^e et IIe armées s'étaient également mises en mouvement, notre ligne de bataille présentait encore un front très-étendu et non parallèle à celui des Français, qui suivait le cours de la Moselle (¹).

La conversion à droite que la Iᵉ armée fut obligée d'exécuter (et qui n'aurait pas été nécessaire si elle avait passé la Sarre à Sarrelouis), avait rompu l'étroite liaison qui existait, à Sarrebruck, entre elle et une partie de la IIᵉ armée. En ce moment, la Iᵉ armée n'était évidemment pas disposée à attaquer l'ennemi ; aussi faut-il admettre que si ce dernier avait conservé sa position sur la Nied, cette armée eût été immobilisée aussi longtemps que la IIᵉ armée n'aurait gagné assez de terrain pour menacer le flanc et les réserves des Français.

Il ne restait donc à l'ennemi que la ressource d'attaquer lui-même avant l'arrivée de la IIᵉ armée, et de fondre en nombre supérieur sur l'aile droite de la Iᵉ armée. Mais nous avons vu que les chefs français manquaient d'initiative pour l'exécution d'un tel projet. De plus, l'apparition inattendue de la cavalerie, que l'on croyait suivie de près par les masses allemandes, avait répandu l'effroi parmi les populations, et contribué sans doute à augmenter les craintes des commandants de l'armée française.

L'ennemi ne pouvait plus songer, désormais, à regagner le terrain qu'il avait perdu, et nous pouvons affirmer qu'à partir de ce moment, sa retraite de la Nied jusque sous le canon de Metz devenait un acte de prévoyance parfaitement justifié.

Le *11 août*, la *Iᵉ armée* occupait, du nord au sud, les points suivants à proximité de la Nied allemande, pour

---

(¹) Nous ferons remarquer à cette occasion que lorsqu'une armée fait un trajet de 2 milles, certaines parties de corps ont à fournir des marches de 3 à 4 milles, et même davantage.

prendre possession, le lendemain, des positions qui s'étendaient jusqu'au bord de la rivière (V. carte VI) : à l'aile droite, la *3ᵉ division de cavalerie* se trouvait près de *Boulay*, et commandait la route de Sarrelouis à Metz. A 2 milles de cette division, le *Iᵉʳ corps* campait à demi-distance environ de Boulay à Fouligny. Le *VIIIᵉ corps*, qui formait l'aile gauche, était établi en arrière de *Fouligny*, où il devait entrer le 12. La *1ᵉ division de cavalerie* avait été envoyée au loin, en avant de l'aile gauche et vers la Nied française (V. carte VI), par Bazoncourt, en reconnaissance sur le flanc de la position ennemie. Enfin, le *VIIIᵉ corps* formait la réserve, et se trouvait à *Marange*, sur la route de Sarrebruck.

Le général *de Steinmetz* s'était porté en même temps, avec son état-major, de Völklingen à *Carling* (au nord de St-Avold) par Lauterbach.

Pendant que la Iᵉ armée exécutait ce mouvement, les corps du prince Frédéric-Charles avaient quitté les environs de Sarrebruck et Sarreguemines, pour se porter en avant à marches quelque peu forcées.

Avant de détailler les positions dans lesquelles ces corps se trouvaient établis le 11 août au soir, nous avons à nous occuper de la grande avant-garde de l'armée du centre, des 5ᵉ et 6ᵉ divisions de cavalerie. Cette dernière, après avoir dépassé Faulquemont, avait atteint le bassin de la Nied française, pendant que la 5ᵉ division, au sud de la précédente, s'était avancée plus encore vers l'ouest, attendu que le lendemain elle se trouvait à *Nomeny*, petite ville à ³/₄ mille seulement de Pont-à-Mousson.

La cavalerie de la IIᵉ armée avait donc exécuté une grande partie déjà du changement de direction vers le nord-ouest, puisque deux divisions étaient parvenues jusqu'au flanc de la position de Metz.

On ne s'explique pas, malgré l'incurie de l'état-major impérial, comment une armée aussi considérable que celle qui se trouvait sous Metz, n'ait pas fait éclairer par des détachements de cavalerie, et jusqu'au moment de sa retraite, les communications qui conduisaient aux flancs de sa position, principalement celles qui menaient aux points de passage de la Moselle au sud de Metz. Il est vrai qu'à ce moment l'armée changeait de chef.

Le Bœuf était paralysé par Napoléon, lequel se paralysait lui-même ; Bazaine était peut-être le plus excusable, parce qu'il reprenait le commandement dans de mauvaises conditions. Mais les commandants des corps, ceux de la réserve de cavalerie même, étaient-ils donc aveugles pour ne pas s'apercevoir des fautes colossales qui se commettaient.

Il s'ensuivit que la cavalerie française restait complétement immobile dans la vallée de la Moselle, sous les murs de Metz, tandis que la cavalerie allemande, par la rapidité qu'elle mettait à se porter en avant, rendait des services vraiment prodigieux.

Le fait que les points de passage de la Moselle ne furent point occupés en cette circonstance, est une tache ineffaçable à la réputation militaire du grand quartier général de l'armée impériale. Une pareille faute n'aurait certainement pas été commise par l'armée prussienne, même en l'absence du commandant en chef et de son conseiller. A quoi servaient donc les généraux intelligents et choisis de l'armée française, si, malgré les occasions qui se présentaient, il ne leur était pas donné de rendre d'autres services que ceux d'un officier subalterne.

Grâce à cette circonstance, quelques détachements de cavalerie purent, à cette époque, atteindre les bords de la Moselle, et même passer sur l'autre rive. Notre cavalerie était accompagnée, dans ces expéditions, de quelques officiers du génie intelligents, qui, munis des appareils et outils nécessaires, étaient à même de détruire immédiatement les ponts, les lignes ferrées et les télégraphes utiles à l'ennemi; c'est ainsi que le 11 août déjà, les communications télégraphiques entre Metz et Nancy furent coupées, et ce pour ainsi dire sur les derrières d'une armée de 200,000 hommes, et à 8 ou 10 milles en avant de notre ligne de bataille.

Le lecteur se rappelle sans doute les dépêches expédiées par le quatier général de l'empereur au général de Failly, pour le décider à diriger sa retraite sur Nancy. L'occupation de cette ville était donc reconnue non-seulement nécessaire, mais encore urgente.

Il y avait lieu de croire, par conséquent, que l'on destinerait quelques milliers d'hommes à cette fin, en attendant que le général de Failly pût y arriver, d'autant plus que le succès de son mouvement devenait de jour en jour plus problématique. Mais ainsi que les passages de la Moselle, Nancy fut oublié.

La faute commise par l'ennemi n'eut pas seulement pour conséquence de nous permettre de pousser des reconnaissances, et de l'inquiéter de toutes façons sans qu'il pût s'y opposer, avant de le battre dans sa nouvelle position; elle eut des suites plus graves encore : Les Allemands ayant eu toute facilité pour détruire les communications, et l'armée de Metz ne recevant plus aucun renseignement certain sur l'ennemi, dont on exagérait les avantages, *Bazaine ne put se faire rejoindre par les renforts sur lesquels il comptait.*

Les corps de Mac-Mahon et de Failly se ressentirent également de la grande activité de notre cavalerie. Nous avons vu, en parlant de la retraite du 1er corps français, que la proximité de l'ennemi l'inquiétait, et le décida enfin à se retirer vers le sud. Si, en reliant Metz et Nancy, comme nous en avons exposé la possibilité, on avait été en mesure de faire parvenir des renseignements positifs sur l'ennemi, aux lieux d'étape par lesquels Mac-Mahon devait passer, il se serait déterminé sans doute à se diriger sur Nancy, où de Failly serait venu le renforcer. Dans ce cas l'armée du prince royal n'aurait pu empêcher ces deux corps, ou du moins la partie qui pouvait encore, à cette époque, être transportée par chemin de fer, de prendre part aux batailles de Metz, ce qui eût augmenté de beaucoup la résistance que nous y avons rencontrée.

Toutes ces considérations, qui semblent pourtant résulter de faits d'une importance secondaire, ne sont-elles pas de nouvelles preuves à l'appui de ce que nous disions au commencement de ce volume. L'ineptie des chefs français avait donné à la cavalerie allemande l'occasion de rendre à notre cause d'importants services, qu'il eût été impossible d'en attendre sitôt en d'autres circonstances.

D'après les indications données plus haut, nous voyons que la direction des corps de la IIe armée était déterminée de façon à conserver leur liaison stratégique avec la Ie armée. Si l'ennemi avait attaqué cette dernière, les IIIe et IXe corps, qui venaient de Sarrebruck, pouvaient lui servir de soutien, ou même, en accélérant leur marche, arriver à temps pour la flanquer.

Dans le changement de direction général que devaient exécuter toutes les forces allemandes, la IIe armée avait à gagner plus de terrain vers l'ouest que la Ie armée. Afin de conserver toute son action, la IIe armée se dirigea donc, en quittant la Sarre, vers les points de passages de la

Moselle qui se trouvaient au sud de Metz. Si elle parvenait à traverser la rivière, la ligne de défense que celle-ci représentait — et dont notre plan de campagne ne pouvait prévoir l'inoccupation dans sa partie méridionale — était percée. Si, en outre, le passage s'effectuait avec assez de rapidité pour couper à l'armée de Metz les chemins du sud, l'armée se trouvait engagée sur la ligne d'opérations vers Paris déterminée par le plan de campagne, la position de Metz perdait la moitié de sa force et, enfin, nous avions réussi à contenir l'ennemi dans le nord.

Nous avons vu dans un de nos précédents chapitres, qu'en présence de la force de la position de Metz et du nombre des troupes qui l'occupaient, le passage de la Moselle par une armée, hors de la portée du canon de la place, nécessitait la coopération d'une autre armée — la I^e — pour faire une diversion sur le front de l'ennemi. C'est pourquoi l'itinéraire des colonnes de la IIe armée fut immédiatement déterminé dans la direction des points de passage au sud de Metz. En conséquence, les *IIIe et IXe corps* marchèrent directement, dès le 9 août, sur *Faulquemont*; le *X^e corps* et celui de *la garde* se dirigèrent de Sarreguemines sur *Gros-Tanquin*. La route que suivaient ces corps coupait au centre la ligne de bataille de la IIe armée. C'était donc sur cette route que devait suivre le *XIIe corps* (Saxe), qui formait la réserve. Le *IVe corps*, envoyé à Rohrbach, comme nous le savons, pour protéger le débouché de la IIIe armée, devait rejoindre la IIe armée par *Sarre-Union*, et reprendre sa place à l'aile gauche.

Le *11 août*, les corps de la *IIe armée* avaient atteint les points ci-après :

1° Le *IIIe corps* les environs de *Teting*, village entre

Faulquemont et St-Avold, à proximité du chemin de fer.

2° Le *IXe corps* à 1 mille environ en arrière. (La colonne de gauche de la I^e armée se trouvait — Fouligny-Marange — à 1 1/4 mille nord de ce corps).

3° Le *X^e corps*, à 1 1/2 mille sud du précédent, devait atteindre le lendemain le bourg de *Baronville*, nœud de routes où celle de Gros-Tenquin se dirige vers Château-Salins.

4° Le *corps de la garde* passait *Puttelange*, pour arriver le lendemain à Gros-Tenquin.

5° Le *IVe corps* sur la route de Rohrbach à Sarre-Union (Morhange).

6° Le *XIIe corps* à *Sarre-Union*, où le prince royal de Saxe établit le même jour son quartier général.

A cette date, le *prince Frédéric-Charles* avait son quartier général à *Puttelange*.

La *IIIe armée* avait exécuté jusqu'au 11 août, les marches suivantes :

1° La *12e division d'infanterie*, dépassant Bitche le 10, se trouvait le 11 à une journée de marche de *Sarre-Union*.

2° Le *IIe corps bavarois*, également dirigé vers Bitche, y arriva le 8 août, et essaya de bombarder le fort au moyen de son artillerie de campagne ; mais il renonça bientôt à cette entreprise, et continua sa marche après avoir fait cerner la place par un détachement. Le 11, il occupait *Diemeringen* (à 1 mille est de Sarre-Union).

3° Le *Ier corps bavarois*, rompant de Lemberg, traversa les montagnes de façon à entrer le 11 à *Drulingen* (2 milles sud-est de Sarre-Union.)

4° La *division wurtembergeoise* se tenait comme soutien à 1 mille en arrière du précédent. Pendant sa marche, elle s'était emparée de *Lichtenberg*, qui se trouvait à proximité de son chemin. Cette petite forteresse fut bombardée le 9 par le général de Hügel, et se rendit le 10. Elle était défendue par 3 officiers et 280 hommes, avec 7 canons.

5° Le V° *corps* trouva *la Petite-Pierre* évacuée le 9, et se porta ensuite sur la Sarre, dépassant les corps précédemment cités. Le 11, il se trouvait à *Sarre-Altroff* et poussait son avant-garde au delà de la rivière.

6° Le XI° *corps* atteignit le 10, sur la grand' route qui traverse les Vosges, la forteresse de *Phalsbourg* (3000 hommes de garnison, 65 canons ; commandant : le major Taillant.) Le bombardement tenté par l'artillerie du corps restant sans effet, le corps continua sa marche, chargeant un détachement de cerner la place. Le 11, il arrivait à *Brauweiler* (1 mille nord-est de Sarrebourg).

7° La *11° division d'infanterie*, avec le général de Tümpling et l'artillerie du corps, se trouvait le 11 à une journée de marche de Phalsbourg, et releva le détachement y laissé par le XI° corps.

8° La *12° division d'infanterie*, qui avait tourné Bitche la nuit, par une marche pénible, campait le 11 près de *Rohrbach*.

9° La *2° division de cavalerie* entrait le 11 à *Soultz*, pour y prendre un jour de repos.

10° La *division badoise*, qui avait atteint Brumath le 8, envoya le même jour quelques patrouilles jusqu'au rayon de *Strasbourg*, et les sentinelles placées sur les remparts purent apercevoir l'ennemi, sur lequel on avait fait courir les rumeurs les plus terribles, à la suite de l'arrivée, en cette ville, d'un grand nombre de blessés et de fuyards. La cavalerie accompagnée de détachements d'artillerie à cheval et d'infanterie, s'était portée en avant de la division vers la forteresse. Le 9 août, le général de Beyer, suivant l'usage, somma la place de se rendre ; naturellement, le commandant refusa. Pendant les journées des 10 et 11 août, on prit des mesures, non précisément pour investir la forteresse, mais pour intercepter ses principales communications avec l'extérieur. A cet effet, l'infanterie s'établit au nord-ouest de la ville, sur une ligne dont le village d'Oberhausbergen figurait le centre, afin de la couper du nord-ouest de la France. La cavalerie était chargée de surveiller le restant du rayon.

Le quartier général du *prince royal* fut transféré le 9 août à *Ober-Mottern* (à l'ouest du précédent emplacement, sur la Moder), le 10 et le 11 il était à *Petersbach* (à 1 ½ mille nord de Phalsbourg, et à 1 mille ouest de la Petite-Pierre.)

Les plus grandes des difficultés que présentait le passage des Vosges étaient donc vaincues. A cette occasion, le prince royal donna l'ordre à l'armée suivant, daté de Petersbach :

« Soldats de la IIIᵉ armée !

» Après avoir franchi la frontière, remporté de glorieuses
» victoires à Wissembourg et à Woerth, et avoir forcé
» l'ennemi à évacuer l'Alsace, nous avons traversé les
» Vosges, afin de pénétrer plus avant dans le territoire
» français ; nous nous sommes reliés à la Iᵉ et à la IIᵉ ar-
» mée, devant lesquelles l'ennemi a dû céder également.
» C'est à vos grands efforts, à votre persévérance à vaincre
» tous les obstacles, que nous devons ces importants
» succès. Je vous en remercie au nom du roi de Prusse,
» notre commandant en chef, ainsi qu'au nom des souve-
» rains alliés de l'Allemagne, et je suis fier de me trouver
» à la tête d'une armée à laquelle l'ennemi n'a su résister
» jusqu'à présent, et dont la patrie allemande admire les
» hauts faits. »

Du 6 au 11 août, le front de notre ligne de bataille avait été considérablement réduit. Nous ferons remarquer aussi que le changement de direction général de nos armées avait reçu une partie de son exécution, de telle sorte que la ligne de bataille qui, au 6 août, allait du nord-ouest au sud-est, se trouvait, le 11, à peu près face vers l'ouest.

Ainsi que nous l'avons vu au commencement du chapitre XV, le roi Guillaume avait transféré, le 9 août, son quartier général à Sarrebruck. Il y resta jusqu'au 11, afin de prendre avec son état-major toutes les mesures, et de donner tous les ordres que le cours des événements exigeait de la part du commandant en chef.

Lorsque le roi Guillaume franchit la frontière, toutes les dispositions nécessaires jusqu'à ce jour, et qui étaient de son ressort, avaient été prévues, discutées et ordonnées ; nous les avons exposées en abrégé à la fin du chapitre XVI. Mais nous devons ajouter que la plupart de ces opérations, dont l'exécution était laissée au jugement des commandants d'armée, avaient été concertées lors de l'établissement du plan de campagne, de sorte qu'il ne restait à ceux-ci qu'à faire approuver les ordres qu'ils donnaient à cet effet, et à recevoir de nouvelles instructions ; car l'état-major général avait à prendre certaines dispositions particulières qui ne pouvaient dépendre que des circonstances.

Telles étaient les mesures à ordonner pour le *siége de Strasbourg*. A cette époque, la défense de la place n'était convenablement organisée sous aucun rapport. Strasbourg, comme toutes les autres forteresses situées sur le théâtre de la guerre, avait été surprise par l'offensive rapide des armées allemandes. Cependant l'importance stratégique et politique de cette forteresse appelait toute l'attention des chefs français sur ses moyens de défense, grandement négligés. Il n'y existait pas d'ouvrages suffisamment avancés ; les plus éloignés, ceux de l'est, se trouvaient à peine à une demi-lieue de la ville.

Mais quand le danger fut aux portes, on se mit résolûment à l'œuvre pour mettre la place autant que possible en état de tenir. Le général *Uhrich* la commandait ; c'était un ancien officier qui avait été rappelé à l'activité à cause de l'énergie reconnue de son caractère, et de ses connaissances locales. Au début du siége, il n'avait auprès de lui, paraît-il, personne qui pût le seconder et le conseiller. Mais le commandant savait se tirer d'affaire. Heureusement pour lui, un général d'artillerie plein d'intelligence (Barral), déguisé en paysan, parvint à percer les lignes allemandes et prit le commandement de l'artillerie de la place. De plus, l'armée allemande n'avait alors qu'une seule division disponible, pour entreprendre cette opération.

Le roi Guillaume sut parer rapidement à cette situation, défavorable pour les assiégeants. Mais il fallait prendre à cet effet une grande et prompte résolution, et renoncer notamment à faire défendre les côtes allemandes par des troupes mobiles.

Il s'agissait d'arracher à l'ennemi héréditaire l'ancienne cité de Strasbourg, le siége des sciences et des arts de la vieille Allemagne, sans réduire les forces qui opéraient offensivement contre l'armée napoléonienne et ses réserves.

Le 87e régiment de ligne, 2500 hommes environ, qui avait fait partie du corps de Mac-Mahon, 2 bataillons de dépôt de 1600 hommes, 2 compagnies de chasseurs, quelques batteries de dépôt, 4 à 5000 hommes séparés de leurs corps à Woerth et à Wissembourg, 2 escadrons de lanciers, 500 pontonniers et 4 bataillons de gardes mobiles composaient la garnison de la forteresse. On avait en outre organisé au plus vite 3000 hommes de la garde nationale, ce qui faisait un total de 20,000 hommes environ, forces suffisantes d'ailleurs, quant au nombre, pour défendre la place.

Les troupes allemandes énumérées ci-après, étaient désignées pour concourir avec la division badoise au siége de Strasbourg :

1° La *division de landwehr de la garde* (de Loën).

2° La *1ᵉ division (landwehr) de réserve* (de Trescow). (Outre la landwehr de la Poméranie, 2 régiments d'infanterie).

3° *37 compagnies d'artillerie de siége* (dont 4 badoises, 2 bavaroises et 2 wurtembergeoises).

4° *Un bataillon combiné de pionniers prussiens et une compagnie de pionniers bavarois.*

Le lieutenant-général *de Decker* fut désigné pour commander l'artillerie de siége ; le général-major *de Mertens* eut sous ses ordres les pionniers et le génie ; le lieutenant-colonel *de Lesczynski* remplit les fonctions de chef d'état-major.

Le roi choisit, pour commander en chef le corps chargé du siége, le général d'infanterie *de Werder* qui, par son calme, sa circonspection, sa persévérance, et sa sollicitude pour la troupe, était appelé à mener à bien cette importante opération.

XVIII.

Opérations depuis le 12 août jusqu'à la reprise des hostilités.

(V. CARTE VI.)

Le roi Guillaume, en établissant le 12 août son quartier général à St-Avold, faisait sa première étape en pays ennemi, tandis qu'à 6 milles de là, son adversaire, l'empereur Napoléon, remettait à la même date le commandement de l'armée de Metz au maréchal Bazaine.

Quelle diversité dans les impressions que devaient éprouver en ce jour les deux chefs des armées rivales. Le roi de Prusse posait le pied sur le territoire d'un État dont les actes avaient fait autrefois époque dans sa vie, et jetait en même temps les fondements du nouvel empire d'Allemagne. Lui seul peut-être ne songeait pas encore à sa destinée prochaine. Toutes ses pensées convergeaient vers la grande mission qu'il avait à remplir, et ses regards ne quittaient la carte de France que pour se porter sur les rapports qu'il recevait au sujet des opérations de l'ennemi.

Napoléon, au contraire, se demandait sans doute — ses loisirs le lui permettaient — s'il pourrait ressaisir un jour le commandement des aigles françaises, que la force des événements lui avait enlevé. Le laurier de Solferino était fané par celui de Königgrätz.

L'armée de Metz était forte de plus de 170,000 hommes ; elle se retira précipitamment dans une forteresse gigantesque, dont les nombreux canons et la situation au centre d'un terrain éminemment favorable faisaient une position des plus imposantes, malgré les défaites subies par les défenseurs, et l'approche d'un ennemi plus fort. Un chef d'une circonspection excessive, possédant même des forces supérieures, eût hésité sans doute avant de lancer son armée contre une telle position. Cependant, à l'aspect des colonnes immenses que le roi Guillaume avait conduites du 1er au 12 août de Berlin à St-Avold, le maréchal Bazaine n'avait pas lieu d'être complétement rassuré sur le sort de cette place, autrefois réputée imprenable. Se voyant investi d'un commandement supérieur dans des conditions tout-à-fait exceptionnelles, sans connaissance aucune des intentions de nos armées, sans espoir de se procurer le moindre renseignement à leur égard, il ne pouvait avoir d'autre ressource que de chercher à s'éloigner, avec le plus d'habileté et le moins de dommage possible, d'un ennemi dont l'expérience lui avait montré l'audace et la détermination.

On pressentait, à Metz, l'approche de la plus grande partie de l'armée allemande, mais on ne savait rien de positif. On ignorait surtout quelle était la clef de la position, le point qu'il fallût principalement protéger. Jusqu'à ce jour, la cavalerie allemande avait formé devant les Ie et IIe armées, un rideau épais qui voilait leurs mouvements.

Dans les dernières observations que nous avons faites sur les emplacements occupés par l'armée française, nous avons dit qu'elle abandonna la position de la Nied, et se retira sous le canon de Metz. C'est à ce moment que nous reprendrons notre récit.

Cette nouvelle retraite fut opérée le 11 août. A cette date Bazaine n'était pas encore revêtu du commandement supérieur, mais son corps occupait le centre de la position, et aurait eu, selon toute probabilité, à soutenir le choc principal en cas d'attaque. Cette circonstance est peut-être une des raisons pour lesquelles la position fut évacuée, bien que l'on eût commencé à la fortifier.

Le mouvement s'exécuta d'après l'ordre de bataille primitif : Le *corps de Frossard* (IIe) formait l'aile droite, le *corps de Ladmirault* (IVe), l'aile gauche ; le *corps de Bazaine* (IIIe [Decaen]) se trouvait au centre, et la *garde* (Bourbaki) en réserve. En même temps le maréchal Canrobert fit transporter son corps (le VIe) par chemin de fer de Châlons à Metz, et vint se placer en arrière de l'aile droite. (L'artillerie et la cavalerie du corps ne purent rejoindre, par suite de la rupture d'un pont que les Allemands avaient détruit.)

Le *IIe corps* avait pris position au sud-est du fort *Quelen*. La *brigade Lapasset*, du Ve corps, qui formait l'avant-garde de l'aile droite, était établie près de *Mercy-le-Haut*. Le *VIe corps* campait à proximité du faubourg de *Montigny*, au sud de Metz, où se tenait depuis longtemps *la 3e division de cavalerie de réserve*.

Le *IVe corps* se trouvait près du fort *St-Julien*, avec un détachement sur la Moselle ; la *1e division de cavalerie de réserve* avait conservé son ancien emplacement sur la rive gauche, près du faubourg de *Chambière*.

Le *IIIe corps* campait près du fort *Les Bottes*, sa gauche appuyée au village de Borny.

La *garde* se trouvait au sud-ouest de Borny, entre les IIIe et IIe corps, mais plus en arrière.

Les mauvaises dispositions que montraient les troupes françaises lors de la nouvelle retraite de la Nied sur Metz, s'accentuèrent encore à cause du mauvais temps par lequel se fit l'opération. Cette circonstance ne pouvait cependant déterminer le commandant à différer ce mouvement. Du reste Bazaine n'avait pas plein pouvoir à cette date, et l'ordre qui lui conférait le commandement supérieur ne fut donné que le 13 août. Il est possible que si Napoléon, après avoir ramené ses corps sous les murs de Metz, le 11, n'avait pas hésité à remettre immédiatement ses pouvoirs entre les mains du maréchal, celui-ci se fût décidé à quitter Metz dès le 12.

Dans cet exposé des événements, nous nous attachons à faire ressortir les circonstances capables d'influer sur les déterminations des chefs, et qui parfois primaient les règles de la stratégie; nous tenons compte également des dispositions d'esprit, tant des officiers que des soldats, qui pouvaient concourir au même effet. L'histoire est plus qu'une simple narration; elle doit discuter les faits, examiner les circonstances qui étaient de nature à changer le cours des événements.

Il y a lieu de croire que si Bazaine avait repris plus tôt le commandement supérieur, il en eût profité pour sortir plus promptement de Metz. L'espace compris dans cette position était insuffisant pour y faire mouvoir l'armée, et le maréhal pouvait employer les quelques jours qu'il avait devant lui, pour se retirer sur Verdun. Mais alors l'investissement de Metz eût été inutile, et les cinq corps qui composaient l'armée, n'y seraient pas tombés en notre pouvoir.

Si Bazaine avait pu commencer plus tôt son mouvement de retraite, la cavalerie française était obligée de le couvrir. Il est probable que dans ce cas les passages de la Moselle auraient été occupés, et la marche exécutée le 13 août par le prince Frédéric-Charles, avec la 5e division de cavalerie et le Xe corps, jusqu'à Pont-à-Mousson, n'aurait pas obtenu les résultats que l'incapacité de Napoléon lui permit d'atteindre au-delà de toute espérance.

Nous arrêterons ici nos déductions. Il nous suffit d'avoir établi que Napoléon, pour le malheur de son armée et le sien, se démit deux jours trop tard du commandement supérieur.

Le 12 août se passa pour l'armée française dans une complète inaction, tandis que les troupes allemandes travaillaient sans relâche à l'entourer d'un cercle de fer. L'ordre du jour de l'empereur ne contenait en réalité que la mention de la remise du commandement. Le maréchal employa le restant de la journée à se faire donner les renseignements que ses nouvelles fonctions lui faisaient un devoir de connaître. Les commandants de corps étaient pleinement occupés à rétablir l'ordre intérieur, et à compléter le matériel.

Le commandant de la forteresse, le général *Coffinières*, placé sous les ordres de Bazaine, attendait l'avenir avec confiance : La place avait 643 pièces en batterie, et la garnison était renforcée par des troupes de l'armée de campagne. Il ne fallait plus songer pourtant à augmenter les munitions de guerre. Quant aux vivres, on en avait fait rentrer des quantités considérables; aussi l'armée d'opérations devait-elle en emporter une partie dans sa retraite.

Jusqu'à présent, nous n'avons pas à nous occuper des autres dispositions intérieures de la forteresse; les positions et les mouvements des deux armées qui se trouvaient en présence, réclament pour le moment toute notre attention.

Bien que nous ayons exposé à plusieurs reprises comment les différentes parties de l'armée allemande ne pouvaient se mouvoir que d'après un plan général conçu par l'autorité suprême, et qui excluait rigoureusement toute opération non conforme à ce plan, il n'en faut pas conclure que les troupes allemandes et leurs chefs subalternes marchaient comme des automates, et devaient être dirigés comme pièces et pions sur un échiquier, enfin, qu'ils ne jouissaient d'une certaine liberté d'action que sur les champs de bataille. Outre les obstacles que l'ennemi pouvait mettre à l'exécution des ordres journaliers, et les modifications à ces ordres que nécessitaient souvent des renseignements obtenus, il fallait prendre en considération les difficultés du terrain, la conservation des communications, les variations atmosphériques, l'entretien des troupes, et surtout la manière d'interpréter les instructions données, qui, multiple, amenait évidemment des modes d'exécution différents. Tous les chefs avaient, chacun dans sa sphère, un cercle d'action assez large pour mettre leurs talents militaires au grand jour. De plus, les armées allemandes ne recevaient des ordres qu'en cas de nécessité absolue ; ces ordres étaient aussi brefs que possible, et ne contenaient de détails que pour autant qu'ils fussent tout-à-fait indispensables.

Si grâce à leur précision, à l'intelligence et à l'éducation militaire des chefs, les ordres donnés étaient généralement interprétés de même par tous les échelons de la hiérarchie, les diverses circonstances énumérées ci-dessus devaient néanmoins influer sur leur exécution. Les dispositions du plan de campagne pouvaient être modifiées, l'idée principale restait la même. Il n'est donc pas surprenant que le mouvement de conversion général ait été interrompu de temps à autre.

Dès que la IIIe armée eut terminé sa marche à travers les Vosges, les communications établies entre elle et la IIe armée par le IVe corps, ne furent plus jugées nécessaires, d'autant plus que les opérations de cette dernière exigeaient la réunion de toutes ses forces. (C'est pourquoi aussi le IIe corps, de Fransecki, qui avait été transporté par chemin de fer, le 7 août, de Berlin à Neunkirchen et Hombourg, fut dirigé rapidement sur la IIe armée).

D'après les circonstances qui se présentaient, la IIe armée devait prononcer son mouvement de conversion davantage vers le nord, pour empêcher l'ennemi, qui s'était rassemblé à Metz au lieu de s'étendre le long de la Moselle, de se retirer dans la direction qui lui paraîtrait la plus favorable. Après quoi la IIIe armée avait de son côté, en exécutant la même manœuvre, à se reporter en ligne à côté de la IIe armée.

Pendant la période d'isolement où se trouva la IIIe armée, elle devait se porter en avant avec le plus de rapidité possible, et régler sa marche de façon à assurer à chacune de ses colonnes des lieux d'étape déterminés, et à permettre à ses échelons de se soutenir mutuellement.

La IIe armée se trouvait, le 12 août, sur la haute Sarre, dans une position très-favorable pour le mouvement qu'elle avait à exécuter. L'ordre de marche donné pour cette date était basé sur les informations que les détachements de cavalerie avaient fournies sur l'ennemi, et sur les endroits qu'il avait négligé d'occuper. Comme il importait surtout de cerner la position de Metz aussitôt que possible, la IIe armée fut dirigée sur le rayon sud de la place.

La I^e armée avait pour mission de suivre l'ennemi au plus près dans sa retraite (du 11), dans le double but de conserver sa trace, et de détourner son attention de la IIe armée. Elle devait cependant marcher avec une certaine circonspection, car elle était en même temps la plus faible des trois armées, et la plus rapprochée de l'ennemi. A cet effet, son infanterie occupait la position de la Nied allemande, tandis que sa cavalerie poussait des reconnaissances sur les flancs de la position française. Les IIIe et IXe corps s'étant rapprochés de la I^e armée, pouvaient la soutenir en cas d'attaque.

Les forces allemandes exécutèrent, le 12 août, les mouvements suivants :

1° IIIe armée.

Le *prince royal*, avec la *division wurtembergeoise*, se porta à *Rauweiler*, village situé à demi-distance entre Phalsbourg et Fenestrange, nœud de routes sur la Sarre.

A l'aile gauche, le *XIe corps* atteignit *Sarrebourg*, suivi de la *IIe division d'infanterie*, qui s'arrêta à *Mittelbronn* (immédiatement au nord-ouest de Phalsbourg).

A droite du précédent marchait le *V^e corps* qui, la veille, avait atteint la Sarre à *Sarre-Altroff*, comme avant-garde de l'armée, et se dirigea le 12 vers l'ouest.

Le *Ier corps bavarois*, suivant la direction de la division wurtembergeoise vint camper à *Bettborn*, à 1 ¼ mille nord de Sarrebourg, et se trouvait donc à proximité du XIe corps.

Le *IIe corps bavarois*, à 1 ¼ mille à droite du précédent, marcha jusqu'à *Fenestrange*.

La *12e division d'infanterie* atteignit *Sarre-Union*, et forma l'extrême droite de l'armée.

A l'ouest et en avant du Ve corps, la *4e division de cava-*

lerie explora le terrain en avant de Lunéville, jusqu'aux canaux, où elle trouva tous les ponts rompus.

La 2ᵉ *division de cavalerie* se trouvait encore en arrière de l'armée.

2º IIᵉ armée.

Le *prince Frédéric-Charles*, avec son état-major et le *corps de la garde*, marchait dans la direction de Pont-à-Mousson, sur *Gros-Tenquin*.

Le *XIIᵉ corps*, second de réserve de la IIᵉ armée, se détachant de la IIIᵉ armée par une marche de flanc, rompit de Sarre-Union pour aller prendre position à *Barst*, en arrière de l'aile droite de la IIᵉ armée, dont elle devint le pivot.

A l'aile gauche, le *IVᵉ corps* atteignit *Morhange*, au sud-ouest de Gros-Tenquin.

Le *Xᵉ corps*, à hauteur du précédent, front vers la Moselle au sud de Metz, campa à *Baronville*.

A l'aile droite, le *IIIᵉ corps*, près de *Faulquemont*, et le *IXᵉ*, un peu en arrière, faisant front comme le Xᵉ corps, appuyaient la Iᵉ armée sur la Nied.

La 6ᵉ *division de cavalerie* formait un rideau devant l'aile droite, et se porta, par-dessus la Nied française, jusque sur le flanc droit de l'ancienne position ennemie, afin de dissimuler les intentions de la IIᵉ armée.

La 5ᵉ *division de cavalerie* marcha le plus rapidement possible vers Pont-à-Mousson et les points de passage situés entre cette ville et Metz. Elle était chargée de protéger le passage. Le 12, elle entrait à *Nomeny*, sur la Seille.

Le roi Guillaume, en transférant son quartier général à St-Avold, s'était rapproché de la Iᵉ armée, qui se trouvait en contact avec l'ennemi, et qui, selon toute probabilité, serait la première engagée.

3° I^e armée.

L'aile gauche, le *VIIe corps*, occupa la position de la Nied, près de *Fouligny*.

L'aile droite, le *Ier corps*, alla s'appuyer à la rivière près de *Varize*.

La réserve, le *VIIIe corps*, se dirigea sur *Marange*, en arrière des deux autres.

La *3e division de cavalerie*, dans le prolongement de l'aile droite, passa la Nied à proximité de *Volmerange*.

La *I^e division de cavalerie* poussait des reconnaissances en avant de l'aile gauche, de *Bazoncourt* vers et par-dessus la Nied française.

Le général *de Steinmetz* resta à *Carling*.

Nos chefs et nos soldats désiraient vivement se trouver en face de l'ennemi; la plus grande partie des troupes n'avait pas encore combattu, et l'on craignait que les Français ne parvinssent à s'échapper. Tous les efforts des Allemands tendaient par conséquent à les retenir dans leur position. Le camp français retentissait des plus amères récriminations, inconciliables avec l'énergie d'une armée. Ces retraites successives avaient supérieurement mécontenté les corps restés intacts; l'orgueil national se réveillait en eux, et ils brûlaient de reconquérir la gloire dont ils s'étaient revêtus si longtemps. Mais les chefs de l'école de Napoléon, qui tenaient entre leurs mains le sort de l'armée impériale, étaient peu disposés, après s'être convaincus de la difficulté qu'il y avait à remporter quelque avantage sur les troupes allemandes, à jouer leur propre existence sur le coup de dé qui devait rendre au nom français son ancien prestige. Ils appréhendaient, en outre, de ternir complétement la renommée qu'ils s'étaient acquise dans les campagnes précédentes, contre d'autres adversaires.

Une grande exaspération dans les rangs inférieurs, le dissentiment, l'insoumission et le découragement parmi les chefs, telle était la situation qui caractérisait, le 13 août, l'état des esprits à Metz. Le moment favorable était passé quand Napoléon se décida à remettre ses pouvoirs — et le premier acte du maréchal Bazaine, commandant supérieur, fut d'ordonner ce même jour une nouvelle retraite.

Les forts de Metz n'étaient plus jugés suffisants pour protéger les derrières de l'armée, ou pour servir de points d'appui aux ailes. La retraite entrait certainement dans les vues de Napoléon ; mais il ne fit rien pour la déterminer, sans doute pour ne pas en porter la responsabilité. Jusqu'à ce jour, le train des équipages n'avait pas été disloqué, de façon qu'il encombrait tous les débouchés de la place.

Les instructions données le 13 août par le maréchal Bazaine, prescrivaient à l'armée mobile de commencer le 14, à passer de la rive droite sur la rive gauche de la Moselle, pour entreprendre un mouvement de retraite en vue duquel elle avait à se munir de vivres pour plusieurs jours. Une division du IIe corps était désignée pour renforcer la garnison de Metz. L'aile droite devait ouvrir la marche, mais en rompant par la gauche, afin de dérober son mouvement à l'ennemi.

Nous avons vu précédemment que l'armée française, bien qu'elle ne se crût plus en sécurité à Metz même, espérait trouver un peu plus loin — près de Verdun — une position susceptible de lui rendre toute sa confiance ; c'est pourquoi la retraite fut dirigée sur ce point. On n'avait pas songé à la possibilité de se retirer vers le sud, opération qui offrait encore, les 10 et 11 août, quelques chances de succès.

Un ordre décisif fut donc transmis aux troupes de Metz le 13 août — ordre qui consterna l'armée. Cependant il ne reçut un commencement d'exécution que le lendemain ; Bazaine perdit ainsi une des rares journées où il jouissait encore de sa liberté d'action, et que les Allemands ne manquèrent pas de mettre à profit ; car ce même jour la IIe armée exécuta le mouvement tournant, à la suite duquel nous pouvions jeter à l'ennemi ce mot fatal : *Trop tard !*

Jusqu'au 12 août, les Français auraient pu occuper les points de passage de la Moselle jusqu'à Pont-à-Mousson, afin de protéger et dissimuler leur retraite ; le 13, il n'était plus temps.

Le 13 août, pendant que le prince royal établissait trois de ses corps, concentrés autant que possible, entre les deux grands canaux, face vers Nancy, le restant de la IIIe armée couvrait, sur ses flancs, le terrain conquis.

Le *IIe corps bavarois* occupait *Kutting*, sur le canal des Salines, et formait l'aile droite.

A 3 ³/₄ mille de là seulement, le *Ier corps bavarois* arrivait avec le quartier général à *Angeviller*, s'étendait vers le sud jusqu'au chemin de fer venant de Dienze et s'appuyait au Ve *corps* (près d'Azondange).

Le *XIe corps* était établi sur les hauteurs de *Foulerey*, au-delà du chemin de fer de Sarrebourg à Lunéville, et du nœud de voies près de Réchicourt ; il était appuyé au grand bois de Réchicourt.

Toutes ces troupes devaient bivaquer, car la IIIe armée, livrée à elle-même, avait à se garantir d'une surprise dans le cas où l'ennemi tenterait une diversion.

Nous savons qu'il n'y avait pas beaucoup à craindre

sous ce rapport, mais le prince royal ne pouvait admettre que Mac-Mahon et de Failly eussent laissé la haute Moselle et Nancy inoccupés. Il y avait lieu de supposer aussi que l'ennemi avait reçu du renfort de l'intérieur, et il fallait par conséquent se tenir prêt à tout événement.

La *4ᵉ division de cavalerie*, qui explorait le terrain en avant de la IIIᵉ armée, ne rencontra pas l'ennemi, mais trouva tous les ponts des canaux coupés. Un détachement de cette division devait cerner le même jour la petite forteresse de *Marsal*, au sud-ouest de Dieuze, jusqu'à ce que le IIᵉ corps bavarois vint mettre le siége devant la place, et la forcer de capituler.

La *division wurtembergeoise*, chargée de soutenir le Iᵉʳ corps bavarois, avait pris position près de *Fribourg*.

Le *VIᵉ corps* avait pour mission d'assurer les communications de la IIIᵉ armée avec sa base d'opérations. *La 12ᵉ division d'infanterie* était restée à *Sarre-Union;* la *11ᵉ division* occupait *Sarrebourg*, où le prince royal établit son quartier général, et inspecta les régiments de la Silésie.

La *2ᵉ division de cavalerie* se trouvait encore à Soultz, dans la Basse-Alsace, pour assurer la possession de cette contrée, et observer en même temps les débouchés est des Vosges.

Bien que la Iᵉ armée fût la plus proche de l'ennemi, et effectivement la première engagée, celle du prince Frédéric-Charles l'emportait en importance sur les deux autres. Ses masses imposantes s'avançaient rapidement, couvertes par la cavalerie.

Nos escadrons s'étaient déjà montrés auparavant sur les rives de la Moselle, mais on y savait que la cavalerie et l'artillerie à cheval qui l'accompagnait, ne constituaient pas une armée en état de livrer et de gagner des batailles.

Cependant, les populations furent saisies d'étonnement mêlé de crainte, lorsqu'elles virent le général de Rheinbaden arriver le 13 devant *Pont-à-Mousson* avec la 5ᵉ *division de cavalerie* entière, faire passer une grande partie de sa troupe sur l'autre rive et pousser son avant-garde jusqu'à *Thiaucourt*, à 2 milles plus loin.

Par cette opération, la cavalerie prussienne coupait Bazaine de tout le territoire situé au sud de Metz.

La surprise des habitants fut plus grande encore, quand, dans l'après-midi du même jour, l'avant-garde, puis le gros de la *19ᵉ division d'infanterie* vinrent s'arrêter devant *Pont-à-Mousson*, prirent possession de la ville et occupèrent la rive gauche. Cette division, appartenant au Xᵉ corps, se trouvait la veille en avant de Baronville, et se porta sur la Moselle par une marche forcée.

La *20ᵉ division* suivit bientôt la précédente.

Le prince *Frédéric-Charles*, après un trajet de 7 milles, atteignit également Pont-à-Mousson avec son état-major.

Il importait avant tout d'empêcher aussi longtemps que possible l'ennemi d'être informé de ces mouvements; la cavalerie devait donc être prête à couvrir le terrain compris entre la Nied et la Seille, dès que l'avant-garde eût franchi la Nied française et dépassé le front de la IIᵉ armée.

A cet effet, le duc *Guillaume de Mecklembourg*, avec la 6ᵉ *division de cavalerie*, et le général *de Hartmann* avec la *1ᵉ division*, furent chargés de couvrir respectivement la partie sud-ouest (ayant pour centre *Solgne*) et la partie nord-est *(Orny)* de ce terrain.

Les *IIIᵉ* et *IVᵉ corps* prirent position sur la Nied, au sud du chemin de fer, le premier près de *Han-sur-Nied*, le second à *Lucy*.

Le *corps de la garde* alla s'établir à 1 ½ mille en arrière des précédents, à *Baronville* et *Herny*.

Le *XIIe corps* (Saxe) acheva sa marche de flanc, et s'arrêta sur la Nied allemande près de *Faulquemont*.

On remarquera qu'outre la résolution avec laquelle la Moselle avait été franchie, les chefs allemands avaient pris telles dispositions, qui permettaient à certains corps de la IIe armée, de soutenir la I^e dans un engagement éventuel avec l'ennemi.

La *I^e armée* devait occuper, le 13, les positions de la Nied française, évacuées le 11 par les troupes impériales. Si les Français, avec des forces supérieures, s'étaient opposés à ce mouvement, le XIIe corps, qui s'avançait vers la Nied allemande, et le VIIIe corps, la réserve de l'armée, qui prenait position à Varize, étaient prêts à lui servir de soutien. De plus, les IIIe et IXe corps appuyaient ses ailes.

Le général *de Steinmetz* s'établit avec son état-major à *Varize*.

En première ligne et le plus près de l'ennemi dans la position indiquée, se trouvaient réunies les deux divisions du *VIIe corps* : La 13e non loin de *Pange* (à 2 milles seulement à l'est de Metz), la 14e près de *Domangeville* (à 1 lieue sud de Pange) sur la Nied française.

Le *Ier corps* occupait *Les Etangs*, au nord du précédent, où le cours de la Nied se dirige vers l'est.

La *3e division de cavalerie*, après avoir passé la rivière, avait pris position à proximité de *Ste-Barbe* et reconnaissait le terrain jusqu'à la Moselle, et aussi près que possible des avant-postes ennemis.

L'extrême droite des avant-postes se trouvait donc à *Ste-Barbe*, tandis que l'extrême gauche occupait *Orny* (1re division de cavalerie).

Le centre de la ligne d'avant-postes (infanterie) était

établi sur les hauteurs qui s'étendaient à $^1/_2$ mille ouest de la Nied, en avant du terrain compris entre Pange et Domangeville.

Les avant-postes du centre étaient commandés par le général-major *von der Goltz*, commandant de la 26e brigade d'infanterie.

Le *roi Guillaume* se rendit avec son état-major à *Herny*, au campement du IXe corps. Ce village était favorablement situé pour l'observation des points où l'on présumait qu'auraient lieu les premiers engagements, notamment le front est de Metz et les endroits de la Moselle où devait passer la IIe armée.

Mais le souverain n'avait pas seulement à tenir les rênes de la stratégie; la politique, représentée à ses côtés par le comte de Bismarck, avait aussi son poids dans la conduite des opérations. Ce serait sortir de notre cadre que de nous étendre sur ce sujet. Cependant il est nécessaire de mentionner comment la politique servit à tirer le plus grand parti possible du terrain conquis, et à écarter les inconvénients que notre situation pouvait attirer aux armées allemandes. Il s'agissait avant tout de s'occuper de l'administration des contrées envahies.

Pour assurer son autorité sur leurs populations, le roi lança, le 13 au matin, avant son départ de St-Avold, la proclamation suivante :

« Nous, Guillaume, roi de Prusse, avons arrêté et arrê-
» tons ce qui suit : Art. 1. La conscription est abolie dans
» toute l'étendue du territoire français occupé par les
» troupes allemandes. Art. 2. Les agents de l'autorité
» civile qui contreviendraient aux dispositions de l'article
» précédent, soit en procédant au tirage au sort ou en le
» facilitant, soit en permettant aux conscrits de s'y sou-

» mettre, en leur donnant des ordres de rassemblement,
» ou de toute autre manière, seront révoqués de leurs
» fonctions et détenus en Allemagne jusqu'à ce qu'il puisse
» être statué sur leur mise en liberté. Art. 3. Les géné-
» raux commandant les corps allemands sont chargés de
» veiller à l'exécution du présent décret.

» G<small>UILLAUME</small>. »

Les chefs de l'armée reçurent en même temps des instructions concernant les mesures à prendre contre les particuliers qui violeraient les usages de la guerre, et relatives au réglement des réquisitions. Le droit de la guerre et la juridiction militaire entrèrent en vigueur à la suite d'un ordre, donné quelque temps auparavant, sur les peines auxquelles s'exposaient les habitants qui se mettraient en contravention vis-à-vis de l'armée, et particulièrement les espions. D'après cet ordre, les conseils de guerre ne pouvaient prononcer, pour certains délits, que la peine de mort. De plus, les communes auxquelles appartenaient les coupables, étaient condamnées à des amendes en espèces.

A cette époque, avant la formation des francs-tireurs, la conduite des habitants était satisfaisante. Il est vrai que des villages entiers avaient fui devant l'ennemi ; mais plus on était amené à rendre justice, malgré soi, à la discipline des troupes allemandes, moins la manière d'agir des habitants, même dans les villes, donnait lieu à des condamnations. La langue allemande, que parlaient encore les Lorrains et les Alsaciens, contribuèrent beaucoup à établir des relations moins hostiles entre eux et nos soldats.

Cette situation avait aussi pour cause, en partie, les dispositions fort peu sympathiques de ces provinces pour Napoléon ; après sa chute, les grandes phrases de la

Révolution parvinrent à les égarer de nouveau, et à leur inspirer contre les Allemands une haine implacable, qui se traduisit non-seulement par le découragement et l'aversion, mais encore par des actes de révolte ouverte et des surprises à main armée.

Avant de clôturer l'exposé des mouvements du 13 août devant Metz, il nous reste à indiquer comment nos avant-postes entrèrent le même jour en contact avec l'ennemi, dans des circonstances qui ne laissèrent pas que d'influer sur les événements du lendemain.

Les Allemands cherchaient à gagner le plus de terrain possible en avant du centre de la position de la Nied, pendant que la cavalerie opérait sur les flancs de l'ennemi. Mais l'infanterie française opposa de la résistance. Le IIIe corps (Decaen) qui s'était porté le plus avant vers l'est, faisait face à notre position.

Le général von der Goltz avait l'intention de comprendre le village de *Colombey* (à ³/₄ mille est de Metz) dans sa ligne d'avant-postes, mais il trouva ce point occupé par l'ennemi, qui semblait prêt à livrer bataille. Le général fit prendre aussitôt à son avant-garde une position de combat en arrière de Colombey, et envoya dans toutes les directions, pour s'assurer des communications plus étroites et un appui plus prompt, la nouvelle qu'un engagement était imminent, et qu'il fallait s'attendre à ce qu'il prît de grandes proportions.

Notons aussi que la division badoise restait encore seule devant Strasbourg; mais le général de Werder arrivait à la même date, et prenait le commandement supérieur des troupes de siége.

La nuit descendit sur Metz, où l'on pressentait les enlacements de l'armée allemande, sans parvenir à les comprendre. D'épais nuages obscurcissaient le ciel, mais on ignorait totalement sur quel point on devait s'attendre à voir éclater l'orage. Les plus prévoyants estimaient qu'il était urgent de battre promptement en retraite.

Mais le nouveau chef de l'armée française semblait avoir subi, par contagion, l'influence de l'exemple donné par l'empereur. Les marches de nuit de Mac-Mahon et de Failly les avaient sauvés de nouveaux engagements avec les troupes allemandes. A Metz, la retraite était ordonnée le 13 après-midi; pourquoi l'armée française n'a-t-elle pas commencé dès la soirée et pendant la nuit, à passer sur la rive gauche de la Moselle?

Point d'autre mouvement dans la place, que le va et vient de quelques détachements, les travaux d'approvisionnement etc.! Les Prussiens, en pareilles circonstances, eussent envoyé en avant, aussi loin que possible, le train des équipages; les troupes impériales ne purent s'en séparer, et lui laissèrent encombrer les routes par lesquelles devait se retirer une armée de plus de 100,000 hommes. Etait-il indispensable que les voitures fussent toutes chargées, pour exécuter une marche vers une partie du territoire qui n'était pas occupée par l'ennemi.

Napoléon n'avait plus qu'une nuit à passer à Metz. Le soleil disparaissant à l'horizon, emportait le restant de son prestige. Le lendemain à midi, lorsque les portes de la forteresse se refermèrent sur lui, le grand empereur, dont le nom faisait trembler les peuples, et qui avait su dompter l'orgueil du plus orgueilleux des czars, était retombé au niveau du commun des mortels; son passage au travers des colonnes de son armée ressemblait à la fuite d'un proscrit. C'est ainsi qu'il fit son entrée au camp de Châlons, à moitié déchu, et non plus comme le César au-devant duquel s'élançaient autrefois les cris enthousiastes de : « Vive l'empereur ! » Il y vit les chefs se consumer dans l'impuissance, et ne put porter remède à la situation.

Quelque temps auparavant, Napoléon avait été accueilli à Metz avec bienveillance, avec un certain enthousiasme même ; mais au moment de son départ, la population avait perdu toute confiance dans son étoile, et sa proclamation d'adieu qui se terminait par ces mots : « J'espère que dans des temps plus heureux je pourrai venir vous remercier de votre noble conduite, » fut reçue avec dédain.

La France, cependant, n'était pas en droit d'espérer une issue favorable aux grandes batailles qui allaient se livrer !

XIX.

Bataille de Borny, le 14 août.

(V. CARTE VII.)

Le 14 août fut une journée sanglante. Maints braves devaient tomber sous le plomb meurtrier des masses françaises, couvertes par leur formidable position. Les hommes ignoraient qu'une bataille fût imminente, mais ils pressentaient que leur attente ne serait plus de longue durée. Officiers et soldats brûlaient d'impatience de se mesurer encore avec cet ennemi, dont la *furia* s'évanouissait devant le *hourra!* des Allemands.

Ce ne fut que dans l'après-midi qu'eut lieu le premier engagement, à la suite duquel les Français s'attribuèrent la victoire, bien qu'il n'eût d'autre résultat que d'entraver leurs projets et de favoriser les nôtres.

Nous savons que le général von der Goltz, commandant l'avant-garde du VIIe corps, ayant rencontré l'ennemi à Colombey, qu'il voulait occuper, se retira dans une position de combat en arrière de cette localité — au sud-est de Laquenexy. De ce contact jaillit l'étincelle qui produisit l'explosion.

Nous allons voir comment les Français tentèrent en vain, le 14, d'éviter une collision avec les armées allemandes.

L'ordre de Bazaine prescrivait à l'armée de Metz de rompre le 14, de grand matin, pour passer de la rive droite sur la rive gauche de la Moselle. A cet effet, le *corps de la garde* se mit en marche le premier, quittant Borny, et traversa Metz pour aller occuper, sur la rive gauche, le nœud de routes au nord de *Ste-Ruffine*, à la bifurcation de la route de Verdun et de celle conduisant vers Conflans et Etain. Il devait attendre en cet endroit les *IIe* et *VIe corps*, auxquels avait été assignée la route directe sur *Verdun*, par *Gravelotte* et *Mars-la-Tour*. Les deux *divisions de cavalerie de réserve*, qui étaient établies au nord et au sud de la place, devaient se retirer en même temps pour servir d'avant-garde aux colonnes de marche, sur les deux routes mentionnées.

Comme on avait négligé d'envoyer en avant le train des équipages, les nombreuses voitures qui encombraient les débouchés de Metz, retardèrent considérablement le passage des troupes à travers la ville et sur la rive gauche. Par la même cause, les IIIe et IVe corps, qui devaient prendre la route nord par *Doncourt* et *Conflans*, étaient encore retenus, à midi, dans leur ancienne position, et jusqu'à ce moment les troupes dont nous avons parlé plus haut avaient seules pu traverser la rivière. Dans l'après-midi, avant 4 heures, les 1e et 3e divisions seulement du IVe corps étaient parvenues à opérer leur passage.

Le maréchal Bazaine tenait cependant à faire franchir la rivière le même jour au restant de son armée, qui avait été chargé de couvrir et de dissimuler la retraite, d'autant plus que le mouvement de nos avant-postes à Colombey lui avait fait juger le moment favorable. En effet, le général von der Goltz, ayant reconnu l'occupation de ce point, s'était établi plus en arrière, et avait concentré ses troupes afin d'être prêt à combattre. Les patrouilles françaises ne découvrirent donc aucun indice qui fît prévoir que les Allemands se porteraient en avant. Il semblait facile, dès lors, de faire rompre les divisions successivement, sans bruit et sans grandes précautions.

Mais le commandant de l'avant-garde du VIIe corps prussien avait des intentions toutes différentes de celles que lui supposaient les Français.

Le général *von der Goltz*, ayant sous ses ordres la *26e brigade d'infanterie (régiments de Westphalie N°s 15 et 55)*, le *bataillon de chasseurs N° 7* et le *régiment de hussards de Westphalie N° 8*, occupait le centre de l'avant-garde de la I^e armée, dont les avant-postes étaient établis devant Metz.

A droite et un peu plus éloignés de l'ennemi, se trouvaient les avant-postes du *Ier corps* (campé au nord du VIIe), qui observaient les environs de *Colligny* et de *Maizery*.

Sur les ailes des divisions d'infanterie, la *1e division de cavalerie*, au nord près de *Ste-Barbe*, et la *3e division*, qui se dirigeait, au sud, d'Orny sur *Frontigny*, avaient relié leurs avant-postes à ceux de l'infanterie.

Comme la veille on prêtait encore à l'ennemi des intentions offensives, les postes avancés avaient été reculés autant que possible ; mais des patrouilles de cavalerie observaient l'ennemi et remarquèrent son mouvement de retraite. De plus, les relations avaient été rétablies entre la I^e et la IIe armée, de sorte que vers 2 ½ heures, au moment où le général von der Goltz apprenait que les Français se retiraient, nous recevions la nouvelle que le prince Frédéric-Charles occupait Pont-à-Mousson, et que la IIe armée avait commencé son passage sur la rive gauche.

2 ½ heures après-midi.

Les 1e et 3e divisions de cavalerie, éloignées davantage de Metz, ne se sentaient pas en état, sans infanterie, d'aborder les positions avancées de l'ennemi, couvertes et retranchées; c'était donc exclusivement sur le général von der Goltz, qui en était assez rapproché pour entrer immédiatement en action, que reposait le sort de la journée.

Cependant à la suite de l'incident de la veille, à Colombey, dont la nouvelle avait été transmise immédiatement dans toutes les directions, il n'y avait lieu de donner ni au général, ni à la Ie armée, l'ordre d'attaquer, car il était probable que moins on montrerait à l'ennemi qu'il était deviné, moins il se presserait, et plus le prince Frédéric-Charles aurait de chances de terminer sa manœuvre tournante.

Mais dès que le général von der Goltz fut informé du mouvement entrepris par les corps français, il se vit dans l'obligation d'agir de son propre chef. En demandant des instructions, il eût donné à l'ennemi le temps d'évacuer ses positions avant le retour de la réponse. Nous avons dit que les Allemands étaient impatients d'en venir aux mains. Mais restait à peser, chose peu facile, si le moment était favorable : Les troupes qui n'avaient pas rompu de leurs emplacements étaient encore nombreuses et occupaient d'excellentes positions défensives; l'avant-garde du VIIe corps, au contraire, ne se composait que de quelques poignées d'hommes, qui devaient s'avancer à découvert, et auxquels les secours ne pouvaient arriver que successivement.

Deux alternatives s'offraient au général : Retenir l'ennemi en mettant obstacle à sa retraite, ou la lui laisser effectuer sans opposition. Il comprenait la gravité de la résolution qu'il allait prendre. Il se décida néanmoins pour la première, et fit demander de l'appui dans toutes les directions.

Voici quelles étaient les positions occupées par les troupes françaises qui n'avaient pas encore commencé leur retraite au moment de l'attaque :

La ligne de bataille des *Français* formait un arc, dont les forts *Quelen, les Bottes et St-Julien* figuraient la corde.

L'aile droite se trouvait près du village de *Grigy*, en avant du fort Quelen, l'aile gauche à *Mey*, en avant du fort St-Julien. Le centre était établi à *Colombey*, et le plus éloigné de Metz.

La plus grande partie de cet arc, au sud de la route de Metz à Sarrelouis, était occupée par les quatre divisions du *IIIe corps* (Decaen) et la *brigade Lapasset* (du Ve corps); l'autre partie, au nord de cette route, par la *2e division du IVe corps* (Ladmirault). Les deux autres divisions de ce corps avaient rompu, et atteint l'île Chambière au nord de la ville, lorsque l'attaque prussienne les força de s'arrêter.

Comme le premier choc ne pouvait être porté que sur Colombey, donc sur le centre, l'ennemi fit renforcer cette partie de sa ligne par les ailes, surtout par l'aile droite. Ce point devint ainsi la clef de la position, d'autant plus que les Français se hâtèrent d'occuper les villages voisins.

L'ennemi avait pour lui les avantages du terrain, tant à l'aile droite qu'à l'aile gauche. Quant au centre, les bords du ruisseau qui coulait parallèlement à la ligne de bataille, près de Colombey, étaient coupés de taillis, de jardins, de hauteurs, de fermes, qui formaient une position des plus favorables. L'infanterie était couverte, en outre, par des tranchées-abris et des abattis. Le terrain que les Allemands avaient à parcourir, par contre, était presque totalement découvert et soumis au feu des troupes françaises.

Au nord de Colombey s'étendait la ligne de défense qui devait empêcher l'ennemi de s'avancer sur les routes de Sarrelouis et de Sarrebruck, se rejoignant en arrière du ruisseau. L'occupation des villages de *Nouilly*, *Noisseville* et *Montoy*, augmenta les difficultés que rencontrèrent les Allemands pour approcher de cette ligne, également couverte de tranchées-abris.

La position ennemie tout entière, occupée par plus de cinq divisions au moment où les Allemands se portèrent en avant, était adossée aux forts que nous avons cités, aux petits ouvrages intermédiaires, enfin, à la forteresse elle-même, et donnait aux Français le droit de s'y croire dans une sécurité parfaite.

L'offensive, dans de pareilles circonstances, réclamait tout le courage, tout le sang-froid dont nos troupes étaient capables.

Pour produire le résultat désiré, la résolution prise par le général von der Goltz devait être suivie d'une exécution immédiate.

Le Ier *corps* (de Manteuffel), le gros des deux divisions du VIIe *corps* et la *1e division de cavalerie* (de Hartmann) furent informés aussitôt de la détermination du général,

3 1/2 heures. qui, vers 3 1/2 heures, quitta *Laquenexy* pour se porter avec son avant-garde contre la position ennemie.

Il fit d'abord exécuter un changement de direction à droite pour envelopper autant que possible le village de *Colombey*, et l'attaquer de plusieurs côtés à la fois.

L'extrême avant-garde, placée sous les ordres du colonel *de Delitz*, commandant du régiment de Westphalie N° 15, se composait de deux bataillons de ce régiment, d'une batterie du régiment d'artillerie de Westphalie N° 7, et d'un escadron du régiment de hussards de Westphalie N° 8.

Elle marcha de façon à déboucher en face de l'ennemi, dans les environs de Marsilly, et se porta ensuite en ordre dispersé contre *Colombey*. Ce mouvement était protégé sur la droite par les trois escadrons restants du *régiment de hussards N° 8*, pendant que sur la gauche, le *bataillon de chasseurs N° 7* se portait, par *Ars-Laquenexy*, contre l'aile droite des Français.

Le gros de l'avant-garde, régiment de Westphalie N° 55, un bataillon du régiment N° 15 et une batterie, sous les ordres du colonel *de Barby*, suivit dans la même direction.

Les détachements qui avaient été postés à l'est et en avant de Colombey, se replièrent immédiatement devant les troupes allemandes ; mais au village même, l'ennemi se trouvait non-seulement en nombre, mais encore si favorablement établi, qu'il fut impossible aux Allemands d'avancer davantage. Au nord et au sud du village, des parcelles de bois flanquaient la position française.

Vers 4 heures, elle était défendue par les 2ᵉ et 3ᵉ divisions du IIIᵉ corps, qui n'avaient pas encore combattu. 4 heures.

La brigade prussienne avait donc devant elle 25,000 Français.

A la même heure, le général de Manteuffel informait qu'il envoyait de Pange et Domangeville les secours réclamés. Mais le gros de l'infanterie avait à faire un trajet considérable avant d'atteindre le lieu du combat.

Le général *de Zastrow*, commandant le *VIIᵉ corps*, était en route à 4 ½ heures, et arrivait par Colligny. La 4 ½ heures. division *de Kameke* (14ᵉ) s'était également mise en marche et se dirigeait, d'après les ordres du commandant du corps, sur *Laquenexy*, pour prendre part à l'action.

L'artillerie du corps qui se trouvait en arrière, à *Bazoncourt*, reçut l'ordre de suivre la 14ᵉ division.

5 heures.   A 5 heures, le général de Zastrow, devançant le gros de son corps, rejoignait son avant-garde engagée à Colombey.

Le général *de Glümer* (¹) (13ᵉ division d'infanterie) était parti de *Pange* avec la *25ᵉ brigade* et deux batteries; à
5 ¼ heures.   5 ¼ heures, son avant-garde atteignait le champ de bataille en arrière de *Marsilly*.

Comme nous avions acquis, lors des premières batailles, l'expérience de la longue portée du chassepot, les compagnies furent disséminées, et l'on ordonna aux hommes de se coucher et de faire feu dans cette position, en visant le mieux possible. La journée était chaude; le soleil couchant frappait nos soldats en plein visage; bientôt la fumée de la poudre s'étendit en nuages épais entre les combattants, et l'artillerie, aussi bien que l'infanterie, n'avaient occasion d'apprécier les distances que dans les rares moments où elle se dissipait.

Aux compagnies dispersées avaient bientôt succédé des colonnes de compagnies. Mais le feu de l'ennemi devenait tellement violent, qu'elles furent obligées de se disperser à leur tour. Il fut bientôt impossible aux Allemands de faire un pas de plus. Quoique décimée, fauchée, la brigade von der Goltz tint ferme, et attendit avec sang-froid les secours annoncés.

Le général de Zastrow avait ordonné déjà, du reste, de ne pas chercher à gagner du terrain, et de rester seulement en contact avec l'ennemi.

Le *Iᵉʳ corps* se préparait également à rejoindre les troupes engagées.

La *Iʳᵉ division d'infanterie*, commandée par le lieutenant-

(¹) Auparavant commandant de la 32ᵉ brigade d'infanterie, à Trèves.

général *de Bentheim* (¹) et la 2ᵉ *division*, sous les ordres du général-major *de Pritzelwitz* (²), s'étaient mises en marche dès les premiers coups de canon, l'une par la route de Sarrebruck, l'autre par celle de Sarrelouis.

Cependant l'arrivée de ces renforts subit un retard, car ils rencontrèrent une division du *IV*ᵉ *corps français*.

La *division Grenier* avait occupé à la hâte les villages de *Montoy*, *Noiseville* et *Servigny*, alors que le général Ladmirault avait déjà fait passer sur la rive gauche presque tous les régiments des deux autres divisions. Sitôt informé de l'attaque des Allemands, il fit faire demi-tour aux *divisions Cissey* et *Lorencez*, et leur ordonna de se porter au secours de la division Grenier.

Le général *Manteuffel* arriva avant elles. Son avant-garde, commandée par le général-major *de Falkenstein*, avait pris le pas de charge. Le *régiment d'infanterie de la Prusse orientale N° 43*, avec deux compagnies du *bataillon de chasseurs N° 1*, attaquèrent vers 5 ¹/₄ heures le village de *Montoy*, et l'enlevèrent vivement, au moment même où l'avant-garde de la 25ᵉ brigade d'infanterie, arrivant de Pange, débouchait près de Marsilly.

5 ¹/₄ heures.

A la suite du mouvement offensif des troupes prussiennes, le *III*ᵉ *corps français* tout entier s'était rangé en bataille près de *Colombey*. Environ 50,000 hommes s'y trouvaient réunis. Les premières lignes, ainsi que l'artillerie, entretenaient un feu continu. Cette dernière surtout faisait converger son tir sur les rangs éclaircis des Allemands, qui n'avaient encore que deux batteries à lui opposer.

Entre 5 et 6 heures, la situation devint terrible. A 6 heures

---

(¹) En 1866, commandant de la 2ᵉ division de réserve.
(²) Commandait auparavant la brigade du grand-duché de Mecklembourg, à Schwérin.

seulement, nos troupes furent efficacement renforcées; l'avant-garde de la 25ᵉ brigade, arrivée quelque temps auparavant, avait de la peine à se maintenir elle-même sur le champ de bataille.

6 heures.   Enfin, les deux autres batteries de l'artillerie divisionnaire arrivèrent au grand galop devant Colombey, et s'avancèrent bravement jusqu'à 1200 pas de l'ennemi, qui fut, pour un moment, obligé d'interrompre son feu. Mais la mousqueterie reprit bientôt avec une telle violence, que les pièces, après avoir essuyé des pertes énormes en hommes et en chevaux, durent successivement se retirer.

6 ¼ heures.   A 6 ¼ heures, le gros de la *25ᵉ brigade d'infanterie* (régiments Nᵒˢ 73 et 13) se trouvait également assez rapproché pour prendre part au combat.

Le *général d'Osten-Sacken*, commandant de cette brigade, fit avancer le *régiment de fusiliers du Hanovre Nᵒ 73*, en ordre dispersé, de façon à remplir les vides qui s'étaient formés dans la brigade von der Goltz. Les Hanovriens soutinrent le feu de l'ennemi avec autant de fermeté que leurs voisins de Westphalie, et cherchèrent à gagner du terrain afin de donner plus d'efficacité à leur tir.

Une division allemande, presque à découvert, luttait contre quatre divisions ennemies protégées par des obstacles de toute espèce.

La 25ᵉ brigade avait laissé comme dernière réserve, près de *Coincy*, deux bataillons du *régiment d'infanterie de Westphalie Nᵒ 13*, jusqu'à ce que la situation eût impérieusement réclamé leur concours. Le dernier bataillon de la *division de Glümer* fut également envoyé au feu.

Nous avons dit plus haut que le Iᵉʳ corps ne pouvait arriver directement au secours de la brigade von der Goltz. Mais une heure plus tard, l'attaque impétueuse dirigée par le général *de Manteuffel* contre l'aile gauche, relativement plus faible que l'aile droite, fit une telle impression sur l'ennemi, que cette dernière, malgré sa supériorité, n'osa se porter en avant.

Après que le général de Falkenstein eut enlevé le village de Montoy à la division Grenier, les généraux *de Bentheim* et *de Gayl* marchèrent avec le *régiment d'infanterie de Westphalie N° 43*, contre le centre de l'aile gauche, vers *Nouilly*, pendant que la réserve de la division, *le régiment de grenadiers Prince Royal,* prenait possession du village de *Noiseville*, également évacué par l'ennemi.

Les *14 batteries du Ier corps* étaient arrivées à propos. 72 pièces, établies près de *Montoy*, portaient la mort dans les colonnes de la *division Grenier* battant en retraite.

Il était impossible de la poursuivre ; les *divisions Cissey* et *Lorencez*, du IVe corps français, avancèrent rapidement sous la protection du fort St.-Julien, et relevèrent la division Grenier, qui s'était repliée sur *Mey*.

A la suite de ce mouvement, le combat fut interrompu du côté du Ier corps.

La *division Cissey* déboucha au sud de *Mey*, la *division Lorencez* au nord de ce village.

Leur attaque se prononça contre la partie de la *2e brigade d'infanterie* qui se trouvait près de *Nouilly*. La position devenait intenable pour le général *de Falkenstein* ; ses flancs étaient menacés par des forces de beaucoup supérieures. En conséquence, il se retira sur *Noiseville*. Mais la ligne formée par ce village, relié à celui de Savigny, fut vaillamment défendue. 6 1/4 heures.

Bientôt après, les réserves du Ier corps vinrent renforcer cette position ; au même moment — 6 3/4 heures — la situation se dessinait également sur notre gauche. 6 3/4 heures.

La division *de Kameke*, que la bataille de Spicheren avait déjà familiarisée avec la manière de combattre des Français, venait d'arriver sur le lieu du combat, après une marche forcée.

Le général *de Zastrow* donna l'ordre d'envoyer le *2e régiment d'infanterie de Hanovre N° 77* et un bataillon du *5e régiment de Westphalie N° 53*, sous les ordres du général de Woyna, d'*Ars-Laquenexy* contre l'aile droite de l'ennemi, et de laisser en réserve, sur une hauteur à l'est de *Colombey*, le *régiment de fusiliers du Bas-Rhin N° 39 et le 1er régiment d'infanterie du Hanovre N° 74*.

D'après cet ordre, les troupes du général de Woyna se mirent en marche en forçant le pas.

7 heures. Ces 4 bataillons remplirent leur mission avec toute l'énergie que l'on pouvait en attendre.

7 1/4 heures. Bientôt les rangs du IIIe corps français commencèrent à fléchir. Sur plusieurs points, on paraissait prêt à battre en retraite.

Le succès de l'attaque de la 28e brigade ranima l'espoir de la 13e division. La brigade *d'Osten (régiments Nos 73 et 13)* profita de ce moment pour essayer d'enlever le

7 1/2 heures. village de *Colombey*.

Mais il était encore fortement occupé; plusieurs assauts furent repoussés. De plus, les Français défendaient vigoureusement les petits bois situés au nord et au sud de Colombey, et que la brigade de Woyna avait attaqués avec un commencement de succès.

Il était près de 8 heures quand le général de Zastrow fit donner tout le VIIe corps à la fois, aux cris répétés de *marche, marche! hourra!*

La bataille était gagnée!

Les Français évacuèrent Colombey, abandonnèrent le

petit bois au sud, puis enfin toute la position qu'ils occupaient près de ce village, et le IIIe corps français battit en retraite sur *Borny*.

La *25e brigade* (d'Osten) emporta le taillis au nord de Colombey, en donnant des preuves d'une grande bravoure.

Presqu'en même temps, l'action se décidait également à l'aile droite, où se trouvait le *Ier corps*, sous les ordres du général *de Manteuffel*.

Il était impossible à ce corps de se porter en avant, sans s'exposer au feu des forts. Mais il importait beaucoup de conserver définitivement la position de *Noiseville-Servigny*.

Pendant que le *IIIe corps français* faisait ses derniers efforts pour se maintenir à Colombey, le général *Ladmirault* tenta de reprendre les villages de *Noiseville* et de *Servigny*. Mais le gros de *la 2e division d'infanterie*, qui se trouvait prêt à entrer en ligne, fut immédiatement dirigé sur les points où sa présence était nécessaire.   8 heures.

L'infanterie se porta à la rencontre de l'ennemi, en colonnes serrées, baïonnette croisée, tambours battant, et repoussa vigoureusement son attaque.

A son tour, le IVe corps français dut se retirer.

Il était 8 ½ heures.   8 ½ heures.

Les villages de Colombey, Noiseville, Montoy et Servigny étant tombés en notre pouvoir, le résultat du combat était satisfaisant. L'ennemi ne fit plus aucune tentative pour les reprendre.

Les combinaisons du plan de campagne ne nous permettaient pas de rester en possession de ces points; une occupation prolongée en aurait plutôt contrarié l'exécution. En conséquence, le *VIIe corps* reçut à 11 heures du soir, du général *Steinmetz*, l'ordre de reprendre ses anciens emplacements à *Pange* et *Domangeville*.

Mais afin de recueillir les blessés et de faire le relevé de nos pertes, le général de Zastrow occupa le champ de bataille pendant toute la nuit, sans être inquiété. Au matin, il se remit en marche suivant l'ordre qu'il avait reçu. Il en fut de même du 1er corps.

Le but de l'engagement avait été atteint, en ce sens que l'armée française, qui voulait se retirer de Metz, se vit obligée de combattre contre son gré ; c'était un jour de retard à l'exécution de ses projets.

La position conquise n'offrait aucun avantage pour nos opérations futures, c'est pourquoi elle fut abandonnée. La Ie armée, d'ailleurs, devait rétablir sa liaison avec la IIe armée, pendant que celle-ci effectuait son passage sur la Moselle, au sud de Metz.

Pour compléter le compte-rendu de cette journée, il nous reste à mentionner que la *1e division de cavalerie* (à l'aile gauche de la Ie armée) s'était avancée jusqu'à *Mercy-le-Haut*, et avait poussé sa batterie à cheval à une si faible distance de l'ennemi, qu'elle put donner contre son aile droite.

De même, la *3e division de cavalerie* avait envoyé, de *Ste-Barbe*, sa batterie à cheval contre l'aile gauche de la position française, dans la direction de Servigny.

La cavalerie elle-même n'eut aucun rôle à jouer dans la bataille : La proximité des forts lui interdisait la poursuite, et la cavalerie française n'était pas entrée en ligne.

Pour le cas où l'attaque de la 14e division eût échoué à l'aile gauche, un régiment de la 17e division (de Wrangel, du IXe corps) était prêt à lui porter prompt secours : Le *régiment de fusiliers de Magdebourg N° 36* avait quitté son campement, établi près de la Moselle, et était arrivé sur le champ de bataille par la route de Grigny à Metz.

Ce combat, dont les Allemands sortaient victorieux, était une nouvelle preuve de l'habileté et de la valeur de nos armées; il avait cependant produit, sur les corps français, un effet moral que nous ne pouvons passer sous silence.

Toutes les rencontres précédentes s'étaient terminées, pour les troupes impériales, par une complète déroute. Pour la première fois, elles venaient de conserver leurs rangs jusqu'à la fin, et ce combat fût suivi de la retraite des Allemands. Bien que ce ne fût qu'une manœuvre absolument volontaire, les chefs, aussi bien que les soldats, s'imaginèrent qu'ils nous avaient forcés à céder le terrain. On s'attribua donc la victoire, et, quelque illusoire qu'elle fût, elle devait relever la confiance et le courage des troupes françaises, malgré l'ordre qui leur prescrivait de poursuivre le mouvement de retraite commencé.

Mais en examinant les choses sous leur point de vue réel, la journée avait été néfaste pour nos adversaires : Si le général von der Goltz n'avait pas attaqué, Bazaine aurait eu le temps d'évacuer complétement la position de Metz, et par conséquent n'y eût pas été enfermé.

Le bruit du canon avait vivement impressionné l'armée française tout entière, et paralysé les corps que leur position excluait de la bataille. Ceux qui se trouvaient déjà sur la rive gauche furent obligés de s'arrêter, parce qu'ils ne connaissaient pas les intentions des Allemands, et ne pouvaient laisser abandonnées à elles-mêmes les troupes engagées. Un ensemble rigoureux était indispensable aux mouvements de toutes les parties de l'armée de Bazaine. La lutte avait épuisé les deux corps qui y avaient pris part, et il leur était impossible de se remettre en marche immédiatement après, pour continuer l'opération entreprise.

Ce ne fut que le 15, entre 4 et 6 heures de l'après-midi, que les IIIe et IVe corps français atteignirent, sur la rive gauche, la route de Verdun à hauteur de *Rozerieulles* et du *Bois de Vaux*.

Le 15, de grand matin, le roi Guillaume partit de Herny pour visiter le champ de bataille de Borny, remercier les troupes et soigner pour les blessés ; il approuva tout ce qui s'était fait, et le général von der Goltz reçut, de la bouche même du commandant en chef, la sanction de l'acte d'initiative qu'il avait posé.

Pendant que l'aile droite de l'armée allemande livrait le combat meurtrier dont nous venons de donner les détails, l'aile gauche entrait à *Nancy*, sans rencontrer de résistance, et l'avant-garde de la IIIe armée s'établissait devant *Toul*.

Encore une fois les chefs français, manquant d'énergie, n'avaient su profiter des avantages qui les favorisaient. Les bataillons se trouvaient entassés dans la position de Colombey, mais ils s'en tenaient à une défensive inepte, sans résolution dans la poursuite du succès.

Les Français accusent 4,000 hommes de pertes, mais il est probable qu'elles étaient plus fortes.

Le général *Decaen*, grièvement blessé, succomba au bout de quelques jours.

Du côté des Allemands, les pertes s'élevaient à plus de 4,000 hommes ; la brigade von der Goltz seule comptait plus de 1,000 hommes hors de combat.

Le nombre des officiers tués et blessés était également considérable. Voici les noms de ceux qui trouvèrent la mort sur le champ de bataille :

Régiment d'infanterie n° 4 :

Capitaine DE SCHULTZENDORF.
 » WAHL.
 » ANDERS.
2ᵈ lieutenant BÖHM.

Régiment d'infanterie n° 44 :

Capitaine DE PUTTKAMER.
1ᵉʳ lieutenant KÜNZEL I.
Lieutenant DE DIOSZEGHI.
 » JOHANNSEN.
 » SCHNEIDER.

Régiment d'infanterie n° 3 :

Lieutenant KLÜFER.

Régiment d'infanterie n° 43 :

Capitaine VON DER TRENCK.
 » DE HORN.

Régiment d'infanterie n° 13 :

Capitaine RITGEN.
 » DE ROMMEL.
1ᵉʳ lieutenant BÜLTEMEYER.
 » DE HÜLST II.
Lieutenant DE KLEINSORGEN.

Régiment d'infanterie n° 15 :

Lieutenant MÜLLER.
 » WISCHMEYER.

Régiment d'infanterie n° 55 :

Capitaine DE STEINWEHR.

(Ces deux régiments comptaient un nombre considérable d'officiers blessés).

Régiment d'infanterie n° 73 :

Capitaine D'OSTAU.
 » DE BARDELEBEN.
1ᵉʳ lieutenant DE MASSENBACH.

Bataillon de chasseurs n° 7 :

Lieutenant D'ALVENSLEBEN.
 » DE BERTRAM.
 » D'ARNIM.
 » PERTHES.

XX.

Mouvements stratégiques des 14 et 15 août.

(V. CARTE VII.)

La journée de *Borny* avait valu de nouveaux lauriers aux Ier et VIIe corps prussiens; les autres parties de la *I^e armée* s'étaient rapprochées du champ de bataille (divisions de cavalerie), ou avaient formé la réserve (VIIIe corps).

14 août. Le 14 août, la *IIe armée* poursuivit le mouvement qu'elle avait entrepris, et qui avait pour but de prendre en flanc la position française, après avoir franchi la Moselle, et d'empêcher la retraite de l'ennemi vers la *Meuse*.

La *IIIe armée* opérait dans la partie méridionale du bassin de la Moselle (Nancy-Toul). Les colonnes de cette armée étaient dirigées de façon à faire gagner du terrain à l'aile gauche (Lunéville), tandis que l'aile droite ralentissait sa marche pour servir éventuellement de soutien à la IIe armée, si les opérations de cette dernière échouaient.

Le *prince royal* établit son quartier général à *Lunéville*.

La situation de la *division badoise*, devant Strasbourg, n'avait subi aucune modification. Le général *de Werder*, arrivé la veille, avait pris son quartier général à *Mundolsheim*, sur la Suffel.

L'extrême droite de l'armée française (général de Failly) se trouvait, le 14, dans le bassin de la haute Meuse, entre *Lamarche* et *Montigny* (V. carte V).

Le maréchal Mac-Mahon, avec le *Ier corps*, campait à 5 milles plus au nord, près de *Neufchâteau*, sur la Meuse. Il était donc éloigné de 8 milles environ du quartier général du prince royal.

Neufchâteau était séparé de Metz par une étendue de terrain que les Français avaient laissée complètement inoccupée, et que l'ennemi pouvait traverser sans obstacle, circonstance rare dans les annales militaires modernes.

Une partie de ce terrain était envahie déjà, et la IIIe armée devait bientôt s'emparer du reste.

Le maréchal Bazaine fit franchir la Moselle, le 14, à la *garde, aux corps de Frossard* et de *Canrobert*, ainsi qu'aux *divisions de cavalerie de réserve de Forton* et *du Barrail*; mais ces troupes devaient attendre à proximité de la rivière, que le restant de l'armée, engagé à Borny, eût également effectué son passage.

Après ce coup-d'œil général sur la situation au 14 août, nous nous occuperons particulièrement des mouvements exécutés par la IIe armée.

La veille, le prince *Frédéric-Charles*, avec la *5e division de cavalerie* et une partie du *X^e corps* (19e division d'infanterie), ayant atteint la Moselle près de Pont-à-Mousson, avait fait traverser la rivière à l'avant-garde de la cavalerie, et l'avait poussée jusqu'à *Thiaucourt*; le 14, le gros de la *division Rheinbaben* et la *19e division d'infanterie* passèrent également sur l'autre rive.

De Thiaucourt, la *13e brigade de cavalerie* (avant-garde), sous les ordres du général *de Redern*, se porta vers le nord, à une distance qui permit à ses patrouilles d'observer la route de Thionville et Mars-la-Tour, et de découvrir des avant-postes de cavalerie ennemie près de *Chambley* et de *Gorze*.

Ces avant-postes appartenaient à la division de cavalerie de Forton, et couvraient les principales communications conduisant du sud vers les flancs de la partie de l'armée de Bazaine qui se trouvait dans les environs de Gravelotte.

La découverte de notre cavalerie servit les projets du commandant de la IIe armée, de faire passer toutes ses troupes sur la rive gauche par *Novéant*, *Champey*, *Pont-à-Mousson* et au sud de ce dernier point.

Mais cette opération exigeait néanmoins une certaine circonspection, car on n'était pas sûr encore que Bazaine ne tenterait pas d'attaquer la IIe armée. (Le combat soutenu dans l'après-midi par la I^e armée, n'avait pas encore eu lieu.) C'est pourquoi l'aile droite, la plus rapprochée de Metz, de la IIe armée, ne pouvait avancer que lentement.

Les *IIIe et IXe corps*, ainsi que la *6e division de cavalerie* devaient par conséquent se tenir à une certaine distance de la Moselle, relativement à l'aile gauche qui, la veille, s'était portée rapidement sur la rivière.

De plus, il s'agissait de conserver les relations entre la IIe et la IIIe armée, laquelle était également menacée d'une surprise, dont il fallait admettre la possibilité aussi longtemps que l'on ne fut informé du mouvement de retraite entrepris par l'armée française.

Ces raisons n'existaient pas pour l'aile gauche, qui conserva toute sa liberté d'action. Elle ne se composait d'abord que de la *5e division de cavalerie* et du *X^e corps*. Mais en considération du mouvement tournant que la IIe armée avait à effectuer, cette aile fut renforcée par les corps du centre, destinés en outre à protéger sa gauche vers le sud.

Le *corps de la garde* se dirigea en conséquence de Baronville vers le sud-ouest, pour arriver le lendemain à *Dieulouard*, à un mille sud de Pont-à-Mousson.

Le *IVe corps* prit l'extrême gauche, et rompit de Lucy dans la direction de *Marbache* (sur la Moselle). Il se trouvait donc à un mille sud du corps de la garde.

Le *XIIe corps* resta au centre comme réserve. Il se porta dans les environs de *Solgne*, que la cavalerie venait de quitter.

L'aile droite s'était formée en échelons en avant sur le centre :

En effet, à droite et en avant du XIIe corps (front vers la Moselle), le *IXe corps* marchait sur *Bouchy*.

De même, le *IIIe corps* se dirigeait, en avant et à droite du IXe, sur *Vigny*.

Enfin, la *6e division de cavalerie*, la plus rapprochée de la Moselle et de Metz, s'arrêtait dans les environs de *Verny*.

Le *IIe corps*, arrivant de la frontière, suivait le XIIe à la distance d'une journée de marche.

Lorsque ces mouvements furent exécutés, on ignorait encore qu'une partie de l'armée française eût franchi la Moselle. Mais dans l'après-midi, à une heure assez avancée, arriva au quartier général de la IIe armée le rapport sur les reconnaissances de la cavalerie, qui jetait un nouveau jour sur la situation, et exigeait l'accélération ou l'interruption complète de l'opération commencée. Le prince Frédéric-Charles opta pour la première alternative, et les commandants de corps reçurent avec enthousiasme la communication de sa détermination.

Nous avons vu que le général von der Goltz s'était décidé dans le même sens, et avait obtenu un succès complet.

Malgré les renseignements fournis par les avant-postes, la possibilité d'une attaque des Français vers le sud subsistait toujours; mais on craignait surtout de voir l'ennemi s'échapper avant d'avoir frappé un coup décisif.

La retraite tentée par l'armée de Bazaine, diminuait considérablement le danger auquel était exposé le flanc de l'aile droite de la IIe armée, et l'on pouvait, sans excès d'audace, la faire passer devant le front sud de Metz, et lui faire franchir la Moselle à proximité de la forteresse.

La cavalerie de l'aile gauche devait se porter plus avant encore vers l'ouest, afin de se renseigner jusqu'à quel point l'ennemi avait effectué son mouvement.

Afin de pouvoir immédiatement changer de direction vers le nord, et empêcher l'ennemi de battre en retraite, il était nécessaire que la IIe armée fît traverser promptement la rivière au plus grand nombre de troupes possible.

Mais avant d'entrer dans quelques détails au sujet de cette nouvelle opération, nous reporterons notre attention sur la IIIe armée, pour conserver, dans notre récit, la même harmonie qui présidait aux mouvements de toutes les forces allemandes.

La *IIIe armée* devait toujours être prête à soutenir de son aile droite, les corps de la IIe armée, dans le cas où celle-ci éprouverait quelque revers. Pour assurer le succès, il était indispensable de maintenir constamment l'intime corrélation qui unissait les trois armées.

En conséquence, l'aile droite de la IIIe armée resta en arrière, tandis que l'aile gauche se porta en avant et occupa le même jour — 14 août — l'important nœud de routes et de voies ferrées *Lunéville*.

Le *prince royal*, avec le *XIe corps*, prenait possession de cette ville, pendant que le *V[e] corps* et la *division wurtembergeoise* poussaient jusqu'au point où le canal de la Marne coupe la route de Lunéville à Metz. L'aile droite, *IIe corps bavarois*, s'arrêta à *Moyenvic*.

Le *Ier corps bavarois* et la *12e division d'infanterie*, formant la réserve, se portèrent respectivement à *Bourdonnay* et *Dieuze*.

La *11e division d'infanterie* (du VIe corps) était chargée d'assurer les communications de l'armée avec les étapes qu'elle laissait derrière elle.

La *4e division de cavalerie* se trouvait à l'avant-garde, et marchait sur *Nancy*; la *2e division de cavalerie*, arrivée plus tard sur le théâtre de la guerre, se mettait le même jour en relations avec la 11e division d'infanterie.

D'après ce que nous avons vu des mouvements des Ier et V[e] corps français, la *IIIe armée* n'avait pas eu l'occasion de livrer bataille; Nancy même n'était occupé par aucun détachement capable d'opposer quelque résistance.

Le seul obstacle qu'elle rencontra fut la petite forteresse de *Marsal*, qui avait été tournée par la 4e division de cavalerie. Bien qu'il ne fût pas de nature à arrêter l'armée dans sa marche, il gênait les communications qu'elle devait conserver sur ses derrières. La *4e division bavaroise*, sous le commandemant du général *de Bothmer*, reçut ordre de s'emparer de la place, qui se rendit bientôt à discrétion. L'explosion d'un magasin à poudre influa peut-être sur sa prompte capitulation. Une grande quantité de matériel de guerre, 600 prisonniers et 60 canons tombèrent entre les mains des Bavarois, qui se remirent en marche en laissant à une faible garnison la garde de la forteresse.

Plus la situation se tendait près de Metz, plus la IIIe armée devait être attentive à ce qui s'y passait. *Nancy* fut occupé le 15 par l'avant-garde ; quant au reste, le prince royal réglait ses mouvements sur les informations qu'il recevait des autres armées. Ce n'était que le lendemain qu'il fallait mettre à profit le succès de la bataille de Borny ; un revers subi en ce moment et dans une direction défavorable, pouvait entraîner de graves conséquences.

L'aile gauche de la IIIe armée s'avança jusqu'à *Bayon-sur-Moselle*, afin d'occuper un nœud de routes et de s'assurer en même temps la possession de Nancy. Le centre s'établit à *Dombâle*, l'aile droite à *Champenoux*. Le *Ier corps bavarois* prit la position occupée la veille par le Ve corps ; la *12e division d'infanterie* atteignit *Arracourt*.

La *11e division d'infanterie* conserva ses emplacements, et fut dépassée par la *2e division de cavalerie*, qui se rapprocha de la réserve.

En suivant ces mouvements sur la carte, on remarquera que la IIIe armée avait tourné légèrement son front vers le sud-ouest. La cause en est simple : Comme les Ie et IIe armées se dirigeaient au sud de Metz pour effectuer leur passage, la IIIe armée devait gagner, vers le sud, assez de terrain pour que les deux autres pussent manœuvrer avec facilité. Le 16 août fut pour cette armée un jour de repos.

Avant de reprendre la relation des mouvements de la IIe armée, voyons ce qui se passait le 15 chez les Français.

Le *corps de Failly* entrait à *Montigny*. (Il se trouvait donc éloigné de quatre journées de marche du XIe corps prussien.)

Une partie du *corps de Mac-Mahon* s'était embarquée à *Neufchâteau* et arrivait le même jour à *Châlons*. Le reste se dirigeait à pied vers *Joinville* et *St-Dizier*, pour y prendre également le chemin de fer.

Le *corps de Douay* (VIIe) se trouvait encore à *Belfort*, et ne reçut d'ordre de marche que le lendemain.

La retraite du corps de Mac-Mahon sur Châlons explique pourquoi la IIIe armée s'arrêtait dans son mouvement vers le sud-ouest. La situation des Allemands devant Metz l'obligeait à se tenir prête soit à observer Toul, soit à se rapprocher des deux autres armées.

D'après des renseignements français, l'armée de Metz avait reçu des instructions qui, selon toute vraisemblance, avaient été données le 14 à midi, avant la bataille, et qui, par cela même, ne purent être exécutées qu'après avoir subi certaines modifications.

La *route de Metz à Verdun*, qui se bifurque près de *Gravelotte*, devait servir à la retraite de l'armée entière vers la Meuse.

Comme nous l'avons vu, le corps de la garde, le IIe et IVe corps, ainsi que les divisions de cavalerie de réserve de Forton et du Barrail avaient passé la Moselle le 14 ; le reste de l'armée devait suivre immédiatement, dans l'intention d'occuper, le 15, le terrain compris entre Jarny, Doncourt, Verneville, Gravelotte, Rézonville, Vionville et Mars-la-Tour.

L'embranchement nord de la route était assigné aux IIe et VIe, celui du sud aux IIIe et IVe corps. La garde devait provisoirement s'arrêter près de Gravelotte. Les divisions de cavalerie du Barrail et de Forton avaient pour mission d'éclairer la marche et de couvrir les flancs de l'armée, la première au nord, la seconde au sud.

Le maréchal Bazaine avait pour but de s'opposer au passage de la I^e armée entre Metz et Thionville, et de se soustraire aux coups d'une armée qui franchirait la Moselle au sud de Metz. Il voulait se porter le 16, avec toute son armée, jusqu'à la hauteur d'Etain et de Fresne.

Les corps qui avaient atteint la rive gauche se seraient rendus sans délai aux emplacements qu'ils devaient occuper sur la route sud, sans la rencontre des avant-postes de la cavalerie allemande, notamment de la division Rheinbaben, avec celles de la division de Forton.

Toutefois, les corps désignés pour prendre cette route devaient attendre les IIIe et IVe corps, qui, à la suite de la bataille du 14, n'étaient pas encore prêts à marcher le 15 au matin; dans le courant de la journée seulement les divisions de ces corps arrivèrent successivement, de sorte que Bazaine ne put atteindre que le 16, la position qu'il voulait occuper la veille.

L'empereur Napoléon avait pris, en quittant Metz, la route de Verdun. Mais il avait passé sa première nuit à proximité de l'armée, et reçut à Gravelotte la nouvelle de l'engagement du 14. Le 16 au matin seulement il se remit en route, se faisant escorter par une brigade de la division du Barrail, et prit la route nord, qu'il croyait parfaitement sûre. Il s'en fallut de peu cependant que la cavalerie allemande ne le surprît, car quelques patrouilles de la 5e division poussèrent jusqu'à cette route, et arrivèrent à un endroit que l'empereur venait de quitter après y avoir fait une halte assez longue.

Le 15 août était une journée perdue pour l'armée française, d'autant plus que la IIe armée allemande, comme nous allons le voir, sut la mettre largement à profit.

La veille encore, ni le grand quartier général, ni l'état-major du prince Frédéric-Charles ne pouvaient se faire une idée exacte des intentions de Bazaine. On craignait certainement une retraite subite des Français, mais on doutait encore si elle avait commencé, et dans quelle direction. Depuis le 6 et le 7 août, la IIe armée ne s'était plus trouvée positivement en présence de l'ennemi.

Mais la cavalerie, qui déployait une grande habileté dans ses reconnaissances, était à même de nous renseigner en temps opportun sur les mouvements de l'armée de Metz. Bientôt après avoir reçu la nouvelle de la bataille de Borny, la IIe armée fut informée que les corps français qui avaient entamé la retraite le 14, se trouvaient encore à proximité de la forteresse le 15. Il lui importait donc de précipiter autant que possible son mouvement tournant, afin de couper l'ennemi de Verdun, ou de le prendre en flanc s'il s'était remis en marche. Rien de particulier n'avait été signalé au sud-ouest (Toul).

Les corps de l'aile droite et de l'avant-garde, les plus rapprochés de l'ennemi, furent dirigés sur *Mars-la-Tour*, *Rézonville* et *Gravelotte*, pour atteindre le terrain par lequel les corps français qui avaient passé la Moselle, communiquaient encore avec la place.

Afin de pouvoir aborder ce terrain de front, ils devaient, après avoir achevé leur marche de flanc, se déployer sur la ligne marquée à peu près par *Sponville*, *Chambley* et *Gorze*. (Le village de Sponville est situé à l'ouest de Chambley et de Xonville.) Des ordres formels prescrivaient aux troupes qui les premières rencontreraient l'ennemi, de l'attaquer aussitôt, sans attendre l'arrivée du gros de la IIe armée, afin de ne pas laisser aux Français le temps de poursuivre leur retraite.

Les *brigades de cavalerie de Redern* et de *Bredow*, de la

division Rheinbaben, s'avancèrent par *Thiaucourt*, sur la ligne *Chambley-Xonville-Sponville*, vers les deux routes conduisant à Verdun ; la brigade de Bredow se trouva en présence de deux régiments de la division de cavalerie de Forton, dans les environs de *Puxieux*. Ils se retirèrent immédiatement, et bientôt après presque toute la division se déploya près de Mars-la-Tour. Ce mouvement n'avait aucun caractère offensif ; les régiments français ne bougèrent pas. Notre cavalerie manœuvra de façon à déborder leur aile, dans le but de couper leur retraite sur Verdun. L'ennemi ne fit aucune tentative pour s'ouvrir un passage.

Pendant toute la nuit, les trois brigades de la division Rheinbaben occupèrent les villages de *Puxieux* et *Xonville*, ainsi qu'une partie de la route à l'ouest de *Mars-la-Tour*. Cette avant-garde avait été renforcée le 15 par la *brigade de dragons de la garde,* qui, placée à l'extrême gauche, était particulièrement destinée à fournir les patrouilles chargées d'observer l'ennemi.

L'avant-garde de l'infanterie (19e division) avait pour mission d'appuyer les mouvements de la cavalerie, en poussant des reconnaissances du rayon de Thiaucourt jusqu'à la Moselle, vers Metz. Le quartier général de la division demeura à *Thiaucourt ;* un détachement composé de troupes de toutes armes, placé sous les ordres du colonel de Lynker, fut envoyé à *Novéant*.

Examinons à présent comment s'exécuta, en commençant par l'aile droite, le passage de la *IIe armée* sur la Moselle, et son changement de direction vers le nord.

Dans le courant de la journée, le *IIIe corps* (d'Alvensleben) s'était avancé jusqu'à *Arny*, et franchit la rivière sur deux colonnes, à la nuit tombante. La 5e *division d'infanterie* (de Stülpnagel) et la 6e *division de cavalerie*, la traversèrent à *Novéant*, sur un pont fixe qui n'avait pas été détruit, pendant que la *6ᵉ division d'infanterie* (de Buddenbrock) la passait près de *Champey*, sur un pont qui venait d'y être jeté à cet effet. L'*artillerie de réserve* effectua son passage près de *Pont-à-Mousson*.

Les deux divisions d'infanterie furent dirigées sans retard, en colonnes serrées, sur la ligne dont *Gorze* occupait la droite. La 5ᵉ division marcha sur cette localité ; la 6ᵉ alla s'établir, par Pagny, entre *Gorze* et *Burières*. Ce mouvement s'opéra à travers un terrain coupé de bois et de hauteurs, de sorte que l'étendue du front fut considérablement réduite. La 6ᵉ division de cavalerie accompagna la 5ᵉ division d'infanterie.

Avant le jour, les avant-postes du corps se trouvaient établis près de *Vionville* et de *Rézonville*.

Le *IXᵉ corps* (de Manstein), qui suivait le IIIᵉ, arriva le 15 à *Silligny*, et devait passer la Moselle le lendemain.

Le détachement du colonel *de Lynker* se joignit, à *Novéant*, à la 5ᵉ division d'infanterie.

A la même hauteur, vers l'ouest, se trouvait la *20ᵉ division d'infanterie*, qui resta le 15 à *Pont-à-Mousson*, contre la Moselle, avec une partie de l'artillerie de réserve du corps (Xᵉ); l'autre partie (les batteries à cheval) fut adjointe à la 5ᵉ division de cavalerie.

Le prince *Frédéric-Charles* était également resté à *Pont-à-Mousson*.

Le *XIIᵉ corps* (prince royal de Saxe), formant la réserve de l'aile droite, se porta jusqu'à *Nomeny*, dans l'intention de franchir la rivière le lendemain à Pont-à-Mousson.

Le *IIᵉ corps* (de Fransecki), qui se trouvait plus en arrière encore, atteignit *Bouchy*.

La *garde* (prince de Wurtemberg) et le *IVᵉ corps*

(d'Alvensleben) occupaient l'aile gauche. Leur changement de direction présentait certaines difficultés. D'abord, l'exécution de ce mouvement demandait plusieurs jours; ensuite, il ne fallait pas négliger d'observer l'ouest, principalement Toul, ni rompre surtout les relations stratégiques de cette aile avec la IIIe armée. Le XIIe corps ne suffisait pas à ce but.

La *garde* passa la Moselle le 15 à *Dieulouard*, le *IVe corps* à *Marbache*, et tous deux marchèrent rapidement vers l'ouest. Plus tard le corps de la garde conversa vers le nord, mais le IVe corps devait rester face vers Toul jusqu'à l'arrivée de la IIIe armée.

Comme la position de Metz pouvait encore être fortement occupée, une partie de la 1e armée fut chargée de protéger les mouvements du IIIe corps, des 5e et 6e disisions de cavalerie, et de couvrir la droite et les derrières de la IIe armée entière. En conséquence, la *1e division de cavalerie*, le *VIIe* et le *VIIIe corps* furent dirigés vers le sud de Metz, leurs têtes de colonnes poussant jusqu'à *Arny*.

Les forces de la *IIe armée* étaient donc réparties comme suit : deux corps (IIIe et Xe) (¹) et deux divisions de cavalerie vers le nord, un troisième corps (IXe) leur servant de réserve ; deux corps vers l'ouest, et un corps au point central de la disposition. Mais les troupes faisant front vers le nord pouvaient seules concourir à l'attaque projetée contre les corps français, l'armée de Bazaine tout entière peut-être. Il fallait tout l'enthousiasme, toute la confiance des chefs allemands pour oser, dans des positions défavorables et avec des forces si faibles, tenter une entreprise aussi hasardeuse contre un ennemi supérieur en nombre et parfaitement concentré.

(¹) La 20e division d'infanterie suivait de Pont-à-Mousson pour rejoindre.

Le prince Frédéric-Charles, auquel le roi avait conféré de pleins pouvoirs, ainsi que les généraux commandant les corps et les divisions, étaient résolus à s'opposer à tout prix et avec la plus grande énergie, à la retraite des Français.

L'opération projetée pouvait échouer : La victoire n'est jamais assurée avant le moment décisif, et bien des batailles ont été perdues par suite de circonstances tout-à-fait secondaires. Aussi le commandant en chef avait-il pris ses mesures pour protéger les frontières allemandes, dans le cas où la IIe armée subirait un échec.

Le 15 août, après avoir félicité les corps qui avaient pris part à la bataille de Borny, le roi Guillaume retourna à Herny ; il prescrivit au Ier corps et à la 1e division de cavalerie de conserver leurs emplacements à l'est de Metz.

La IIIe armée formait avec les réserves du prince Frédéric-Charles et les corps de la I^e armée qui se trouvaient au sud et à l'est de Metz, une ligne continue. De cette manière, les suites d'une défaite essuyée par la IIe armée ne pouvaient être fort désastreuses ; en effet, si par exemple les Français victorieux voulaient poursuivre les corps battus, pour les rejeter par-dessus la Moselle, ils se trouvaient pris aussitôt entre deux feux, et s'exposaient même à une destruction presque complète.

Le 16 août vit couler à flots le sang de nos soldats ; mais deux jours après, un cercle de fer étreignait l'armée française dans son immense forteresse !

XXI.

Bataille de Vionville.

(Première partie).

Dix jours s'étaient écoulés depuis Woerth, c'est-à-dire depuis le moment où le maréchal Mac-Mahon, quelques heures avant la bataille, montrait la plus grande confiance dans la victoire. A cette époque, les chefs français étaient peu prévoyants, et s'appuyaient volontiers sur les garanties que leur offraient les positions qu'ils avaient choisies; comptant sur les renforts qui devaient arriver pendant le combat, ils estimaient que les troupes dont ils disposaient pouvaient suffire à tout événement.

Un revirement complet s'était opéré chez nos adversaires : On ne semblait plus attacher aucun prix aux avantages, très-grands pourtant, que présentait le terrain, ni songer au profit que l'on pouvait en tirer.

L'expérience avait prouvé que les Allemands ne reculaient pas devant des obstacles de ce genre.

Le combat de Borny avait relevé le moral des troupes françaises, et elles se trouvaient toujours sous la protection du canon de Metz, mais on était convaincu qu'il fallait davantage pour compter sur le succès.

Pour faire face à la situation, le maréchal Bazaine

voulut conserver toutes ses forces réunies, et disposer de son armée entière au moment critique. Toutefois, les corps qui occupaient l'embranchement sud de la route de Verdun, n'avaient pas eu le temps d'augmenter par des tranchées-abris et des abattis, comme de coutume, la force de leur position défensive éventuelle. On ne s'attendait pas à être attaqué le 16 août ; cependant la possibilité d'une rencontre avait été prévue, puisque l'on avait fait arrêter près de Metz, les troupes qui avaient franchi la Moselle les premières, jusqu'à l'arrivée de celles qui devaient suivre l'embranchement nord. Le rapport de Bazaine dit que les positions avaient été reconnues, et que c'était tout ce qu'il était possible de faire jusqu'alors.

Il est vrai que le terrain était fort tourmenté, et ne convenait plus autant à la manière de combattre des Français, en ce sens qu'il exigeait beaucoup plus d'initiative de la part des officiers ; mais, pour la même raison, la grande circonspection des chefs prussiens devait, sous ce rapport, procurer des avantages certains à l'ennemi.

Ce dernier, vivement préoccupé sans doute, non-seulement de la stratégie, mais encore de la tactique allemande, attachait trop peu d'importance à des considérations qui devaient notablement augmenter ses chances de succès : Nos troupes avaient à traverser une grande rivière pour approcher de sa position ; le passage ne pouvait s'opérer que sur un front très-étroit, et essentiellement par parties successives.

Encore fallait-il une résolution énergique pour tirer parti de tous ces avantages, et Bazaine aurait dû, pour commencer, s'instruire de ce qu'il avait à craindre de la part de l'ennemi. Mais il se borna simplement à interrompre son mouvement de retraite, pour ne pas diviser ses forces.

Nous avons vu par quel enchaînement de circonstances, dues à l'incurie et à l'incapacité des chefs, l'armée de Metz avait été retenue dans le rayon de la place, jusqu'à ce qu'il lui devînt impossible de se retirer. Se concentrer en arrière de la position sans se garder, sans s'éclairer au loin, était une nouvelle faute, et des plus grossières. Si Bazaine avait su que le nord était complétement libre, il aurait pu faire rompre plus tôt les corps qui occupaient l'embranchement méridional, et, le 16, diriger les autres par un détour vers le nord-ouest, sans crainte d'être inquiété. Il aurait dû sacrifier au besoin quelques régiments de cavalerie pour se procurer, dès la bataille de Borny, des renseignements positifs sur la situation et les intentions des Allemands.

Pourquoi le maréchal n'a-t-il pas profité de la nuit, pour accomplir son projet d'évacuer Metz sans combattre? D'après son propre rapport, trois divisions du IIIe corps étaient arrivées le 15 au soir sur le plateau de Gravelotte; le 16 avant midi, elles se trouvaient donc éloignées d'une journée de marche de la IIe armée. Par conséquent, si l'on avait su que le nord était libre, la division Metman et le IVe corps, sous la protection de la cavalerie, pouvaient s'engager en toute sécurité, le 16 au matin, sur la route de Ste-Marie-aux-Chênes, et continuer leur marche hors de portée de l'ennemi. Mais du moment où Bazaine se décida à faire attendre ces troupes par les IIe et IVe corps et la garde, son plan était gravement compromis, et les chefs allemands étaient en droit d'espérer que leurs efforts pour en empêcher l'exécution, seraient couronnés d'un plein succès.

Ainsi, la situation de l'armée française était défavorable, sous le **rapport stratégique**, aux opérations projetées ; elle était très-avantageuse, au contraire, au point de vue tactique, pour la bataille qui allait se livrer.

Bazaine pouvait remporter un succès, mais sans profit pour l'exécution de son plan. Malgré sa victoire, il était trop faible pour soutenir le choc de toutes les forces allemandes réunies. Ce juste calcul, le maréchal l'avait fait après Borny, bien qu'il ne s'avouât pas vaincu dans cette affaire.

L'armée du prince Frédéric-Charles était dans une situation tout opposée : Favorisé sous le rapport stratégique, elle se trouvait dans des conditions tactiques très-désavantageuses pour le combat qu'elle allait engager. De même, un échec subi par cette armée n'apportait aucune perturbation dans l'ensemble des opérations.

Une victoire n'eût réellement profité à Bazaine que s'il avait pu cesser le combat, sans être poursuivi, pendant les heures qui précédèrent le déploiement des forces allemandes sur la rive gauche, c'est-à-dire avant midi. D'un autre côté, il était beaucoup trop faible pour songer à rejeter les Prussiens par-dessus la Moselle.

Nous répèterons encore que la marche des Allemands sur Vionville n'était pas un coup de dé, joué pour nous procurer un triomphe d'un jour ; on poursuivait un but stratégique de la plus haute importance, celui d'empêcher la retraite de l'armée de Metz.

Le champ de bataille, dans son ensemble, figurait un groupe de bois et de plateaux, coupés de hauteurs et de ravins. Les villages situés sur la route défendaient l'accès de la position française, tant par leur situation que par leur importance. Les bois étaient tellement étendus que de grandes masses d'infanterie durent s'y engager, et y demeurer pendant toute la durée de la bataille. Les ravins, ainsi que les pentes qui terminaient les plateaux, étaient très-raides sur certains points, surtout du côté par lequel les Allemands devaient aborder la position ennemie.

Le 16 au matin, les Français occupaient les emplacements suivants :

L'armée de Bazaine faisait front vers l'ouest, ainsi qu'il résultait du mouvement de retraite commencé. Les deux divisions de cavalerie de réserve formaient l'avant-garde. La *division du Barrail* se trouvait sur l'embranchement nord de la route qui se bifurque à Gravelotte, et occupait les environs de *Jarny*. La *brigade Margueritte* (1er et 3e chasseurs) fut distraite de cette division dans la matinée pour servir d'escorte à l'empereur Napoléon, qui se rendait de Gravelotte à Verdun. Restait donc un seul régiment, puisque le quatrième avait été attaché au XIIe corps, à Châlons.

Sur leur gauche, ces troupes étaient reliées à la *division de Forton* qui se tenait près de *Vionville* avec 16 escadrons et 2 batteries à cheval.

Cette division éclairait la retraite sur l'embranchement méridional de la route de Verdun, et avait poussé, la veille, quelques timides reconnaissances sur sa gauche, vers le sud.

En arrière de la division de Forton, le *corps de Frossard* (divisions d'infanterie Vergé et Bataille, division de cavalerie de Valabrègues) était établi au sud-ouest de *Rézonville* sur le plateau au sud de la route, à laquelle il appuyait sa droite.

Sur la même ligne, au nord-ouest de *Rézonville* et appuyant sa gauche à la route, se trouvait le *corps de Canrobert* (VIe), composé de la division Tixier, d'un régiment de la division Bisson (les autres étaient à Châlons, ainsi que la cavalerie du corps), enfin, des divisions de Villiers et Levassor-Sorval. (En tout 40 bataillons).

Le *corps de Ladmirault* (IVe) comprenant les divisions d'infanterie de Cissey, Grenier, de Lorencez, et la division de cavalerie Legrand, devait prendre position près de *Doncourt*, à peu près à hauteur de Vionville, en attendant que l'armée entière pût se remettre en marche. (A 7 heures du matin, ce corps était encore très-éloigné de l'emplacement qui lui était assigné, et se trouvait en arrière du IIIe corps, dont trois divisions l'avaient dépassé, bien que devant marcher derrière lui. Cependant entre 9 $^1/_4$ et 9 $^1/_2$ heures, au moment où la bataille s'engageait, le IVe corps s'avançait sur Doncourt.)

Entre 7 et 8 heures les divisions d'infanterie Montaudon, de Castagny et Aymard, ainsi que la division de cavalerie de Clérembault, du *corps de Le Boeuf* (IIIe) s'étaient déployées entre *Verneville* et *St-Marcel*, pour résister à une attaque éventuelle des Allemands par le nord. (La division Metman rejoignit quelque temps après.)

La *garde* (Bourbaki) était installée près de *Gravelotte*.

Dans son ordre du jour, le prince Frédéric-Charles avait désigné les points à occuper pour couper la retraite de l'ennemi ; c'étaient *Vionville*, *Mars-la-Tour* et *St-Hilaire*. Le *IIIe corps* (d'Alvensleben) et la *6e division de cavalerie* (prince de Mecklembourg) devaient être dirigés sur le premier, le *X^e corps* (de Voigts-Rhetz), la *5e division de cavalerie* (de Rheinbaben) et la *brigade de dragons de la garde* (comte de Brandebourg II), sur le dernier de ces points.

Nous avons vu, dans le chapitre précédent, les endroits d'où ces troupes devaient rompre pour se diriger sur ces localités. Afin de conserver un certain ordre dans notre récit, nous ne nous occuperons pas, pour le moment, de la direction imprimée au centre et à l'aile gauche.

Le roi fut informé le 15, à Herny, de l'ordre de marche donné à la IIe armée pour le 16, et ce fut à la suite de ce renseignement que les VIIe et VIIIe corps se portèrent en avant, comme nous l'avons indiqué, pour servir de soutien à la IIe armée.

Cette sanction indirecte de ses projets engagea le prince Frédéric-Charles à faire rejoindre le *IIIe corps* par le *IXe*, qui était resté en réserve sur la rive droite de la Moselle, et à les faire marcher ensemble sur *Mars-la-Tour*.

Dans notre précédent chapitre, nous avons laissé les *divisions de Stülpnagel* et *de Buddenbrock* établissant leurs avant-postes vers le nord, la première près de Gorze, la seconde à l'ouest de cette localité.

Qu'on veuille bien se convaincre que, ni de notre part, ni de celle de l'ennemi, les dispositions prises n'avaient pour objet de précipiter le moment du conflit; mais il fallait bien préjuger qu'à la suite de l'opération qui devait fermer aux Français leurs lignes de retraite, une bataille était imminente.

Les événements de la journée dépendaient donc uniquement des circonstances, et des déterminations des généraux qui se trouvaient à la tête des colonnes, et avec lesquels le commandant en chef n'avait pu s'entendre que sur le but à atteindre.

Le 15 au soir, le général *d'Alvensleben* avait donné, pour le 16, l'ordre de marche ci-après:

1° La *division de Buddenbrock* se mettra en marche à 5 heures. 5 heures du matin, directement sur *Mars-la-Tour*.

2° *L'artillerie du corps* suivra dans la même direction.

3° La *division de cavalerie prince de Mecklembourg*

rompra immédiatement après de *Novéant*, et se dirigera sur *Gorze* et *Vionville*.

4° La *division de Stülpnagel* se joindra à la division de cavalerie en arrière de Gorze, pour marcher sur *Vionville*.

Des officiers furent envoyés rapidement en avant et au loin, pour éclairer les têtes de colonnes et reconnaître le terrain qu'elles avaient à parcourir. Vers 7 heures ils annonçaient déjà qu'ils avaient découvert l'ennemi dans les environs de *Tronville* et de *Vionville*. 7 heures.

C'étaient les avant-postes de la division de Forton, qui en couvraient le flanc gauche.

Ils avaient aperçu également les campements du gros de cette division et du corps de Frossard.

En suite de ces renseignements, le général d'Alvensleben ordonna au *IIIe corps* de suivre la direction signalée, de se faire couvrir par la cavalerie pour se déployer, et d'attaquer l'ennemi.

Vers 8 heures, les officiers en reconnaissance informèrent que les Français semblaient se retirer vers le nord. (C'était apparemment un mouvement du VIe corps.) Le général prescrivit alors à la division de Buddenbrock de ne pas attaquer directement, mais de se porter par Mars-la-Tour sur *Jarny*, afin de s'opposer au passage de l'ennemi dans le nord. 8 heures.

La *division de cavalerie prince de Mecklembourg* arrivait à 9 heures sur le plateau au sud de Vionville, lorsque les escadrons d'avant-garde, qui s'étaient dirigés entre *Vionville* et *Rézonville*, tombèrent sur des avant-postes de cavalerie ennemis, au sud de la route, au delà de laquelle ils les repoussèrent. 9 heures.

Le terrain qui séparait les Allemands des masses du corps de Frossard était déblayé.

Le IIIe corps reçut alors de nouvelles instructions ; mais nous nous occuperons d'abord de ce qui s'était passé au Xe *corps*, jusqu'à la même heure.

Comme nous le savons, ce corps devait marcher sur *St-Hilaire* ; il avait donc à décrire une courbe assez prononcée, pour se mettre en ligne, face au nord, à côté du IIIe corps.

La *division de cavalerie de Rheinbaben* avait été mise à la disposition du général de Voigts-Rhetz.

Cette division avait bivaqué, la nuit précédente, près de *Puxieux, Xonville,* et sur la route, à l'ouest de *Mars-la-Tour*. Le corps pouvait donc franchement s'avancer jusque là. Mais le terrain qu'il laissait vers le nord, du côté de Metz, n'était pas exploré. Aussi longtemps que le IIIe corps n'avait pas franchi la Moselle, le Xe corps était seul à surveiller cette région, et lorsque le premier de ces corps se fut mis en marche, il fallait continuer à observer le vide qui subsistait entre l'emplacement de la division Rheinbaben et celui du IIIe corps, qui s'arrêta à Gorze. C'est ce qui avait donné lieu au détachement du colonel *de Lynker*, et motiva plus tard celui de la *brigade Lehmann*.

Rappelons-nous que le commandant du Xe corps ne disposait jusqu'alors que de la 19e division d'infanterie (de Schwartzkoppen), la 20e (de Kraatz) occupant Pont-à-Mousson avec l'artillerie du corps, et ne pouvant pas s'écarter à une trop grande distance de ce point.

La *division Rheinbaben* reçut, pour le 16, l'ordre de se porter contre les campements qui avaient été découverts près de Rézonville.

Elle devait retenir l'ennemi dans sa position, et pouvait se mettre en communication avec le IIIe corps, de façon à couvrir le flanc des colonnes d'infanterie du Xe corps qui se trouvaient en arrière, et qui n'étaient pas protégées vers le nord, jusqu'à ce qu'elles pussent entreprendre leur mouvement sur St-Hilaire.

La situation du Xe *corps* était particulièrement difficile; il avait été obligé de se fractionner, et ses différentes parties avaient à parcourir, comme le IIIe corps, des chemins peu praticables; leur marche en avant ne pouvait s'effectuer que dans des conditions très-défavorables.

Le 15, la *brigade Lehman*, composée d'un bataillon du régiment d'infanterie N° 78, du régiment N° 91, de deux escadrons du régiment de dragons du Hanovre N° 9 et d'une batterie d'artillerie, fut envoyée à *Thiaucourt*.

Le *détachement de Lyncker* (2° bat. et bat. de fusiliers du régiment N° 78, deux escadrons du régiment de dragons N° 9 et une batterie) se trouvait le même jour, comme nous le savons, à *Novéant*.

Ces deux détachements furent désignés pour servir de soutiens à la division Rheinbaben, et dirigés à cet effet sur *Chambley*.

Le reste de la *19e division d'infanterie* et la *brigade de dragons de la garde* devaient seuls continuer à marcher sur *St-Hilaire*, tandis que la *20e division* et *l'artillerie du corps* avançaient provisoirement jusqu'à *Thiaucourt*.

A 9 1/4 heures, le général de Rheinbaben fut informé, 9 1/4 heures. près de Puxieux, que le III° corps allait attaquer.

Le chef d'état-major du X° corps (de Caprivi) venait d'arriver à *Puxieux* avec deux batteries à cheval de l'artillerie du corps, et un escadron de dragons de la garde, pour renforcer la 5° division de cavalerie.

Celle-ci se porta immédiatement en avant, au trot, vers *Trouville*, et aperçut bientôt l'ennemi au nord-ouest de *Vionville*. Les batteries prirent la tête et allèrent, au galop, s'établir à l'ouest de Vionville, vis-à-vis de l'artillerie française, qui s'était déjà mise en action. C'était celle de la division de Forton, qui avait pris position à 9 ½ heures, et contre laquelle les batteries allemandes continuèrent le feu pendant toute la journée, malgré les nombreux renforts que recevait l'ennemi.

<small>9 ½ heures.</small>

L'apparition de la cavalerie du prince de Mecklembourg avait jeté l'alarme, et le *IIe corps*, averti par le canon de l'approche des Prussiens, vint s'installer, front vers le sud-ouest, à l'endroit qui lui était assigné pour cette éventualité dans la position défensive.

Les *divisions Vergé* et *Bataille* (¹), de ce corps, s'établirent sur la hauteur au sud de *Flavigny*, entre Vionville et Rézonville, à 2 ou 3 kilomètres de la route, la première à gauche, la seconde à droite. La *brigade Lapasset*, qui se trouvait avec le IIe corps, fut placée à gauche et en arrière, près de *Rézonville*, pour observer la route de Gorze, ainsi que les bois des Ognons et de St-Arnould, par lesquels les Allemands pouvaient déboucher.

Le *maréchal Canrobert* déploya en même temps ses divisions dans le prolongement de la division Bataille, en forçant un peu vers l'ouest (front vers l'ouest-sud-ouest), de façon à occuper la ligne entre *St-Marcel* et *Rézonville*, la droite à hauteur du premier de ces villages, la gauche à l'ouest du second A l'aile droite se trouvait la *division Tixier*, au centre le *9e régiment* (de la division manquante), et à l'aile gauche la *division La Font de Villiers*, s'appuyant à la division Bataille. La division *Levassor-Sorval* se rangea front vers le sud, parallèlement et au

---

(¹) La division *Laveaucoupet* était restée à Metz.

nord de la route, à l'est de *Rézonville*, formant avec les divisions précédentes un angle obtus.

L'aile gauche de l'armée française s'occupa jusqu'à 10 heures à prendre les dispositions ci-dessus; à ce moment elle avait la forme d'un arc, le milieu faisant face au sud-ouest, l'un des côtés au sud et l'autre presque à l'ouest; elle était forte de 75,000 hommes environ.

A l'aile droite, le *corps de Ladmirault* (IVe) occupait à la même heure les environs de *Doncourt*, prêt à marcher sur *Mars-la-Tour*. Le *corps de Le Bœuf* (IIIe) qui s'était déployé entre *Verneville* et *St-Marcel*, s'avançait vers l'ouest, afin de pouvoir ensuite se porter en ligne par un changement de direction vers le sud.

La *garde* attendait à *Gravelotte* le moment de renforcer, de couvrir ou de relever l'aile gauche.

Sur ces entrefaites, la *6e division d'infanterie*, du IIIe corps prussien, qui s'était tenue dans les ravins par lesquels elle était arrivée, jusqu'à ce que la cavalerie eût dégagé le terrain en avant, avait commencé son déploiement.

La *5e division de cavalerie*, qui soutenait en partie l'artillerie établie à l'ouest de Vionville, n'avait pas de troupes d'infanterie avec elle. Afin d'opérer de concert avec cette arme, comme le prescrivait l'ordre du commandant du corps, la division se partagea pour appuyer également l'infanterie du IIIe corps, qui s'avançait péniblement. Les chemins étaient bordés de vignobles entourés de murailles, de sorte que l'on ne pouvait songer à se former en bataille avant d'être sorti de ces défilés. Ces troupes n'avaient presque pas reposé la nuit précédente, et la chaleur du jour doublait la difficulté que présentait l'ascension des pentes conduisant aux plateaux.

10 heures.
Lorsque la tête de la division *de Stülpnagel*, marchant de Gorze sur *Vionville*, se montra sur la hauteur, la division Vergé envoya, de Flavigny, son artillerie à la rencontre des Allemands, pour s'opposer à leur déploiement. De nombreux bataillons suivaient cette division, ainsi que la brigade Lapasset, de sorte que les régiments de la division prussienne, marchant sur une seule colonne, et ne pouvant se former en bataille que successivement, se trouvaient dans une situation périlleuse. C'étaient le *régiment de grenadiers de Brandebourg N° 8*, commandé par le lieutenant-colonel *de L'Estocq*, les *régiments d'infanterie de Brandebourg N° 48*, colonel *de Garrelts*, *N° 12*, lieutenant-colonel *de Kalinowski*, et *N° 52*, colonel *de Wulffen*.

Les Français étaient tout ardeur; les vaincus de Spicheren avaient soif de vengeance, et firent des prodiges de valeur. Mais leur choc vint se briser contre les baïonnettes allemandes.

10 1/4 heures.
A 10 1/4 heures, la *division Buddenbrock* se porta contre les hauteurs au sud-ouest de *Flavigny*, occupées par l'infanterie et l'artillerie de la division Bataille. La division allemande, qui se dirigeait sur Mars-la-Tour, dut exécuter une conversion à droite, sur l'ordre de son commandant, pour attaquer cette position de l'ennemi.

10 1/2 heures.
Sous une grêle de projectiles, elle s'élança à l'assaut des hauteurs en remplissant l'air de ses *hourra!* enthousiastes.

Bientôt après, les villages de *Flavigny* et de *Vionville* tombaient également en son pouvoir.

Cette division se composait de la *12ᵉ brigade* (de Bismarck), *régiments Nᵒˢ 24 et 64*, commandés par les colonels *Dohna* et *de Buttlar*, et de la *11ᵉ brigade* (de Rothmaler), *régiments Nᵒˢ 20 et 35*, sous les ordres des colonels *de Flatow* et *Duplessis*.

Entretemps, *l'artillerie du corps*, qui avait passé la Moselle à Pont-à-Mousson, atteignit le bord du plateau à l'est de Flavigny, entre les 5e et 6e divisions d'infanterie, et dirigea son feu sur les troupes ennemies qui se trouvaient encore au sud de la route, près de *Rézonville*.

Vers la même heure, les régiments de la *division de Stülpnagel* réussirent à refouler l'aile gauche, puis le centre du corps de Frossard jusqu'à Rézonville, à s'avancer dans les bois de Vionville et de St-Arnould, et enfin d'en rester complétement maîtres. 10 3/4 heures.

Après ces succès, il fut impossible d'avancer davantage. L'ennemi recevait des renforts à chaque instant, et notre artillerie devait donner de toutes ses forces pour conserver à l'infanterie les positions conquises.

On peut se rendre compte, dès à présent, combien la situation de la division de Stülpnagel allait devenir critique, malgré les avantages qu'elle avait remportés. En effet, elle se trouvait en face non-seulement de la division Vergé et de la brigade Lapasset, mais encore de la division Levassor, (du VIe corps) et de la garde — l'élite des troupes françaises — contre les efforts réunis desquelles elle eut à lutter dans le courant de la journée.

Cette division réussit pourtant à repousser les retours offensifs que l'ennemi tenta dès ce moment, et à l'empêcher de rentrer dans les bois. Elle fut bientôt renforcée par le détachement de Lyncker, du Xe corps. 11 heures.

La *division de Buddenbrock* se trouva dans une situation analogue. La division Bataille avait été renforcée par certaines parties du VIe corps, et les Allemands durent borner leurs efforts à se maintenir en possession de *Vionville*. Pour donner aux choses une tournure favorable, les troupes qui se trouvaient à proximité devaient agir de manière à permettre à la division de sortir du village, vigoureusement attaqué par l'ennemi, et de se déployer pour reprendre l'offensive.

Toute l'infanterie prussienne disponible était en ligne. Heureusement, le VIe corps français avait son front trop vers l'ouest pour inquiéter le flanc des Allemands, ce qui devait arriver plus tard pourtant, ainsi que les chefs l'avaient prévu. L'artillerie de la division Rheinbaben tenait encore l'aile gauche de ce corps en respect, et l'empêchait de menacer la division d'infanterie.

Quelques heures auparavant, le général de Rheinbaben avait envoyé de Tronville, au général de Schwartzkoppen et au commandant du corps, la nouvelle de l'engagement. Les troupes du *X^e corps* avaient alors reçu l'ordre de se diriger vers le champ de bataille; une partie de ces troupes était en route déjà, marchant au canon. Mais à ce moment elles ne pouvaient être arrivées.

Nous avons dit plus haut que la division Rheinbaben s'était fractionnée pour se conformer aux instructions supérieures.

Le commandant de la division avait partagé ses brigades comme suit :

1º La *brigade de Redern* (régiments de hussards N°s 11 et 17) était désignée pour appuyer la divison Buddenbrock.

2º La *brigade de Bredow* (régiments de cuirassiers N° 7 et de lanciers N° 16) devait dégager la division de Stülpnagel.

3º La *brigade de Barby* (régiments de cuirassiers N° 4 et de lanciers N° 13) était destinée à former l'extrême gauche et à soutenir l'artillerie.

La *brigade de Redern* trouva tout d'abord l'occasion de se distinguer, en poursuivant à travers et autour du village de Vionville, la division de cavalerie de Forton, dispersée par les batteries à cheval ; d'après le rapport même de Bazaine, les escadrons poursuivis ne parvinrent à se reformer qu'en arrière de l'emplacement où avait campé le corps de Frossard.

La *brigade Lehmann*, du Xe corps, dont nous connaissons la composition, fut mise à la disposition du général d'Alvensleben, dès que l'on eut reçu la nouvelle que le IIIe corps avait marché à l'ennemi. Elle reçut ordre de se diriger sur *Tronville*, et atteignit, en même temps que ce village, la limite du champ de bataille vers 11 $^1/_2$ heures. 11 $^1/_2$ heures. Elle alla se placer à gauche et en arrière de la division de Buddenbrock, au feu de laquelle elle mêla immédiatement le sien.

Voici quelle était la situation générale de la bataille à midi : 12 heures.

A. Aile droite.

1° La *division de Stülpnagel*, à l'extrême droite, résiste toujours aux attaques offensives de l'ennemi contre les bois qu'elle était parvenue à occuper. A la partie est du plateau, l'artillerie divisionnaire canonne *Rézonville* d'une manière continue.

2° Le *détachement de Lyncker*, arrivé comme renfort, à la précédente, combat vigoureusement à sa gauche.

3° La *brigade de cavalerie de Bredow* est prête à s'élancer pour déblayer le terrain en avant de l'infanterie.

B. Centre.

1° L'*artillerie du IIIe corps*, s'étend vers la gauche jusqu'au village de *Flavigny*, enlevé à l'ennemi et occupé par des troupes de la division de Buddenbrock.

2° En arrière de l'artillerie, la *division de cavalerie prince de Mecklembourg*, échelonnée vers la gauche, se tient prête également à dégager l'infanterie.

3° A gauche de l'artillerie du corps et à même hauteur, la *division de Buddenbrock* défend avec acharnement la ligne de *Flavigny-Vionville*, ainsi que ce dernier village. *L'artillerie divisionnaire* occupe la gauche de la division.

4° En arrière de l'aile gauche de la division, et en seconde ligne, se trouve la *brigade de Redern*, déjà remise de la poursuite à laquelle elle vient de se livrer.

C. Aile gauche.

1° A l'ouest de Vionville, la *brigade Lehmann* est fortement engagée.

2° Les *batteries à cheval du X° corps*, soutenues par un escadron de dragons de la garde, et en communication avec la brigade Lehmann, occupent toujours leurs anciens emplacements, luttant avec courage et persévérance contre l'artillerie ennemie, de beaucoup supérieure.

3° A l'extrême gauche, la *brigade de Barby* pousse des reconnaissances vers l'embranchement nord de la route de Verdun.

En face de l'aile droite de l'armée allemande, la *brigade Lapasset*, la *division Vergé* et, derrière celle-ci la *division Levassor-Sorval*, s'étaient fatiguées tour-à-tour à répéter leurs attaques offensives de Rézonville vers le sud. L'artillerie disponible était en ligne, la cavalerie en réserve. Vers ce moment, des détachements de la garde arrivaient de Gravelotte, destinés en partie à relever d'autres troupes, et en partie à prolonger la gauche de la ligne française.

Vis-à-vis du centre allemand, la *division Bataille* et le

corps Canrobert étaient établis au nord-ouest de Vionville ; mais une partie de ces troupes seulement pouvait prendre part au combat, à cause de la position peu favorable au déploiement qu'elles avaient choisie. L'artillerie se trouvait aux ailes, la cavalerie en réserve. Cette partie de la ligne française s'efforçait en vain de reprendre le village de Vionville, et de percer la ligne allemande entre ce point et Rézonville.

L'aile gauche des Prussiens avait devant elle l'artillerie de la division de cavalerie de Forton, plusieurs batteries et les colonnes d'infanterie du VIe corps, qui se déployaient.

L'ennemi ayant interrompu ses attaques vers 12 $^1/_2$ heures, le combat se continua par une canonnade terrible. Toutes les armes avaient subi de grandes pertes ; mais l'infanterie surtout avait été rudement éprouvée, en s'efforçant de conserver les positions conquises. Les Français avaient également perdu beaucoup de monde. *12 $^1/_2$ heures.*

Vers la même heure et sur les ordres de Bazaine, deux régiments de cavalerie, parmi lesquels une partie de la garde, fondirent sur notre infanterie ; mais ils furent repoussés, et poursuivis par la *brigade de hussards de Redern*. Celle-ci tomba sur une batterie à cheval de la garde, au milieu de laquelle se trouvaient Bazaine et son état-major. Une lutte acharnée s'engagea sur ce point et le maréchal était perdu, sans un fort détachement de hussards qui accourut à son secours, et qui reprit en même temps un canon que nos troupes avaient enlevé à l'ennemi.

Vers 1 heure, la *division de Buddenbrock* se trouvait dans une situation fort critique ; on fut obligé de faire avancer, outre la brigade de Redern, la *division de cavalerie prince de Mecklembourg*. *1 heure.*

La *14ᵉ brigade de cavalerie* (de Diepenbroick) reçut alors l'ordre de charger l'ennemi, afin de dégager l'infanterie. En conséquence les *régiments de cuirassiers Nº 6 et de lanciers Nº 3*, de Brandebourg, se portèrent par la droite de Flavigny vers la chaussée, et rallièrent d'abord les régiments de la brigade de hussards, qui revenaient de leur poursuite.

La 14ᵉ brigade se lança ensuite contre l'infanterie et l'artillerie françaises, qui cherchaient à percer notre ligne. Elle fut accueillie par un feu violent de mitrailleuses et de chassepots; son commandant fut mortellement blessé. Après s'être approchée à 500 pas de l'ennemi, elle dut battre en retraite. Mais les pertes considérables qu'elle avait subies ne furent pas vaines : Ce mouvement força l'ennemi à s'arrêter, et tout en procurant quelques moments de répit à nos soldats, permit aux chefs de donner de nouvelles instructions; d'autre part, l'audace de notre cavalerie avait surpris les troupes françaises au point qu'elles se persuadèrent bientôt de l'impossibilité de continuer immédiatement leurs attaques.

La réserve de la 19ᵉ division d'infanterie, la 20ᵉ division et l'avant-garde du IXᵉ corps, qui étaient attendues, n'avaient pas encore paru. Cependant les généraux de Schwartzkoppen et de Kraatz avaient reçu, le premier à midi, à St-Hilaire, le second à 11 $^1/_2$ heures, à Thiaucourt, l'ordre de se diriger sur le champ de bataille avec l'artillerie du Xᵉ corps.

Jusqu'à ce moment, les IIIᵉ et IVᵉ corps français, ainsi que la garde, étaient restés invisibles aux troupes allemandes engagées. Le renfort sur lequel nous comptions ne pouvait donc être comparé aux réserves dont l'ennemi disposait encore.

Ces corps marchaient vers l'ouest ou avaient déjà commencé leur conversion vers le sud, pour aller prolonger la droite française.

Afin de jeter quelque clarté de plus sur les événements du jour jusqu'à 1 heure, empruntons quelques détails au rapport même du maréchal Bazaine.

A la première nouvelle de l'engagement, le maréchal quitta Gravelotte, et ordonna à la garde de s'établir à droite et à gauche de la route, sur les hauteurs bordant le ravin qui courait au sud-est de cette localité. Il prescrivit au IIIe corps de changer de direction à gauche pour servir de soutien à Canrobert, et déborder la gauche des Allemands.

Confiant dans l'expérience militaire de Ladmirault, Bazaine espérait qu'il exécuterait le même mouvement sans instructions spéciales.

A l'arrivée du maréchal sur le champ de bataille, le IIe corps avait un peu reculé déjà, et, grâce à l'intervention du VIe corps, l'action se bornait en ce moment à un violent combat d'artillerie.

Le maréchal relate ensuite rapidement la retraite des divisions Bataille et Vergé (du IIe corps) et de la division de cavalerie de Forton, faisant remarquer qu'une attaque du 3e régiment de lanciers et des cuirassiers de la garde, ordonnée par lui, s'était exécutée comme sur le terrain de manœuvres contre l'infanterie ennemie, mais qu'elle n'avait eu d'autre résultat que de l'arrêter, sans parvenir à la refouler.

Bazaine poursuit : « Un ou deux escadrons de hussards chargèrent les cuirassiers et se précipitèrent sur une batterie de la garde, au milieu de laquelle je me trouvais.

Je dus moi-même tirer l'épée, et les officiers de mon état-major eurent à soutenir un combat à l'arme blanche. »

Nous savons comment il fut dégagé.

Ici se termine la première phase de la bataille. Un corps prussien, avec deux divisions de cavalerie et quelques faibles renforts, avait lutté victorieusement contre deux corps français. La cavalerie se trouvait en même nombre des deux côtés, mais l'artillerie ennemie était supérieure.

Jusqu'à ce moment nos troupes voyaient leurs efforts couronnés de succès, mais au prix des plus grands sacrifices. Les troupes de renfort qui approchaient ignoraient la supériorité numérique des Français, et les rudes épreuves qui les attendaient dans le courant de cette sanglante journée.

XXII.

Bataille de Vionville.

(SECONDE PARTIE).

Nous avons vu à la fin du chapitre précédent que les troupes prussiennes, que l'on devait croire épuisées par de longues marches et des combats répétés, ne se considéraient point comme vaincues, bien qu'infiniment inférieures, et privées de l'espoir d'être immédiatement secourues. En effet, il n'était nullement question, malgré les nombreux renforts qui arrivaient sans cesse aux Français, d'abandonner les positions si glorieusement conquises.

Les chefs allemands surent trouver dans les principes de la tactique ancienne, les moyens de conjurer un danger qui devenait de plus en plus menaçant. Le général *d'Alvensleben*, qui dirigeait les opérations comme étant le plus ancien commandant présent, et son chef d'état-major, le colonel de Voigts-Rhetz, loin de reculer devant les efforts multipliés de l'ennemi, redoublèrent d'audace et reprirent l'offensive, afin de dissimuler le nombre relativement faible de leurs combattants.

En poussant énergiquement en avant sur tous les points où il était possible de le faire, on comptait sur le courage et la persévérance des troupes, qui jusqu'à présent n'avaient pas failli, pour faire face à cette situation des plus difficiles.

Nos bataillons furent soumis alors aux plus terribles épreuves ; marchant à une mort certaine, ils montrèrent un héroïsme dont on ne trouve que de rares exemples dans les annales militaires.

Des deux alternatives qui se présentaient, ne valait-il pas mieux choisir la plus glorieuse, et se sacrifier pour l'honneur de la patrie plutôt que de se laisser rejeter dans les défilés où, dans tous les cas, l'ennemi nous aurait poursuivis et décimés.

A 2 heures de l'après-midi, la ligne de bataille allemande n'avait pas bougé, alors que, d'après le rapport de Bazaine, les divisions Bataille et Vergé, engagées depuis le commencement de la lutte, mais qui n'avaient pas fourni comme les Prussiens des marches fatigantes, étaient complétement épuisées. Nos troupes ne désespérèrent pas, même en voyant entrer en ligne de nouvelles forces, parmi lesquelles *la garde*, l'élite de l'armée, pendant que le *VIe corps* (Canrobert), achevant de se déployer à la droite française, semblait rendre toute résistance impossible.

Après que les charges des brigades de Redern et de Diepenbroick eurent permis à notre infanterie de respirer un moment, le général d'Alvensleben ordonna à la *division de Buddenbrock* d'attaquer l'ennemi au nord de *Vionville*, tout en se maintenant en possession de ce village et de celui de Flavigny, et de s'emparer du bois situé au nord-ouest de Vionville pour y appuyer sa gauche. (Ce bois mesurait environ deux kilomètres carrés et était traversé par une voie romaine.)

En conséquence, le *régiment N° 24, Grand-Duc de Mecklembourg,* est envoyé en avant à 1 ½ heure. Il réussit

1 ½ heure.

à pénétrer dans le bois; le 3ᵉ bataillon du *régiment de fusiliers Nᵒ 35* le suit, ainsi que le 2ᵉ bataillon du *régiment d'Oldenbourg Nᵒ 91*, de la brigade Lehmann, qui se trouvait plus à gauche.

Un combat violent s'engage dans le bois entre ces troupes et le VIᵉ corps français, qui ne parvient pas à les en déloger.

Les Français s'occupèrent alors à tirer parti des forces qui restaient disponibles. L'infanterie du IIᵉ corps, placée en réserve, fut remplacée par la *division Picard*, de la garde; la *division Deligny*, voltigeurs de la garde, fut chargée d'aller occuper, au sud de Gravelotte, la lisière du bois des Ognons et les débouchés des routes d'Ars-sur-Moselle, de Novéant et de Gorze, qui formaient de ce côté de véritables défilés. Ce mouvement avait pour but de garantir la gauche contre une attaque qui aurait pu menacer les communications des Français avec Metz. Il est probable que le maréchal Bazaine avait été informé de l'approche de la Iᵉ armée allemande, car son aile gauche n'avait devant elle que la division de Stülpnagel, qui se maintenait avec peine, de sorte que c'était lui plutôt qui se trouvait en état de battre notre droite.

Outre la garde et le IIᵉ corps, le maréchal avait encore en réserve la *brigade Lapasset*, ainsi que la *division Levassor-Sorval* (du VIᵉ corps), qui jusqu'alors avait servi de soutien.

Celle-ci fut opposée, sur la gauche et en première ligne, à la *division de Stülpnagel*.

Cette dernière ne devait qu'à la tactique irrésolue et plutôt défensive des Français, de conserver sa position dans le bois de St-Arnould, ainsi que sur le plateau qui s'étendait à gauche, et d'imposer encore à l'ennemi.

Bientôt la *division de Buddenbrock* eut la plus grande

peine à résister aux forces françaises (infanterie et artillerie du VI⁰ corps et artillerie de la division de Forton) qui lui disputaient la possession du bois au nord de Vionville et de Tronville, d'autant plus que les III⁰ et IV⁰ corps français entraient en ligne contre la gauche prussienne.

2 heures. Vers 2 heures, le général d'Alvensleben fut également informé par la cavalerie de l'aile gauche (Barby) qu'un corps ennemi, qui occupait la route de Doncourt à Metz, s'était subitement dirigé vers le sud. (C'était le *III⁰ corps.*) La suite de ces dépêches constatait déjà la présence de ce corps dans les environs de *Bruville*. Ces troupes étaient donc à même d'occuper bientôt le village, ainsi que les hauteurs qui s'étendaient immédiatement au sud.

A la suite de ces nouvelles, la dernière réserve d'infanterie de la gauche, qui se trouvait à quelque distance en arrière, fut chargée de renforcer les bataillons établis dans le bois au nord de Vionville, et dans lesquels l'artillerie ennemi avait fait de grands vides. Cette réserve avait pour mission de défendre cette partie de la ligne de bataille, s'il était possible, jusqu'à l'arrivée des secours attendus.

Elle ne se composait que de deux bataillons du régiment N⁰ 20, et de la partie restante de la brigade Lehmann. Les troupes qui avaient d'abord attaqué le bois n'étaient parvenues à en occuper que la partie est; la réserve fut

2 ¹/₄ heures. donc envoyée contre la partie ouest, afin de prendre elle-même l'offensive et de s'opposer à tout mouvement tournant de la part de l'ennemi.

Toujours dans leur première position, les batteries à cheval du X⁰ corps continuaient leur feu avec la même violence; elles avaient affaire non-seulement à l'artillerie, mais encore à une partie de l'infanterie du VI⁰ corps ennemi. En général, une grande circonspection présidait aux opérations de ce corps : L'artillerie donnait sans relâche; l'infanterie exécutait, de loin, des salves meurtrières. Les attaques offensives ne se faisaient plus que par détachements, avec courage mais sans beaucoup d'énergie.

Le but du général d'Alvensleben eût été complétement atteint, s'il n'avait eu bientôt devant lui la plus grande partie de l'armée de Metz. L'infanterie de réserve de son aile gauche avait touché la lisière nord de la partie occidentale du bois, lorsqu'une grêle de projectiles, partant des hauteurs de Bruville, vint les assaillir à une distance telle, que les coups du fusil à aiguille restaient sans effet.

Le *IIIe corps français* (Le Bœuf) avait à peu près terminé sa conversion autour de St-Marcel, pour faire front vers le sud et prolonger la droite du VIe corps. La *division Nayral* s'était établie au sud de *Bruville*, vis-à-vis de la partie ouest du bois; la *division Aymard* au sud de *St-Marcel*, et provisoirement un peu en arrière de la ligne de bataille, tandis que le VIe corps, front vers le sud-ouest, attaquait le bois au nord de Vionville en continuant son déploiement.

Une partie du IIIe corps était donc opposée déjà au *régiment N° 20* et au gros de la *brigade Lehmann*.

Malgré la fusillade épouvantable qui les accablait à distance, les troupes prussiennes résolurent de marcher en avant : Sortant du bois en tirailleurs par grandes bandes, 2 ¹/₂ heures. l'infanterie s'élança contre les hauteurs; là, les hommes se jetèrent à terre et ouvrirent le feu. L'ennemi dut s'arrêter, et le bois resta en notre possession jusqu'à l'arrivée du IVe corps français, qui vint à son tour prolonger la droite du IIIe corps. Dès ce moment, toute résistance devint impossible, et malgré des efforts désespérés, le bois fut abandonné.

Nous avons vu que les troupes envoyées dans la partie orientale du bois avaient eu également beaucoup à souffrir, surtout de l'artillerie ennemie établie au sud de St-Marcel, qui luttait également contre les batteries à cheval du Xe corps, postées à l'ouest de Vionville.

D'autres batteries françaises se trouvaient à l'est de celles dont il vient d'être question, sur le plateau au nord-ouest de Rézonville. Le général *de Buddenbrock*, malgré la situation difficile du centre, avait fait faire quelques attaques contre ces batteries, afin de soutenir sa gauche :

2 ³/₄ heures. Quelques pièces furent obligées de reculer, une autre fut prise.

Les mouvements de l'infanterie ennemie, qui avaient déjà nécessité l'évacuation du bois, rendaient la position de l'aile gauche et du centre éminemment dangereuse. A 3 heures, on signalait l'arrivée du IVe corps français dans la direction de Mars-la-Tour.

Des efforts inouïs étaient nécessaires pour résister aux forces toujours croissantes de l'ennemi. Les troupes du Xe corps ne pouvaient tarder, il est vrai, elles devaient être proches même ; mais il est douteux que l'on pût tenir jusqu'à leur arrivée.

Telle était la situation, quand la *brigade de cavalerie de Bredow* reçut l'ordre de marcher en avant. Un régiment et deux escadrons étaient détachés, chargés de missions spéciales ; le gros de la brigade avait été replacé de la droite au centre : trois escadrons du *régiment de cuirassiers n° 7* et autant du *régiment de lanciers n° 16* étaient disponibles.

Au moment où l'infanterie et l'artillerie, décimées, épuisées, étaient sur le point de faiblir, une troupe de cavaliers, au nombre d'un peu moins d'un millier, se précipitent au milieu des balles ennemies, se confiant uniquement à la rapidité de leurs chevaux et à la force de leurs bras.

Le résultat de ce fait d'armes prouve que l'énergie avec laquelle cette entreprise fut conduite l'aurait certainement menée à bonne fin, s'il avait été possible à ces cavaliers, entraînés par l'ardeur du combat, de s'arrêter au moment propice.

Ces régiments, formés en colonnes serrées par pelotons, contournèrent Vionville par l'ouest, dépassèrent la route, et arrivèrent à la lisière est du bois. Tournant ensuite à droite, ils se déployèrent du même côté. Le régiment de cuirassiers n° 7 fut le premier en bataille et commença l'attaque aussitôt, bien que l'intensité de la canonnade redoublât. Quelques moments après, le régiment de lanciers se trouvait également déployé à droite du précédent. A son tour il fondit sur les batteries ennemies.

Nos cavaliers en culbutent les servants, se forment par escadrons en arrière des pièces, et la brigade entière s'élance en pleine charge contre les lignes de l'infanterie, lesquelles sont percées avant d'avoir eu le temps d'exécuter leur deuxième salve. Le plus grand désordre s'ensuit dans les rangs ennemis.

Jusqu'ici l'attaque avait réussi au-delà de toute espérance. Mais il fut impossible aux officiers de rétablir aussi promptement qu'il était nécessaire, un ordre convenable pour la retraite. Au lieu de se reformer, les cavaliers se dispersèrent et allèrent se jeter sous le feu de plusieurs batteries de mitrailleuses. Au même moment, la division de cavalerie de Forton, arrivant à l'improviste, les chargea à son tour. L'audace de la cavalerie allemande méritait un meilleur sort.

Entourée de toutes parts, elle dut enfin songer à la retraite. Mais les chevaux étaient épuisés et ne continuèrent leur course que sous les coups désespérés de leurs cavaliers, pour trouer une seconde fois la ligne française qui s'était refermée sur eux. La mort fit alors parmi les Allemands d'horribles ravages.

De toute la brigade il ne resta que 13 officiers, 70 cuirassiers, 80 lanciers! Mais les étendards étaient sauvés et le but était atteint.

Sans le dévouement héroïque de cette brigade de cavalerie, qui arrêta l'ennemi, la division de Buddenbrock eût été incapable de résister à l'attaque du VIe corps français, combinée avec l'approche du IIIe corps, ainsi qu'au mouvement tournant qui se préparait.

Malheureusement, le temps que l'on venait de gagner ne pouvait écarter le danger que pour un délai fort court : Une partie du IIIe corps français avait déjà pris position, et les deux divisions du IVe corps s'avançaient vers le sud.

Toutefois, le temps d'arrêt que l'attaque de la cavalerie avait déterminé, fut très-favorable aux Allemands et leur permit seul de conserver leurs positions.

Une autre circonstance heureuse se produisit à notre avantage : Le IIIe corps français avait simplement reçu de Bazaine, l'ordre de renforcer l'aile droite et de la prolonger. Les instructions de Le Bœuf ne lui prescrivaient pas d'opérer offensivement contre l'aile gauche allemande et de la forcer à la retraite, et le maréchal n'avait pas assez d'initiative pour tenter une entreprise pour laquelle il n'avait pas d'ordre formel. L'occupation de la partie du bois que nos troupes avaient été obligées d'évacuer, lui parut un succès suffisant. (La division Montaudon, du IIIᵉ corps, avait été envoyée par Bazaine à l'aile gauche.)

A 3 heures, les deux divisions d'infanterie et la division de cavalerie du *IVᵉ corps* se dirigeaient vers le sud. Ce corps avait pour mission, après s'être déployé à la droite du IIIᵉ corps pour déborder la ligne prussienne, de pousser immédiatement en avant (vers Mars-la-Tour et à l'ouest de ce point) et de battre l'aile gauche allemande en se jetant sur son flanc. 3 heures.

Cependant les mouvements qui devaient porter les troupes françaises en ligne demandaient quelque temps ; de plus, les dispositions offensives que prenait l'ennemi étaient empreintes d'une certaine circonspection, ce dont les troupes allemandes profitèrent pour respirer un moment. Les renforts qui nous arrivaient à l'instant du Xᵉ corps, fatigués de la marche qu'ils venaient de fournir, avaient également besoin de reprendre haleine.

Avant l'apparition de ces derniers, 2 $1/3$ divisions d'infanterie, deux divisions de cavalerie et un peu plus de 100 canons avaient lutté contre 9 $3/4$ divisions d'infanterie et 4 $1/2$ divisions de cavalerie ennemies, avec plus de 400 pièces.

Voici quelles étaient les troupes françaises :

Division de la garde Picard,	Division de cavalerie de Forton,
» » » » Deligny,	» de la garde Desveaux,
division Vergé,	» de cavalerie Clérembault,
» Bataille,	» » » Marmier,
» La Font,	Reste de la division du Barrail.
» Tixier,	Artillerie divisionnaire, de réserve
» Levassor,	des corps, et de réserve de l'armée.
brigade Lapasset,	
division Nayral,	
» Aymard,	

Les Allemands avaient en ligne :

5e div. d'inf.	de Stülpnagel,	5e div. de cav. de Rheinbaben,
6e » »	de Buddenbrock,	6e » » » Pr. de Mecklembourg,
brigade	Lehmann,	artillerie du IIIe corps, batteries à
détachement	de Lyncker,	cheval du Xe corps et de la brigade Lehmann, etc.

Jetons maintenant un coup d'œil rapide sur la marche des troupes chargées de renforcer la ligne allemande, et qui parurent entre 3 et 4 heures.

3 heures. A 3 heures, au moment où des masses ennemies étaient signalées à Bruville, *l'artillerie du Xe corps* se trouvait à proximité de *Tronville*. Elle arrivait donc à propos. Ces batteries allèrent s'établir au nord de la route de Vionville à Mars-la-Tour et sur la ligne de Mars-la-Tour-Tronville, pour ouvrir aussitôt leur feu sur les colonnes françaises.

A la même heure, le général *de Schwartzkoppen*, parti de St-Hilaire avec le restant de sa division (non-compris dans la brigade Lehmann et le détachement de Lyncker), atteignit le bois situé au sud-ouest de Mars-la-Tour. Ces troupes étaient tellement épuisées de fatigue [1] et accablées par la chaleur du jour, qu'il était impossible de les faire entrer immédiatement en ligne.

3 1/4 heures. A 3 1/4 heures, la tête de la *20e division d'infanterie* (de Kraatz) se trouvait devant *Tronville*. Un détachement d'infanterie de la première brigade (de Woyna) fut poussé sans retard dans le bois au nord-ouest de Vionville, d'où la brigade Lehmann avait été délogée. En même temps, le reste de la division de Schwartzkoppen, ainsi que la brigade de dragons de la garde qui lui était adjointe, arrivaient sur le champ de bataille avec une batterie à cheval de la garde. Cette brigade de cavalerie (Cte Brande-

---

[1] Elles avaient déjà fourni une étape pour gagner St-Hilaire.

bourg II) alla s'établir près de Mars-la-Tour, jusqu'où se prolongeait la ligne de bataille allemande.

A 3 ½ heures, le commandant de la IIe armée, le *prince Frédéric-Charles*, parut également sur le lieu de l'action, après une course étonnante : En une heure, le prince avait franchi 3 ½ milles allemands. A 12 ½ heures, il avait reçu du général d'Alvensleben les premières nouvelles de l'engagement, qui toutefois ne faisaient pas prévoir une bataille ; d'un autre côté, l'attention du quartier général devait rester fixée sur toutes les parties de l'armée. Cependant, lorsque de nouvelles dépêches annoncèrent que le corps tout entier était engagé, le commandant se dirigea sans délai sur le champ de bataille.

3 ½ heures.

Les renforts que nous venions de recevoir se composaient des troupes suivantes :

1° La brigade de Wedell (division de Schwartzkoppen), composée de 3 bataillons du régiment d'infanterie N° 16 (de Brixen) et de 2 bataillons du régiment d'infanterie N° 57 (de Kranach) (¹).

2° Les deux régiments de dragons de la garde avec une batterie à cheval de la garde (Comte Brandebourg II).

3° La 20e division d'infanterie (de Kraatz) comprenant les brigades de Woyna et de Dieringshofen. La première, formée des régiments N° 56 (de Block) et N° 79 (de Valentini) ; la seconde des régiments d'infanterie N° 17 (d'Ehrenberg) et N° 32 (Haberlandt). — 10e bataillon de chasseurs, 4 batteries d'artillerie du Hanovre et régiment de dragons N° 16.

Un bataillon était demeuré à Pont-à-Mousson.

La *brigade de Wedell* reçut, à 4 heures, l'ordre de prolonger la ligne de bataille au sud-ouest de Mars-la-Tour ; le gros de la *division de Kraatz* fut envoyé à sa suite pour la soutenir.

4 heures.

Vers 4 ¼ heures, *l'armée de Bazaine toute entière* était déployée en face des troupes prussiennes, que les renforts

4 ¼ heures.

(¹) Le 3e bataillon était resté à St-Hilaire ; l'artillerie et la cavalerie étaient détachées à la brigade Lehmann etc.

reçus avaient portées à 4 divisions d'infanterie, 2 ½ divisions de cavalerie et environ 200 canons (¹).

L'infanterie et l'artillerie qui venaient d'arriver furent immédiatement engagées sur tous les points de la gauche.

4 ½ heures. Les Prussiens étaient encore, à ce moment, en possession des villages de Mars-la-Tour, Tronville (d'une partie du bois situé au nord de cette localité), Vionville, Flavigny (du bois de Vionville et d'une partie de celui de St-Arnould, ainsi que du plateau à gauche de ce dernier).

A l'*aile droite*, la division de Stülpnagel et le détachement de Lyncker occupaient, front vers le nord, les bois de St-Arnould et de Vionville, ainsi que la crête du plateau. A gauche et sur le même plateau se trouvait l'artillerie du IIIe corps, front presque vers l'est.

Le *centre*, face au nord-est, se composait de la division de Buddenbrock, accompagnée de son artillerie. La 6e division de cavalerie et le reste de la brigade de Bredow étaient établis un peu en arrière.

A l'*aile gauche*, l'artillerie à cheval du Xe corps occupait toujours son ancienne position à gauche de Vionville (front vers le nord-est) ; à sa gauche se trouvaient les autres batteries de ce corps (face au nord) ; plus loin, la brigade de cavalerie de Redern, chargée de les soutenir. La division de Kraatz prolongeait la ligne près de Tronville. La brigade de dragons de la garde et la brigade de Wedell se tenaient près de Mars-la-Tour, prêtes à marcher en avant. La brigade Lehmann et la tête de la division de Kraatz cherchaient à se maintenir, malgré de grandes pertes, dans le bois au nord-ouest de Vionville, comme poste avancé.

(¹) Si Bazaine n'opérait pas avec plus d'énergie parce qu'il supposait toujours que le prince royal suivait le prince Frédéric-Charles, c'est à notre tactique qu'en revenait le mérite.

A l'*extrême gauche*, la brigade de cavalerie de Barby opérait au nord-ouest de Mars-la-Tour.

La forme que présentait la ligne de bataille allemande était donc celle d'un arc détendu, au milieu duquel se trouvaient la brigade Lehmann et l'artillerie du Xe corps. La brigade de Barby seule n'était pas comprise dans cette disposition.

La ligne française, dont le centre (¹) occupait le sud de St-Marcel, était à peu près parallèle à la nôtre, la gauche face au sud-ouest, la droite au sud.

Avant que le IVe corps français n'en vînt aux mains avec les troupes du Xe corps prussien, la ligne des Allemands, grâce à leurs courageux efforts, n'avait été ni débordée ni percée. Suivant les principes de la tactique prussienne, on se réservait toujours les moyens de prendre l'offensive, même dans des conditions qui, en des circonstances ordinaires, auraient été jugées défavorables. Si cette manière d'opérer ne pouvait plus nous donner la victoire, elle devait du moins avoir pour effet d'arrêter l'ennemi, de lui faire croire que de nombreuses réserves suivaient les troupes engagées, et, par conséquent, de l'obliger à mettre plus de circonspection dans ses attaques.

Si les Allemands, en ces moments critiques, n'avaient fait preuve d'une audace dont on ne rencontre des exemples que dans les guerres de Frédéric le Grand, ils eussent été infailliblement écrasés sous le nombre.

Le *VIe corps* français, conservant sa position entre

(¹) La division de gauche du IIIe corps et celle de droite du VIe corps. A l'ouest de la première se trouvaient : la division de droite du IIIe corps, les 2 divisions du IVe corps, ainsi que la division de cavalerie de ce dernier ; à l'est de la seconde, le VIe corps et la garde, la brigade Lapasset, la 1e division du IIIe corps et, en réserve, le IIe corps.

St-Marcel et *Rézonville*, face au sud-ouest, tentait des attaques partielles contre la ligne allemande. Lorsque le IIIᵉ corps (2 divisions, la 3ᵉ avait été désignée pour renforcer encore l'aile gauche) arriva pour prolonger le VIᵉ corps, ainsi qu'il en avait reçu l'ordre, il fut obligé de s'établir plus en arrière, vers le nord, qu'il ne l'eût fallu si la droite du VIᵉ corps avait osé s'approcher davantage de notre ligne de bataille. Il s'ensuivit qu'entre 4 et 5 heures, les 2 divisions du IIIᵉ corps ne pouvaient encore prendre une grande part au combat. Elles avaient à peine dépassé la ligne de St-Marcel-Bruville et attaquaient, par détachements, le bois situé immédiatement au sud de leur front. Elles donnaient ainsi la main aux détachements du VIᵉ corps, qui opéraient de la même façon.

Le maréchal Le Bœuf continuait donc à se conformer aux instructions de Bazaine, qui ne lui prescrivaient pas formellement, comme nous le savons déjà, de pousser en avant avec son corps tout entier. Il n'avait garde de se compromettre par un excès d'initiative.

<small>4 ³/₄ heures.</small> Les divisions du IVᵉ corps entreprirent donc seules, à 4 ³/₄ heures, un mouvement offensif général sur *Mars-la-Tour*, par Bruville. La *division de cavalerie de Clérembault* occupait l'extrême droite (ayant devant elle la brigade de cavalerie prussienne de Barby); au centre se trouvait la *division Grenier*, à gauche et un peu en arrière, la *division de Cissey*.

Nous verrons bientôt que les réserves allemandes opérèrent tout autrement. Notons auparavant que le général *de Voigts-Rhetz*, en arrivant sur le champ de bataille, prit le commandement de l'aile gauche, le *prince Frédéric-Charles* celui du centre (division de Buddenbrock), tout en dirigeant les opérations générales ; le commandement de l'aile droite fut confié au général *d'Alvensleben*.

L'action s'était portée principalement sur le centre et l'aile droite de notre ligne (malgré l'arrivée de la garde française, l'ennemi n'avait pu se porter en avant), la brigade Lehmann ayant été forcée, à la gauche, d'abandonner sa position dans le bois.

Avant d'entamer le récit des combats qui se livrèrent à l'aile gauche à partir de 5 heures, après l'arrivée des renforts destinés à cette aile, nous avons à nous occuper de la marche et de l'arrivée presque simultanée des troupes qui accouraient au secours de la droite.

En suite d'un ordre du roi, les *VIIe et VIIIe corps* s'étaient portés sur la Moselle. La *16e division d'infanterie* (du VIIIe corps), sous les ordres du général *de Barnekow*, se trouvait dans l'après-midi à *Arny*, quand elle entendit le canon. Après avoir reçu la nouvelle de l'engagement, le général résolut de se diriger immédiatement avec ses troupes sur le champ de bataille.

Il atteignit la Moselle à Novéant, et à 4 heures la division était à *Gorze*. Après s'être mis en rapport avec le commandant de l'aile droite, le général se chargea de l'exécution d'un ordre du prince Frédéric-Charles, prescrivant de prononcer une attaque contre le flanc gauche de l'ennemi. En conséquence, la *32e brigade d'infanterie* (de Rex) composée du *régiment de fusiliers N^e 40* (d'Eberstein) et du *régiment d'infanterie N° 72* (de Helldorf), traversa le bois de St-Arnould, pour se porter, vers le nord, contre les réserves françaises.

Trois batteries et trois escadrons du régiment de hussards N° 9, furent envoyés à la division de Stülpnagel pour la renforcer. Le surplus de la division de Barnekow resta en réserve.

<small>5 heures.</small> A 5 heures, la brigade de Rex touchait la lisière nord de la partie orientale du bois de St-Arnould. Elle s'élança alors contre les masses d'infanterie et d'artillerie établies sur les hauteurs et dans les ravins entre *Gravelotte* et *Rézonville*, et qui ouvrirent aussitôt sur les nôtres un feu des plus meurtriers. La brigade dut nécessairement borner ses efforts à contenir l'ennemi.

La 25e *division d'infanterie* (hessoise), du IXe corps, commandée par le *prince Louis de Hesse*, se trouvait à midi près de *Corny*, au nord du pont de Novéant. Les nouvelles du combat, ainsi que des instructions qu'il reçut du commandant de l'armée, engagèrent le prince à franchir immédiatement la Moselle et à marcher en avant. La 49e *brigade* (régiment des grenadiers gardes du corps, 2e régiment d'infanterie et 1er bataillon de chasseurs) commença le mouvement et se dirigea rapidement sur *Gorze*. La brigade restante demeura en réserve.

De Gorze, la 49e brigade marcha par le bois de Chevaux sur celui *des Ognons*. Une batterie d'artillerie la suivit; deux autres batteries furent envoyées à la division de Stülpnagel, qui les accueillit avec d'autant plus d'empressement, que les munitions commençaient à manquer à ses propres batteries, lesquelles donnaient depuis le matin. La brigade hessoise se porta ensuite à la droite de la brigade de Rex, et forma ainsi l'extrême droite. Son concours fut de la plus grande utilité, car elle rencontra dans le bois même, des troupes ennemies qui cherchaient à se jeter sur le flanc de la brigade de Rex. La lutte s'était engagée sur toute l'étendue du bois, mais sans succès décisif de part ni d'autre; seulement, les réserves ennemies se trouvaient empêchées, par cette attaque des nôtres, d'entreprendre un mouvement tournant contre notre aile.

Vers la même heure, le général *de Kraatz* envoya, de sa position devant Tronville, la *brigade de Woyna* tout entière contre le bois que la brigade Lehmann avait été forcée d'évacuer. Ces troupes furent accueillies par un feu tellement violent, que le général de Kraatz se vit obligé de faire suivre la *brigade de Dieringshofen* pour les soutenir. 5 heures.

L'aile gauche subit alors des pertes énormes. Les chefs prussiens n'avaient pu prévoir le grand nombre des troupes ennemies opposées à cette aile, vu le terrain relativement exigu dans lequel la lutte se concentrait en ce moment. Mais il fallait avant tout atteindre le but poursuivi, c'est-à-dire empêcher l'ennemi de nous échapper.

Le général *de Ladmirault* se laissa intimider par ces attaques offensives : Il n'osa porter en avant ses deux divisions à la fois, et se borna à envoyer d'abord la *division Grenier* sur *Mars-la-Tour*; la *division de Cissey* resta en arrière. 5 ¹/₂ heures.

Cependant le feu de l'infanterie ennemie faisait de grands ravages dans les rangs des Allemands, à une distance où notre artillerie seule pouvait riposter. De plus, les troupes françaises récemment entrées en ligne avaient fait avancer leurs batteries de mitrailleuses, qui vomissaient une grêle de balles.

En de telles circonstances, le mouvement entrepris par la *brigade de Wedell* sur *Mars-la-Tour* devait nécessairement échouer. Malgré les pertes infligées à 1200 pas au *régiment d'infanterie N° 16*, il persista à vouloir avancer dans ce terrain accidenté; il tomba dans plusieurs embuscades et fut enfin obligé de battre en retraite sur *Tronville*. Le colonel *de Brixen* y perdit la vie. Le régiment comptait à 5 ³/₄ heures.

son retour 21 officiers tués, 22 blessés; 294 hommes tués, 321 blessés, 726 manquants.

A droite de ce régiment et par conséquent de Mars-la-Tour, où se trouvait également un petit bois, les 2 bataillons du *régiment N° 57* s'étaient aussi portés en avant, accompagnés de 2 compagnies de pionniers de la 19e division. Mais les coups innombrables de l'ennemi, qui les décimaient, les forcèrent également à se retirer jusqu'en arrière de *Tronville*.

Le général *de Wedell*, qui avait si bravement conduit ses troupes, fut mortellement frappé de plusieurs balles.

L'insuccès de l'attaque tentée par la brigade de Wedell, força également à la retraite la division de Kraatz (21e), qui s'était maintenue jusque-là dans le bois au nord de Vionville. Celle-ci reçut l'ordre de s'établir immédiatement au nord de Tronville, pour couvrir le ralliement de la brigade de Wedell.

Pendant que cette brigade prononçait son mouvement offensif, l'artillerie du Xe corps avait pris position à sa droite, afin de l'appuyer. Le *1er régiment de dragons de la garde* (d'Auerswald) servait à son tour de soutien à l'artillerie.

Voyant que l'infanterie se retirait péniblement, le commandant de ce régiment résolut de protéger son mouvement. Laissant l'étendard sous la garde d'un escadron, il s'élance avec les 3 autres à la rencontre de l'ennemi triomphant. Les dragons se précipitent sur la ligne française, hérissée de baïonnettes, tandis qu'un feu roulant de mousqueterie les accable de toutes parts. Près des deux tiers du régiment furent sacrifiés. Le colonel *d'Auerswald*, un officier d'état-major et deux lieutenants restèrent parmi les morts; 6 lieutenants furent blessés.

Au nord de Mars-la-Tour et à gauche du précédent, le *2º régiment de dragons de la garde* avait manœuvré de la même manière et dans le même but. Il perdit également beaucoup de monde ; le commandant, le colonel Cte *Finck de Finckenstein*, tomba au milieu des rangs de l'infanterie française, après un combat prolongé corps à corps, au nord de Mars-la-Tour.

A la suite de ces attaques audacieuses, l'ennemi n'osa occuper ce village ni *la route de Verdun, sa ligne de retraite la plus importante*.

Le général *de Voigts-Rhets* envoya ensuite l'ordre d'attaquer à la *brigade de Barby*, qui se maintenait à l'extrême gauche et en avant de notre ligne de bataille, au nord-ouest de Mars-la-Tour, sur le flanc de l'ennemi.

La *division de Clérembault* occupait, comme nous le savons, l'extrême droite des Français, et se trouvait par conséquent la plus rapprochée de la brigade de Barby. Celle-ci comptait un peu plus de 6 régiments ; la division française en avait 10.

L'admirable conduite de ces régiments prussiens est un fait acquis à l'histoire. Ils s'élancèrent avec la plus grande impétuosité sur la cavalerie ennemie, et malgré leur infériorité numérique, mirent la division de Clérembault en déroute.

6 heures.

Ce succès fit disparaître le danger que courait l'infanterie de l'aile gauche. Les dernières attaques de la cavalerie allemande avaient fait sur les troupes de l'aile droite ennemie une telle impression, qu'elles en perdirent le restant d'énergie qui jusqu'alors avait marqué leurs mouvements offensifs.

A la même heure où ces combats se déroulaient à l'aile gauche, la *division de Buddenbrock*, au centre, défendait vigoureusement, sous les yeux du prince Frédéric-Charles, son ancienne position de *Vionville-Flavigny*. Le prince lui-même envoya deux bataillons du *régiment N° 35* contre une batterie ennemie qui nous faisait beaucoup de mal, et qui fut bientôt délogée de sa position.

Bien que la résolution avec laquelle l'ennemi exécutait ses mouvements ne fût que très-modérée en comparaison de celle dont nos troupes étaient animées, la division de Buddenbrock, qui se trouvait en ligne depuis le matin, devait nécessairement avoir subi des pertes énormes. Plusieurs officiers de l'état-major de la division avaient été mortellement blessés. (Le régiment d'infanterie de Brandebourg N° 20 avait perdu 32 officiers. Les pertes de tous les régiments d'infanterie approchaient de ce nombre.)

A l'aile droite, la *division de Stülpnagel* avait également perdu beaucoup de monde. En ligne depuis 10 heures du matin, elle avait à présent devant elle les régiments de la garde française, après avoir fait reculer déjà le IIe corps ennemi. Les grenadiers de la garde, épuisés, furent relevés ensuite par les voltigeurs. Du côté des Allemands, il n'existait pas de réserves pour remplacer les troupes fatiguées; il ne s'agissait pour eux que de tenir ferme et de conserver les positions conquises. Le général *de Döring*, commandant de la 9e brigade, était mort; le colonel *de Garrelts*, commandant du régiment N° 48, était mortellement blessé, ainsi que plusieurs officiers d'état-major; les pertes de la division étaient effrayantes.

Dès 5 heures le danger avait reparu à l'aile droite, car elle n'était plus à même de résister aux troupes de réserve, si elles avaient tenté de se porter en avant. Heureusement des troupes des VIIIe et IXe corps firent en ce moment une diversion (contre le IIe corps et d'autres troupes reposées) qui empêcha l'ennemi de se jeter sur le flanc de la division de Stülpnagel.

Les chefs de l'armée française voulurent essayer enfin de se convaincre si en réalité les Allemands étaient de beaucoup inférieurs en nombre.

A l'aide du renfort que nous venons de signaler, l'aile droite résista avec énergie jusqu'au soir. A la chute du jour, les *régiments de Brandebourg*, *du Rhin* et *de Hesse* combattaient encore vaillamment dans les *bois de St-Arnould* et *des Ognons*. 7 heures.

A ce moment, le *régiment de grenadiers de Silésie N° 11* (de Schöning), du IX° corps, vint prendre part au combat. Le général *de Wrangel* (18° div. d'inf.) l'avait chargé d'assurer les relations entre les corps engagés ; à la suite de cet ordre, ce régiment s'était porté de la Moselle à la lisière du bois de St-Arnould, en pressant le pas malgré les difficultés du terrain. Bien qu'arrivé très tard sur le champ de bataille, il fut plus rudement éprouvé encore que les autres régiments ; le colonel *de Schöning* fut blessé, et mourut quelque temps après des suites de ses blessures.

Au centre, l'artillerie allemande avait enrayé, jusque vers 7 heures, toutes les tentatives de l'ennemi de reprendre l'offensive. Le prince Frédéric-Charles donnait personnellement des instructions aux batteries, afin de les faire concourir avec les autres armes à l'exécution d'un mouvement en masses, qu'il avait projeté dans le but d'empêcher de nouvelles entreprises de ce genre de se produire.

Vers 7 heures, la *brigade de Diepenbroick*, de la 6° division de cavalerie, fit une attaque qui réussit, du moins en partie. Les *divisions de Kraatz* et *de Buddenbrock* se portèrent ensuite, d'après les ordres du prince, vers le 7 1/2 heures.

nord-est (contre l'aile gauche et les réserves françaises).

Après toutes les fatigues que les troupes allemandes avaient endurées pendant cette journée, la résolution prise par le commandant de la IIe armée avait été nécessaire pour relever et stimuler leur ardeur, et pour prévenir en même temps les dangers que devait nous apporter la proximité, pendant la nuit, d'un ennemi beaucoup plus fort. D'un autre côté, des circonstances extraordinaires et imprévues pouvaient entraîner la défaite de l'armée française, ce qui pourtant n'arriva pas.

Le résultat de l'attaque nous fut cependant très-favorable, en ce sens que nous restâmes en possession complète de nos positions.

Le maréchal Bazaine fut obligé de renforcer son centre, sur lequel l'attaque avait principalement porté, au moyen de troupes enlevées à l'aile gauche ; il fit établir près de Rézonville un nombre imposant de pièces d'artillerie.

Ces dispositions caractérisent le résultat de la journée. Les Français se contentèrent des positions qu'ils avaient prises pendant la seconde phase de la bataille, renonçant à se remettre en possession de celles qu'ils avaient perdues le matin, occupées alors par leurs avant-postes, puis par le IIe corps (Vionville, Flavigny, etc).

Tout compte fait, les Allemands avaient donc gagné du terrain, les Français en avaient perdu.

Mais la bataille n'était pas terminée. Vers 8 heures, le *prince Frédéric-Charles* ordonna une dernière attaque de cavalerie. Quelques moments après, alors que la nuit était à peu près close, les *régiments de hussards* N^{os} *3* et *16*, commandés par le général *de Rauch*, et à leur gauche le *régiment des dragons* N^o *9*, attaché à la 19e division d'infanterie, marchèrent sur *Rézonville*, en passant entre

Vionville et Flavigny. Franchissant les fossés de la route de Metz à Verdun, ainsi que des lignes de morts et de blessés qu'il était presqu'impossible de distinguer à cause de l'obscurité, ces régiments fondirent sur les masses de l'infanterie française, dont les carrés furent enfoncés. Mais il fallut bientôt battre en retraite devant une fusillade qui éclatait de toutes parts. Le régiment de hussards N° 3 avait perdu son commandant, le colonel *de Zieten*.

A 8 1/2 heures, un silence complet succéda au grondement du canon. <small>8 1/2 heures.</small>

Les Allemands occupaient *Tronville, Vionville, Flavigny*, le *bois de St-Arnould* et une partie du *bois des Ognons*. La ligne des Français s'étendait au nord de *Mars-la-Tour*, passant par *St-Marcel, Rézonville*, le *bois des Ognons* et *Gravelotte*.

Les milliers de morts, les milliers de blessés qui couvraient le champ de bataille, témoignent de ce que peut une grande nation, armée pour la défense de son honneur, lorsqu'elle joint l'intelligence et le courage à l'éducation militaire.

Au point de vue tactique, les Allemands ne pouvaient prétendre avoir remporté une victoire complète. Ils avaient gagné peu de terrain, et l'ennemi était toujours là. Mais ce dernier n'avait eu affaire qu'à une faible partie de l'armée allemande, à son avant-garde. Deux corps allemands, avec quelques faibles renforts, avaient résisté à toute l'armée de Bazaine : Quel succès le maréchal pouvait-il espérer désormais ?

Autrefois, alors qu'une longue trêve suivait une bataille comme celle que nous venons de décrire, le combat eût paru indécis. Il n'en fut pas ainsi cette fois, car on mit à profit, sans retard, les résultats stratégiques obtenus, et sous ce rapport la journée avait une importance capitale. Si nos chefs avaient hésité à frapper coup sur coup, les sacrifices du 16 août eussent été peut-être inutiles.

Le but que l'on poursuivait était atteint : L'ennemi avait été forcé d'accepter le combat contre son gré; son plan de retraite sur Verdun était devenu impossible.

Nous avions bien des victimes à pleurer, mais les Français avaient vu tomber les leurs en plus grand nombre encore.

L'étoile naguère si brillante de la France avait considérablement pâli. Cet ennemi qui, peu de temps auparavant, parlait de nous rejeter à coups de crosses par-dessus le Rhin, n'avait à enregistrer jusqu'à présent le moindre succès.

Malgré le courage déployé en cette journée, malgré cette bataille sans défaite, le prestige militaire de la France tombait de toute sa hauteur.

Si le maréchal Bazaine, après avoir adopté le plan qui dirigeait son armée sur Verdun, en avait poursuivi l'exécution malgré tout, les précautions qu'il prit vis-à-vis de son aile gauche, chargée d'assurer les communications de l'armée avec Metz, n'avaient pas de raison d'être. Ce plan était certainement le meilleur auquel il pût s'arrêter, car l'avenir ainsi lui restait ouvert. Mais le maréchal avait été tellement impressionné par l'approche et la force de l'armée allemande, qu'il ne pesa pas suffisamment la possibilité de se retirer jusqu'à Verdun et au-delà, ainsi que celle d'être forcé de livrer une grande bataille pendant sa retraite. Bazaine vit sa seule ancre de salut dans les ouvrages et les canons de Metz, le terrain favorable des environs et les positions fortifiés dont il disposait à proximité de la place.

On aurait pu croire que le maréchal savait par expérience

que l'armée allemande et ses chefs se résignent à tous les sacrifices que réclame la conquête des positions les plus solides. Mais la fatalité poussait le commandant de l'armée de Metz à chercher un abri sûr derrière les remparts de cette gigantesque forteresse. Il le trouva, mais dans des conditions tout autres qu'il ne le présumait.

Les Allemands avaient eu en ligne le 16 août :
60 bataillons, 87 escadrons, 37 batteries.
Les Français leur avaient opposé :
149 bataillons, 111 escadrons, 64 batteries.
Les pertes accusées par Bazaine s'élèvent à 16,000 hommes.
Celles des allemands se comptent comme suit :
IIIe corps et 6e division de cavalerie : 329 officiers, 6,700 h.
X^e » 5e » » 254 » 6,600 »
VIIIe, IXe corps et détachem. de la g. : 119 » 2,466 »

(Les noms des officiers tués sont renseignés à l'annexe IV).

La bataille de Vionville est, depuis les guerres de Napoléon Ier, la plus sanglante qui se soit livrée sur le continent.

XXIII.

Opérations du 17 août et bataille de Gravelotte.

(V. CARTE VII.)

Nous avons laissé la IIIe armée dans les positions qu'elle occupait le 16 août, pour suivre les événements qui se déroulaient autour de Metz. La *4e division de cavalerie* (prince Albrecht) seulement avait eu pour mission de se porter vers l'ouest, au sud de *Toul*, afin de préparer des opérations offensives dont ce point devait être en tous cas l'un des objectifs.

17 août. Le *prince royal* se rendit le 17 août de Lunéville à *Nancy*; le *IIe corps bavarois* était arrivé le même jour à proximité de cette ville, ayant pour soutien un détachement du *Ier corps bavarois*, qui se trouvait à *St-Nicolas* (à mi-chemin de Lunéville à Nancy), sur la rive gauche de la Meurthe et près du chemin de fer de Lunéville. Ce dernier corps était destiné à marcher sur *Toul*, le premier devait lui fournir un appui stratégique.

Aussitôt que le prince royal fut convaincu, d'après les renseignements qu'il avait reçus concernant la bataille du 16, que la IIe armée n'avait plus à craindre ni à prévoir un mouvement en arrière, ou dans une direction autre que celle qui lui était prescrite, la ligne de conduite de la

IIIᵉ armée était assez clairement tracée : Se conformer toujours au plan de campagne primitif, opérer de concert avec les autres armées, et, ne perdant pas de vue l'objectif principal, Paris, manœuvrer de façon à faire faire à l'armée, aussitôt que possible, front vers le nord-ouest, en faisant pivoter l'aile gauche sur la droite.

Pour atteindre la première ligne stratégique de quelque importance, la *Meuse*, il fallait évidemment exécuter un changement de direction à droite, pendant lequel l'aile droite (Bavarois) pouvait tenter de s'emparer de Toul, ou du moins l'investir. A cet effet, le *Vᵉ corps* et la *division wurtembergeoise* se portèrent en avant, le 17, pour se rapprocher de la Meuse; le *XIᵉ corps* marcha de Bayon-sur-Moselle dans la direction nord-est, mais il fut devancé d'une étape par les autres corps, parce qu'il se trouvait fort en arrière.

Le *VIᵉ corps* se réunit à Lunéville, pour s'arrêter le lendemain à l'étape occupée ce jour-là par le XIᵉ corps. Ce corps devait ensuite prendre la gauche de la IIIᵉ armée, que la *2ᵉ division de cavalerie* était chargée de couvrir en marchant sur *Gripport*, sur la Moselle. Remarquons ici que la IIIᵉ armée ne pouvait avoir d'informations précises sur les marches des 1ᵉʳ et Vᵉ corps français. Le prince royal était donc forcé de montrer beaucoup de prudence aux endroits où le chemin de fer pouvait amener des troupes ennemies, soit du sud, soit de toute autre partie du pays.

Le général *de Werder* avait fait occuper le 15, devant *Strasbourg*, le village de *Schilligheim* (le 18 il prit possession de *Königshofen*); dès le 17, les troupes prussiennes destinées aux opérations du siége commencèrent à arriver, et permirent de resserrer le cordon d'investissement.

Il nous reste à jeter un coup d'œil sur les mouvements des Ve, Ier et VIIe *corps français :* Nous avons laissé le premier à *Chaumont*, où le général *de Failly* arriva le 16, et d'où il envoya des détachements occuper toutes les stations dont il pouvait de cette manière s'assurer la possession.

Mac-Mahon avait fait transporter son infanterie de Chaumont à *Châlons* par chemin de fer. Les autres armes suivirent aussi promptement que possible, en partant de leurs étapes respectives, de façon que la plus grande partie du Ier *corps* et de la *division Dumesnil* (du VIIe corps) se trouvait réunie le 17 au *camp de Châlons*.

Le maréchal, jugeant alors le moment opportun pour se faire rejoindre par le Ve corps, donna des ordres en conséquence au général de Failly. (L'emploi du chemin de fer devenait difficile, c'est pourquoi ces ordres furent exécutés avec lenteur).

L'*empereur Napoléon* avait quitté le rayon de Metz le 16 au matin, et, partant d'Etain sous l'escorte de deux régiments de chasseurs d'Afrique, il chercha à atteindre Châlons dans un moment convenable. Des patrouilles prussiennes, de la division de cavalerie de Rheinbaben, tombèrent sur une ferme près de Conflans, au moment où l'empereur venait de la quitter.

Le *VIIe corps* (Douay), qui avait été complètement oublié et qui s'était tenu enfermé jusque-là dans *Belfort*, reçut, le 16, l'ordre de se diriger par chemin de fer sur Châlons (v. carte V). Il se mit en mouvement le lendemain. (Notons en anticipant sur les faits, que ce corps ne fit son entrée au camp de Châlons que le 23, après le départ de l'empereur et de Mac-Mahon pour Rheims. Il y arriva d'ailleurs dans le plus grand désordre, à cause de la négligence dont il eut à souffrir sous le rapport des subsistances. Ajoutant à ceci l'expérience que les chefs français venaient d'acquérir, au camp de Châlons, de l'insoumission de la garde mobile, notamment de celle de Paris, on conviendra avec nous que c'était un singulier coup du sort, que celui qui donnait pour théâtre de l'indiscipline et du désordre, pendant que l'ennemi forçait les portes de la France, le lieu même qui avait servi autrefois de scène aux représentations brillantes de son orgueil militaire.)

Revenons maintenant aux événements de Metz.

Le 16 août, le *roi Guillaume* s'était transporté avec le grand quartier général de Herny à *Pont-à-Mousson*, où il se trouva de nouveau au centre de son armée.

Une bataille terrible venait de se livrer. L'immense supériorité numérique de l'ennemi lui avait permis de déborder nos lignes, mais cette circonstance n'avait d'importance tactique ni stratégique, parce que les commandants de l'armée française n'avaient ni le courage ni l'intention de reprendre le lendemain les hostilités contre les troupes allemandes. L'ennemi, d'ailleurs, s'était tenu fort éloigné de nos flancs. Mais les Allemands ne connaissaient pas les projets de leurs adversaires pour l'avenir ; c'est pourquoi le prince Frédéric-Charles se rendit sur le champ de bataille, le 17 dès 4 heures du matin, après avoir passé la nuit à Gorze.

La veille, les plus grandes forces de l'armée de Metz s'étaient trouvées devant le front des IIIe et X^e corps ; c'était donc vers ces points qu'il s'agissait de concentrer sans retard la IIe armée.

Le moindre délai apporté à cette concentration pouvait avoir des suites funestes, si l'ennemi tentait d'attaquer, le 17, les corps considérablement affaiblis des généraux d'Alvensleben et de Voigts-Rhetz.

Afin de bien comprendre les instructions qui suivent, données à Gorze par le prince, le 16 à 11 heures du soir, rappelons-nous que la *18e division d'infanterie* (de Wrangel) était arrivée à *Onville* (près de Gorze) le même jour, que le *XIIe corps* (saxon) avait atteint *Pont-à-Mousson*, la *garde Bernecourt*, le *IVe corps Marbache* et le *IIe corps* (Fransecki) *Bouchy* (v. l'annexe à la carte VII).

Tous ces corps, à l'exception des deux derniers, furent dirigés le 17 sur le champ de bataille.

Voici donc quelles étaient les instructions du commandant de la IIe armée :

1º Le *IXe corps* (de Manstein) sera rassemblé le 17, au point du jour, sur le plateau qui se trouve à $1/2$ mille *nord-ouest de Gorze*.

2º Le *XIIe corps* (prince royal de Saxe) marchera sur *Mars-la-Tour* par Thiaucourt.

3º Le *corps de la garde* (prince de Wurtemberg) se portera également sur *Mars-la-Tour*, par Chambley, et s'établira à la gauche du XIIe corps.

4º Le *IIe corps* se dirigera sur *Pont-à-Mousson*.

5º Le *IVe corps* (d'Alvensleben) marchera sur *Toul* pour opérer éventuellement contre cette place.

Le roi fut aussitôt informé de ces dispositions.

Une heure après (vers minuit), une dépêche arriva du grand quartier général annonçant le concours, pour le 17, des VIIe et VIIIe corps (de la Ie armée).

Les troupes de la IIe armée qui avaient pris part à la bataille de Vionville se trouvèrent également rassemblées, le 17 dès l'aube, en avant des endroits où elles avaient bivaqué, savoir :

Le *Xe corps* et la *5e division de cavalerie* près de *Tronville* (donc à droite de l'emplacement destiné au corps saxon).

La *6ᵉ division d'infanterie* au nord-est des précédents et à gauche de *Vionville*.

La *6ᵉ division de cavalerie* au sud de *Flavigny*.

La *5ᵉ division d'infanterie* à l'ouest du *bois de Vionville*.

L'*artillerie du IIIᵉ corps* à l'ouest de la précédente.

La *fraction du VIIIᵉ corps* qui avait combattu la veille, entre la 5ᵉ division d'infanterie et la *division hessoise* (25ᵉ), laquelle s'était formée dans le *bois des Ognons*.

Le maréchal Bazaine ne songeait pas à renouveler les attaques qu'il avait entreprises la veille avec beaucoup de prudence, et uniquement dans un but défensif. Mais nous savons aussi qu'il avait renoncé à battre en retraite sur Verdun en vue de notre armée, et qu'il comptait de nouveau, au contraire, chercher un refuge à Metz.

Comme conséquence de ces projets, les Français devaient abandonner les positions qu'ils occupaient à la fin de la bataille, d'autant plus qu'elles n'avaient pas suffi à tenir l'ennemi éloigné de leur front. Il fallait en choisir de nouvelles, capables de favoriser leur retraite derrière les remparts et dans le camp retranché de Metz, et assez fortes, en outre, pour résister à une attaque en nombre supérieur de la part des Allemands.

L'armée française se retira donc, de grand matin, dans les positions qui avaient été préparées et renforcées d'ouvrages en terre pour le cas où, dans sa marche sur Verdun, elle eût rencontré dans l'ouest des forces ennemies qui seraient parvenues à tourner Metz dans leur mouvement en avant.

Dès que Bazaine n'entrevit plus la possibilité de se retirer sur Verdun et Châlons, librement et sans rencontrer aucun obstacle, il fut fatalement attiré vers le terrain accidenté qui s'étendait entre St-Privat-la-Montagne et Rozerieulles, et qui avait pour base les bois et les hauteurs qui se trouvaient parallèlement en arrière, ainsi que les ouvrages et les forts de la place. Dans cette position le maréchal se croyait en sûreté, et en mesure de sauver sa réputation militaire. Il avait perdu le calme qui fait la valeur du chef, et qui lui permet de peser toutes les circonstances favorables ou défavorables avant de s'arrêter à une détermination grave. Sa présence d'esprit l'avait abandonné aux premiers coups de canon qui avaient éclaté le 14 près de Colombey.

D'après certaines relations françaises, le désordre dans lequel s'effectua la retraite du train sur Metz, fut un nouvel exemple de l'incurie qui caractérisait les ordres de marche partant de l'état-major français.

La division Metman, du IIIe corps, qui était arrivée la dernière sur le champ de bataille, fut chargée de couvrir la retraite de l'armée, et chercha, dans la matinée du 17, à la dérober par quelques timides démonstrations.

Le roi Guillaume se trouvait sur le champ de bataille de Vionville, peu après 6 heures du matin, à cheval aux côtés de son neveu le prince Frédéric-Charles.

Il était possible de frapper un grand coup, désastreux pour la France, mais il fallait agir au plus tôt. Si on hésitait, au contraire, l'ennemi pouvait nous échapper, recevoir du renfort, et nous faire perdre peut-être le fruit de tous nos efforts. La grande résolution prise par nos chefs, de battre complétement l'ennemi n'importe à quel prix, émanait de cœurs forts, et prouvait leur talent d'apprécier au juste les ressources dont ils disposaient, et qu'ils avaient si habilement réunies.

Il s'agissait avant tout de connaître les intentions de l'ennemi, et de savoir comment nous pouvions marcher à sa rencontre avec toutes nos forces, pour atteindre le plus sûrement notre but.

Certains mouvements de l'ennemi (division Metman) avaient été remarqués entre Rézonville et Gravelotte. On envoya de la cavalerie pour observer de divers points ce qui se passait, et l'on acquit bientôt la certitude que l'armée de Bazaine s'était retirée dans la direction de Metz, et principalement vers le nord-est. Cette circonstance permit aux troupes qui avaient combattu le 16, ainsi qu'à celles qui avaient encore à fournir de longues marches, de se préparer un repas.

Les projets des chefs allemands consistaient à donner un jour de repos aux troupes qui avaient été engagées la veille, les faire rejoindre par les corps des I^e et IIe armées qui pouvaient atteindre en une journée de marche la ligne de Gorze-Vionville, et en former, sur le flanc de l'ennemi, une armée tellement puissante qu'elle donnât l'espoir de battre les corps français, quelle que fût la force des positions qu'ils avaient choisies.

La plus grande partie de l'armée de Metz était également concentrée entre la place et notre ligne de bataille ; mais on ne connaissait pas encore la force exacte des troupes ainsi réunies, et nous étions en droit de les croire plus nombreuses qu'elles ne l'étaient réellement.

Cette armée n'avait pas été vaincue le 16, et elle avait fait preuve d'un grande courage ; les effets de ses armes étaient terribles, et il fallait nécessairement marcher à découvert contre ses positions, parfaitement retranchées. Il y avait de quoi, vraiment, faire reculer des chefs moins décidés que les nôtres !

S'ils avaient cherché à écarter Bazaine de Metz, en lui procurant jusqu'à un certain point les moyens d'opérer sa retraite, ce stratagème eût-il réussi ? Il est plus probable que le maréchal aurait persisté davantage alors dans sa résolution de ne pas quitter la forteresse. En effet, il conservait l'espoir, dans ce cas, d'augmenter ses moyens de défense et de recevoir du renfort ; Mac-Mahon aurait eu le temps d'arriver, et, prenant en flanc nos positions, de nous menacer d'un échec sur la rive gauche de la Moselle.

D'ailleurs, nous n'étions pas encore rigoureusement convaincus que Bazaine voulût demeurer à Metz; ses mouvements cachaient peut-être d'autres desseins, et si nous tardions à le suivre, il pouvait s'échapper par les routes du nord. Une grande faute de notre part, dans ce cas, eût été de ne pas l'amener sur un terrain qui lui offrît moins d'avantages.

Les projets auxquels nos chefs venaient de s'arrêter, n'étaient du reste que la conséquence de l'idée fondamentale à laquelle était subordonnée la direction générale des opérations, c'est-à-dire, couper l'armée ennemie de Paris et en général de toutes les parties du pays d'où elle pût tirer des ressources, et l'acculer contre un terrain dépourvu de tout moyen de retraite.

Le départ de Bazaine, quelles que fussent les pertes qu'il éprouvât, contrariait fortement l'exécution de ce plan ; le contraire avait lieu si nous parvenions à l'enfermer dans Metz, même en perdant plus de monde que lui.

Dans la première hypothèse, l'armée de Metz, décimée par la bataille même la plus sanglante, ramenait encore à Paris des débris pouvant servir de noyau pour la formation de nouvelles armées, tandis qu'en poursuivant rigoureusement l'exécution de notre plan de campagne, nous avons privé la France républicaine de ces matériaux, lorsqu'elle s'enflamma pour la défense nationale.

L'ennemi ne pouvait être mieux placé pour l'exécution de ces projets ; les sacrifices qu'ils nous coûteraient devaient être largement compensés par le résultat.

Le 17 avant midi, le roi, le général de Moltke, le prince Frédéric-Charles et son chef d'état-major, le général de Stiehle, étaient d'accord sur la nécessité de livrer le lendemain une grande bataille. Il ne restait à discuter que les positions et les mouvements des différents corps.

Il s'agissait donc de marcher vers le nord avec la plus grande partie des troupes des I^e et IIe armées, préalablement rassemblées, et de leur imprimer un mouvement de conversion vers le nord-est, en pivotant sur un point de la rive gauche de la Moselle au sud de Metz, afin de rejeter l'ennemi dans la place.

Après avoir arrêté les dispositions relatives aux différentes parties de l'armée, le roi se rendit à Pont-à-Mousson, le prince Frédéric-Charles avec son état-major, à Buxières.

Les états-majors des corps et des divisions, ainsi que les aides de camp, se réunirent vers 2 heures sur une hauteur au sud de Flavigny, pour recevoir les instructions qui les concernaient.

L'ordre donné par le roi pour le 18 août était ainsi conçu :

« La *IIe armée* se mettra en marche à 5 heures du
» matin, et s'avancera par échelons entre l'*Yron* (passant
» à l'ouest de Mars-la-Tour) et le *ruisseau de Gorze*.

» Le *VIIIe corps* joindra la droite de la IIe armée, et
» le *VIIe corps* couvrira celle-ci du côté de Metz.

» Les dispositions à prendre dépendront des mouve-

» ments de l'ennemi. Jusqu'à nouvel ordre, les rapports
» seront adressés au roi sur la hauteur au sud de Flavigny.»

Avant de partir pour Pont-à-Mousson, le roi visita les grands bivacs des troupes qui avaient pris part à la bataille de Vionville, et fut reçu avec un enthousiasme difficile à décrire. La cavalerie, dont les rangs avaient été si terriblement éclaircis la veille, défila devant lui, et reçut ses remercîments pour les services qu'elle avait rendus la veille, ainsi que ses félicitations pour les hauts faits d'armes dont elle avait droit de se glorifier. Il serait superflu de dire que les ambulances, établies à proximité du champ de bataille, ne furent pas oubliées dans cette revue.

Le roi Guillaume s'était réservé, pour le 18, la direction supérieure des opérations; le prince Frédéric-Charles obtint le commandement de l'aile gauche, le général de Steinmetz celui de l'aile droite.

Après que le commandant en chef eut donné ses instructions, le prince Frédéric-Charles conféra pendant deux heures avec le général de Moltke afin de s'entendre avec lui sur les détails des mouvements projetés.

Que se passait-il pendant ce temps chez les Français? Malgré toutes les précautions que prenait Bazaine pour conserver derrière lui les portes de Metz, une dépêche du maréchal semblerait prouver que son plan n'était pas positivement arrêté. Par cette dépêche, le maréchal informait l'empereur Napoléon qu'il avait l'intention de se retirer par les routes du nord, *s'il lui était possible de le faire*. Toutefois, il ne faut pas attacher à ces mots une grande importance; ils ont été démentis par les actes mêmes de Bazaine, et paraissent avoir eu simplement pour but de tranquilliser l'empereur. Si telle avait été la pensée du maréchal, il eût pu se mettre en marche dès la nuit du 16 au 17. Nous persistons donc dans notre opinion que Bazaine, dès qu'il eut acquis, le 14 août, la certitude de ne plus pouvoir opérer sa retraite sur Verdun sans rencontrer les forces allemandes, ne vit plus que dans les positions de Metz, des garanties assez solides pour le salut de sa réputation militaire.

Afin de mieux nous rendre compte des positions où l'armée française alla s'établir le 17, nous entrerons dans quelques détails.

Le terrain coupé de hauteurs que la carte nous montre près de Metz, sur la rive gauche de la Moselle, s'abaisse d'un côté en pentes raides vers la rivière, et s'incline doucement de l'autre côté vers l'ouest, c'est-à-dire devant le front de l'armée française.

Deux vallées transversales coupent ces groupes de collines et de plateaux du nord au sud et au sud-est. La première, à l'ouest, est formée par un ruisseau (la Mance) qui prend une certaine importance au sud de Champenois et se jette dans la Moselle à Ars. Cette vallée profonde servait en quelque sorte de fossé à la position ennemie, et la séparait du terrain sur lequel les Allemands devaient se porter en avant pour l'attaquer. La seconde, qui part du sud de St-Privat-la-Montagne pour rejoindre la vallée de la Moselle au sud de St-Quentin, mettait l'ennemi à l'abri de la poursuite, s'il venait à se retirer vers les forts de Saint-Quentin etc.

Le terrain compris entre ces deux vallées se termine vers l'ouest en pentes assez rapides, tandis qu'un peu plus loin, à l'endroit par lequel les Allemands devaient aborder la position, l'inclinaison est à peu près nulle. Il s'ensuit que l'ennemi pouvait non-seulement se couvrir, mais encore étager ses feux; en revanche, les nôtres devaient marcher en avant complétement à découvert, et restaient même exposés au feu de l'artillerie en occupant les bois qui se trouvaient dans les environs.

La ligne de bataille un peu longue des Français s'appuyait à droite à la hauteur sur laquelle s'élève le village de St-Privat, et qui commande tout le terrain qui s'étend vers le nord. Cette disposition était avantageuse à l'ennemi, car il fallait être en possession de cette hauteur pour entreprendre une opération contre son flanc. De l'autre côté, vers le sud, outre les escarpements qui bordaient la position, la grand'route de Metz à Rozerieulles favorisait également nos adversaires. En effet, cette route décrit, le long des flancs des hauteurs, des courbes nombreuses formant des embuscades d'où l'on pouvait s'élancer vivement à la rencontre de l'assaillant.

Dans le courant de la journée du 17, l'armée française était disposée comme suit, en commençant par l'aile droite:

Le maréchal *Canrobert*, avec les divisions d'infanterie du *VIe corps* (La Font, Tixier, etc.) occupait la ligne de *Roncourt-St-Privat*. Le régiment de chasseurs qui restait de la 1e division de cavalerie de réserve (du Barrail), et les régiments de chasseurs de la cavalerie du IIIe corps couvraient l'aile droite au nord-est de Roncourt.

Le village de *Ste-Marie-aux-Chênes* était occupé comme poste avancé, tandis que *St-Privat*, pourvu de murs solides, formait la clef de la position défendue par l'aile droite.

Le *IVe corps* (de Ladmirault) s'étendait d'*Amanvillers* à *Montigny-la-Grange*, avec un poste avancé près de *Champenois*. Les *divisions Grenier* et *de Cissey* se trouvaient en première, la *division de Lorencez* en seconde ligne.

Le *IIIe corps* (Le Bœuf) suivait, de *La Folie* au *Point-du-Jour*. Il formait le centre et se trouvait dans une position excessivement forte; trois étages de tranchées-abris, surmontés de batteries retranchées, la défendaient. De plus, une ligne avancée occupait les fermes de *Leipzig*, de *Moscou*, et une partie du *bois de Genivaux*.

Le général *Frossard* s'était établi le long de la route dont il a été question plus haut, depuis *St-Hubert* et le *Point-du-Jour* jusqu'à *Rozerieulles*. L'extrême gauche occupait *Ste-Ruffine*, et protégeait la *3e division de cavalerie de réserve* (de Forton), qui se trouvait en arrière, dans la vallée.

Le *corps de la garde* était placé, comme réserve de l'aile gauche, à *Ban St-Martin*, derrière les forts de St-Quentin et de Plappeville.

L'artillerie de l'armée de réserve s'était portée devant ces forts, dont l'armement n'était pas terminé, afin de les défendre s'il était nécessaire.

Le seul défaut que présentât cette disposition consistait en ce que la réserve ne se trouvait pas derrière le centre de la ligne de bataille, mais derrière l'aile gauche, de sorte que l'aile droite, un peu trop étendue d'ailleurs, était à peu près abandonnée à elle-même.

S'appuyant sur la force de sa position et sur les effets meurtriers du chassepot et de la mitrailleuse, Bazaine avait le droit, la veille de la bataille de Gravelotte, de se croire assuré contre une défaite, et de nourrir l'espoir, s'il était victorieux, de pouvoir se faire rejoindre par Mac-Mahon au lieu de se retirer lui-même sur Châlons.

Avant d'entreprendre le récit de la bataille, nous avons à renseigner les marches des corps de la IIe armée allemande qui se trouvaient encore éloignés du champ de bataille le 16, et qui devaient atteindre, le 17 et le 18 au matin, les emplacements que le prince Frédéric-Charles leur avait assignés par son ordre du 16 au soir.

Le *prince royal* de Saxe, ayant reçu le 16, du grand quartier-général, l'ordre de se mettre en marche le 17 de grand matin, avait ordonné le départ de son corps pour 3 heures. Mais informé pendant la nuit des instructions données par le prince Frédéric-Charles, il rassembla ses troupes aussitôt, et se mit en mouvement à 2 heures du matin, laissant un seul bataillon à Pont-à-Mousson. Après 12 heures d'une marche très-pénible, le corps s'arrêta au nord de *Puxieux*.

Le *prince de Wurtemberg* devait fournir un trajet plus long encore. Il reçut à 3 heures du matin les ordres du commandant de la IIe armée. Mais la veille, en apprenant l'importance du combat qui s'était engagé, il avait concentré ses troupes, ce qui lui permit de se mettre en route dès 5 heures. Le *corps de la garde* franchit en dix heures les 4 $\frac{1}{2}$ milles qu'il avait à parcourir, rapidité extraordinaire pour une troupe aussi nombreuse. Le corps s'établit à l'ouest de *Mars-la-Tour*, parallèlement et à proximité de la chaussée.

Le *IVe corps* se dirigea le 17 sur *Toul*, par Commercy.

Le *IIe corps* se rendit à *Pont-à-Mousson;* nous verrons plus loin les efforts que fit le général de Fransecki pour atteindre le 18 le champ de bataille de Gravelotte.

Quant à la *I^e armée*, le général *de Manteuffel* fut chargé d'observer, avec le *Ier corps* et la *3e division de cavalerie*, la rive droite de la Moselle et les forts qui s'y trouvaient. Un seul corps devait suffire à cet effet, car il était peu probable que l'ennemi se montrât de ce côté, et il s'agissait d'ailleurs de réunir le plus de troupes possible pour la grande bataille qui se préparait (¹).

(¹) On entreprit bientôt, sous la protection de ce corps, la construction d'un chemin de fer partant de Remilly et contournant le rayon de Metz par le sud.

Le général *de Steinmetz* envoya la *1ᵉ division de cavalerie* à la suite du IXᵉ corps (qui devait se concentrer au nord-ouest de Gorze), avec mission de couvrir la droite de la ligne allemande.

Le *VIIIᵉ corps* (de Göben) se forma le 17, à 1 heure de l'après-midi, à l'ouest du *bois de St-Arnould* (par conséquent dans le bois de Vionville et à la droite du IXᵉ corps), pendant que le *VIIᵉ corps* (de Zastrow) marchait vers la vallée comprise entre le bois des Ognons et les hauteurs boisées de Vaux. (Les VIIIᵉ et VIIᵉ corps étaient donc séparés par les bois de St-Arnould et des Ognons, au travers desquels ils devaient se donner la main).

Le général de Steinmetz avait établi la *26ᵉ brigade d'infanterie* (von der Goltz) à l'extrême droite, sur la route qui longe la rive gauche de la Moselle et conduit d'Ars-sur-Moselle vers le nord.

La *25ᵉ brigade d'infanterie* (d'Osten-Sacken) occupait le terrain boisé entre Vaux et la route d'Ars-sur-Moselle à Gravelotte.

La route elle-même était occupée par la *14ᵉ division d'infanterie*, sous les ordres du général *de Kameke*.

(Nous avons vu que la 32ᵉ brigade, du VIIIᵉ corps, avait combattu à Vionville contre la garde française; l'autre brigade de la 16ᵉ division était détachée. La 15ᵉ division d'infanterie, partant d'Arny, passa sur la rive gauche de la Moselle le 17.)

Les deux divisions (de Weltzien et de Barnekow) du *VIIIᵉ corps*, se trouvèrent réunies, le 17, à l'emplacement qui avait été assigné à ce corps.

La mission de la *1ᵉ armée*, pour le 18, consistait à relier l'aile droite de l'armée allemande à la Moselle, et de protéger la IIe armée, pendant sa marche et sa conversion éventuelle, contre une sortie de la garnison de Metz.

Le général *de Steinmetz* alla reconnaître lui-même les environs sud de Gravelotte, et parvint à jeter un coup d'œil sur la route de Gravelotte à Metz, bordée de hauteurs.

Les masses ennemies qui s'y trouvaient furent évaluées à près de trois corps d'armée (IIIe, IIe, et garde).

18 août, 4 heures du matin. Le 18 août, à 4 heures du matin, avant que les troupes fussent formées aux lieux de rassemblement prescrits, le *prince Frédéric-Charles* parut sur la hauteur au sud de Flavigny, et communiqua verbalement aux commandants des corps, tout en parcourant les campements de son armée, les instructions qui résultaient de l'ordre du roi et de la conférence du prince avec le général de Moltke.

5 heures. A 5 heures, il se trouvait au sud-ouest de Mars-la-Tour, aux bivacs des troupes commandées par le prince de Wurtemberg, le prince royal de Saxe et le général de Voigts-Rhetz.

5 1/2 heures. A 5 1/2 heures, il visitait ceux des corps placés sous les ordres des généraux d'Alvensleben et de Manstein.

L'opération que la IIe armée allait entreprendre avait pour but de couper totalement l'ennemi de sa ligne de retraite sur Verdun, et de le battre à la première rencontre. Voici quel était l'ordre de marche de cette armée :

1º Le *corps saxon* devait se diriger sur *Jarny*.

2º Le *corps de la garde* sur *Doncourt*, à droite du précédent.

3º Le *IXe corps* devait se mettre en mouvement à 6 heures, se tenir à droite et en arrière de la garde, et s'avancer entre *Rézonville* et *Vionville* de façon à laisser *St-Marcel* à gauche.

4º Le *VIIIe corps* (Ie armée) avait à former un troisième échelon à droite et en arrière du IXe corps.

Ces corps formaient la première ligne ; la seconde comprenait :

1º Le *Xe corps* et la *5e division de cavalerie*, qui devaient suivre le corps saxon.

2º Le *IIIe corps* et la *6e division de cavalerie*, qui devaient prendre une direction intermédiaire entre celle de la garde et celle du IXe corps.

Les instructions prescrivaient aux corps d'exécuter leurs mouvements non pas en colonnes de marche (c'est-à-dire les bataillons marchant à la suite l'un de l'autre, ployés par sections), mais bien en masse par divisions (ployées par brigades, les brigades elles-mêmes formées en lignes ; chaque division précédée à une faible distance d'une avantgarde).

Le *prince Frédéric-Charles* avait choisi sa place à la tête du IIIe corps.

Telles étaient les dispositions prises par la IIe armée pour la bataille de Gravelotte. Toutes les instructions, tous les ordres avaient été communiqués verbalement, afin qu'ils fussent parfaitement compris.

Le *roi Guillaume* avait quitté Pont-à-Mousson à 4 heures du matin, en voiture et accompagné de l'aide de camp du jour, pour se rendre à *Gorze*. Arrivé là, il monta à cheval et se porta sur la hauteur au sud de Flavigny, dont il a été question, afin de voir le défilé des troupes destinées à être les premières engagées. (Le roi ne demeura pas longtemps en cet endroit ; il se porta, suivant les circonstances, aux points où le commandement supérieur réclamait sa présence, et se trouva même à un certain moment au milieu d'une pluie d'obus.)

La première partie de la journée fut employée à dépister l'ennemi.

6 heures. Au moment où le roi parut, les *IX*ᵉ et *XII*ᵉ *corps* se mirent en mouvement, se dirigeant respectivement sur *St-Marcel* et *Jarny*.

La *18*ᵉ *division d'infanterie* (de Wrangel), du IXᵉ corps, marchait à la droite de la division hessoise (prince Louis de Hesse) ; l'artillerie du corps suivait.

Le *XII*ᵉ *corps* (saxon) était formé sur deux lignes : La 23ᵉ division (prince Georges de Saxe) en première, suivie de la 24ᵉ division (de Holderberg) en seconde ligne. La division de cavalerie du corps marchait entre les deux divisions.

Ces deux corps se faisaient éclairer par de petits détachements de cavalerie, qui pouvaient immédiatement se replier derrière l'infanterie ou l'artillerie pour leur permettre de se déployer.

Ils atteignirent d'abord la route septentrionale de Metz à Verdun, qui passe par Conflans, et, n'ayant pas rencontré l'ennemi, ils continuèrent leur marche vers le nord.

8 ½ heures. A 8 ½ heures, le *IX*ᵉ *corps* s'était arrêté au nord de *St-Marcel*, afin de se faire dépasser par le XIIᵉ corps, qui se trouvait à sa gauche, et d'attendre en même temps le corps de la garde.

La *division de cavalerie du XII*ᵉ *corps* se porta alors en arrière de l'infanterie, afin de protéger ses derrières et de couvrir le flanc de l'armée.

Le *corps de la garde* quitta Mars-la-Tour à 9 heures. La 1ᵉ division (de Pape) se dirigea sur Doncourt, la 2ᵉ (de Budritzki) sur Caule-Ferme ; cette dernière occupait la droite et devait donner la main au IXᵉ corps.

Jusqu'à ce moment les Xᵉ et IIIᵉ corps, ainsi que l'aile

droite, commandée par le général de Steinmetz, n'avaient pas bougé.

Lorsque la garde eut gagné une avance suffisante, le Xe *corps* rompit à son tour, la division de Schwartz- koppen en première, la division de Kraatz en seconde ligne. Ce corps devait attendre de nouvelles instructions à *Bruville*. 9 1/2 heures.

Peu après le départ de ce corps, les chefs allemands furent informés par la cavalerie qui avait été envoyée en reconnaissance, que la route nord de Metz à Verdun était complétement libre. Cette nouvelle faisait présumer que l'ennemi s'était établi sur les hauteurs d'*Amanvillers* (dont nous avons parlé dans notre description du terrain). Les informations que la I[e] armée fut à même de fournir sur l'aile gauche de l'armée française, vinrent confirmer cette supposition.

Vers 10 heures, le prince Frédéric-Charles fit exécuter aux trois corps qui formaient la première ligne de son armée, un changement de direction à droite, de manière à faire face au plateau. A cet effet il ordonna : 10 heures.

1° Au *corps saxon* de marcher de Jarny sur *Batilly*; ce corps, placé à l'aile marchante et devant éventuellement tourner la droite de l'ennemi, avait à fournir la plus longue traite.

2° Au *corps de la garde* de se diriger de Doncourt et Caule-Ferme sur *Verneville*, pour servir de soutien au IXe corps, qui probablement rencontrerait le premier l'ennemi.

3° Au IXe *corps* de se porter directement sur *Verneville* et *La Folie*, et d'ouvrir les hostilités en déployant son artillerie.

Sur ces entrefaites, le roi avait également reçu de toutes

parts des renseignements d'après lesquels il n'était plus douteux que les Français acceptassent le combat sur les hauteurs d'Amanvillers.

10 ½ heures. En conséquence il envoya l'ordre suivant, à 10 ½ heures, aux commandants de la Iᵉ et de la IIᵉ armée :

« D'après les informations qui viennent de nous parve-
» nir, l'ennemi semble vouloir se maintenir sur le plateau
» entre le *Point-du-Jour* et *Montigny-la-Grange*. Quatre
» bataillons, paraît-il, sont entrés déjà dans le *bois de*
» *Genivaux*. Nous sommes d'avis qu'il serait opportun de
» diriger le *corps de la garde* sur *Batilly*, afin d'atteindre
» l'ennemi à *Ste-Marie-aux-Chênes*, s'il tentait de gagner
» Briey (c'est-à-dire de battre en retraite sur Montmédy)
» — ou afin de l'aborder par *Amanvillers* s'il se décide à
» demeurer sur la hauteur. Dans ce dernier cas, l'attaque
» devra se faire simultanément : la *Iᵉ armée* marchant
» contre la position française par le *bois de Vaux* et *Gra-*
» *velotte* (évacué par l'ennemi), le *IXᵉ corps* se portant
» contre le *bois de Genivaux* et *Verneville*, l'aile gauche
» de la IIᵉ armée opérant par le nord. »

Le roi avait donc prévu les deux alternatives qui pouvaient se présenter. Mais on ne pouvait supposer que la ligne française s'étendait jusqu'à *Roncourt*, et l'on se trompa généralement sur le temps nécessaire pour tourner le plateau sur lequel les Français s'étaient établis.

Le corps saxon et la garde, qui occupaient l'extrême gauche de la IIᵉ armée, avaient, d'après les premières instructions, une distance considérable à franchir. Aussi l'ordre donné à 10 heures par le prince Frédéric-Charles les trouva-t-il encore en marche ; le *IXᵉ corps* seul s'était arrêté près de Caule-Ferme. A la suite de cet ordre, ce dernier corps se dirigea à 10 ½ heures sur *Verneville*.

La *division de Wrangel* prit la tête, *l'artillerie du corps* la suivit et la *division hessoise* ferma la marche. Le général de Wrangel fit occuper *Verneville* par son avant-garde, contre laquelle quelques bataillons ennemis s'avancèrent d'Amanvillers. De Verneville on distinguait d'imposantes masses d'infanterie garnissant les hauteurs d'Amanvillers et Montigny-la-Grange, et qui semblait s'y déployer.

Pendant ce temps le prince Frédéric-Charles, ayant reçu les instructions du roi, fit rédiger de nouveaux ordres qui furent expédiés à 11 $^1/_2$ heures :

1º *Au général de Manstein :* « Le corps de la garde reçoit
» l'ordre de marcher sur Amanvillers, par Verneville, afin
» d'attaquer l'aile droite ennemie, si elle la rencontre.
» Dans le cas où la ligne de bataille française s'étendrait
» vers le nord, au-delà du front du *IX*ᵉ *corps*, éviter tout
» engagement sérieux jusqu'à ce que la garde ait attaqué
» par Amanvillers. »

2º *Au prince de Wurtemberg :* « L'ennemi semble s'être
» formé en bataille sur les hauteurs du bois de Vaux vers
» Leipzig. Le *corps de la garde* accélérera sa marche,
» poussera par Verneville jusqu'à *Amanvillers* et attaquera
» vigoureusement l'aile droite de l'ennemi. Le IXᵉ corps
» doit se porter en même temps contre La Folie. La *garde*
» pourra prendre également par *Habonville*. Le XIIᵉ corps
» a ordre de marcher sur Ste-Marie. »

3º *Au prince royal de Saxe* (expédié à 11 $^3/_4$ heures) :
« Le *XII*ᶜ *corps* marchera sur *Ste-Marie-aux-Chênes*, en
» se faisant couvrir par de la cavalerie vers *Briey* (route
» de Montmédy par Aboué) et *Conflans;* il enverra autant
» de cavalerie que possible jusque dans la vallée de la
» Moselle pour détruire les voies ferrées et les lignes
» télégraphiques de Metz à Thionville. Dans deux heures,

» les VIIe, VIIIe, IXe corps et la garde attaqueront les
» troupes ennemies qui occupent les hauteurs entre le
» bois de Vaux et Leipzig. Les IIIe, X^e et XIIe, ainsi que
» le IIe corps (^{1}), suivront en seconde ligne et serviront
» de soutien à la première. »

4° *Au général de Voigts-Rhetz* (expédié à midi) : « L'en-
» nemi a pris position sur les hauteurs du bois de Vaux et
» de Leipzig. Il sera attaqué aujourd'hui : par la garde du
» côté d'Amanvillers, par le IXe corps à La Folie, et de
» front par les VIIe et VIIIe corps. Les corps ci-après sui-
» vront en seconde ligne, afin de soutenir les précédents :
» le XIIe corps, marchant sur Ste-Marie, le *X^e corps*
» qui se dirigera sur *St-Ail*, le IIIe sur Verneville, le IIe
» sur Rézonville. »

Il ressort de ces instructions que le plan de bataille consistait à ne pas faire attaquer l'ennemi par le centre, avant que l'aile gauche n'eût terminé sa conversion de manière à l'appuyer. La seconde ligne pouvait également soutenir le centre, mais l'attaque de l'aile gauche devait se faire en même temps afin d'empêcher l'ennemi de se retirer vers le nord. Puisque le but poursuivi par nos chefs le 14 restait toujours le même, il fallait renoncer au mince avantage d'écraser une partie de l'armée ennemie, pour la retenir tout entière dans sa position.

(^{1}) Le IIe corps avait franchi la Moselle le 17 à midi, près de Pont-à-Mousson, et devait rompre le 18 à 4 heures du matin, pour se rendre à Buxières. Bien que ce corps eût déjà fourni des marches fort pénibles et fatigantes, le général Fransecki résolut de demander au roi l'autorisation de se mettre en mouvement avant l'heure que ses instructions lui prescrivaient, afin d'arriver plus tôt sur le champ de bataille.

Sur l'avis que ce corps, malgré les fatigues qu'il avait éprouvées, était encore très-capable de supporter la marche, le roi permit au général de rompre à 2 heures du matin.

Il s'agissait par conséquent de laisser à l'aile gauche le temps de gagner le front qu'elle devait atteindre pour opérer contre la droite ennemie, avant de montrer ses intentions. Mais dès que cette aile avait prononcé son attaque, toute la ligne devait charger l'ennemi avec la plus grande vigueur, afin d'occuper toutes ses troupes. L'aile droite de l'armée allemande était plus avantageusement placée que l'aile gauche, en ce sens que si cette dernière subissait un échec, sa retraite présentait de grandes difficultés. Donc, si l'aile droite de l'armée française avait été renforcée par des troupes de l'aile gauche, la mission de l'aile gauche allemande devenait plus dangereuse encore.

Les grandes précautions prises vis-à-vis de l'aile gauche privaient cependant l'aile droite de ses réserves; mais en cas de revers, cette dernière pouvait aisément se retirer dans les positions boisées qu'elle avait occupées le 16, au sud de la route de Gravelotte à Rozerieulles, et s'y maintenir jusqu'à ce que l'aile gauche eût opéré sa retraite.

D'ailleurs, le IIe corps était attendu, et devait arriver à temps pour servir de soutien à l'aile droite.

La *division de Wrangel* alla prendre position à *Verneville*, conformément aux ordres qu'elle avait reçus; mais La Folie était si fortement occupée par l'artillerie et l'infanterie du IIIe corps français, qu'il était impossible au *IXe corps* de rester dans l'inaction. Toutefois, l'artillerie seule se mit en mouvement, ainsi que le prescrivaient les instructions du prince Frédéric-Charles. Le général de Wrangel [1] envoya ses batteries divisionnaires s'établir sur une hauteur devant *Champenois*.

---

[1] Le général de Wrangel commandait en 1866 une brigade de la division de Göben, de l'armée du Mein.

12 heures. A midi, le canon annonça que la bataille était engagée.

Le général *de Manstein* (¹) fit aussitôt avancer toute l'artillerie du corps, qui se déploya à gauche des batteries divisionnaires. Le terrain découvert en avant de Verneville, entre les bois de la Cusse et de Genivaux, favorisa le déploiement de l'artillerie et lui permit d'apercevoir et de prendre comme point de mire les camps tentés de l'ennemi à Amanvillers et Montigny-la-Grange. Deux bataillons, placés à la plus proche lisière du bois de la Cusse, composaient le soutien de ces batteries.

L'ennemi ne tarda pas à riposter; avant que l'artillerie du IXe corps ne fût placée, il ouvrit le feu non-seulement sur les points que nous venons de nommer, mais sur tout son front jusqu'à St-Privat, bien qu'il fût impossible aux troupes allemandes de se trouver déjà à portée dans cette direction. Les Français se démasquaient et nous détrompaient eux-mêmes sur l'étendue de leur ligne de bataille.

L'artillerie du IXe corps, qui s'était portée à une distance assez faible de la position ennemie, fut soumise au feu de front et de flanc de l'artillerie et de l'infanterie françaises. Ne pouvant compter recevoir des renforts immédiats, ni songer à se couvrir dans un terrain entièrement dominé par la position ennemie, elle n'avait d'autre ressource que de tenir ferme, en causant à nos adversaires le plus de dommages possible.

Les *18e* et *25e divisions d'infanterie*, celle-ci à gauche de la première, couvertes entre le bois de la Cusse et Habonville par la brigade de cavalerie hessoise (de Rantzau), allèrent s'établir dans le *bois de la Cusse*,

---

(¹) Commandait en 1864 et 1866 la 6e division d'infanterie (Brandebourg).

pour marcher à la rencentre de l'ennemi s'il prenait l'offensive.

Vers 1 $^1/_2$ heure, la *division hessoise* prit entièrement 1 $^1/_2$ heure. possession de ce bois, tandis que la division de Wrangel se déployait à la droite de l'artillerie, ainsi que nous le le verrons bientôt.

Comme l'occupation du bois de la Cusse était indispensable à nos opérations et qu'il était interdit à la division hessoise, uniquement protégée par le feu de l'artillerie, de marcher à l'ennemi, elle dut également se résigner à rester immobile sous la grêle des projectiles français. La *50e brigade* (de Wittich), qui se trouvait en tête, était formée sur deux lignes : d'abord le 2e bataillon de chasseurs et le 4e régiment d'infanterie, puis le 3e régiment d'infanterie. La *49e brigade* venait ensuite comme réserve (régiment des gardes du corps, 2e régiment d'infanterie, 1er bataillon de chasseurs).

A la droite du IXe corps, la *division de Wrangel*, dans une situation plus difficile encore, s'était déployée à côté de l'artillerie, dans le *bois de Genivaux*, depuis la ferme de *Chantrenne* (1 kilomètre est-sud-est de Verneville), vers l'est et le sud-est, l'artillerie faisant front vers Champenois et L'Envie. Cette ligne était occupée par la 35e brigade (de Blumenthal) comprenant les régiments Nos 84 et 36 (fusiliers), la 36e brigade (de Below), composée du régiment No 85 et du 2e régiment de grenadiers de Silésie, No 11, qui avait été si rudement éprouvé à la bataille de Vionville, enfin, par le bataillon de chasseurs No 9. Le *régiment de dragons No 6* s'était placé à l'ouest du bois.

Ce déploiement était motivé par un mouvement offensif de l'infanterie française, qui marchait de La Folie sur

Chantrenne. Entre midi et une heure, plusieurs attaques successives de l'infanterie ennemie (IVe corps) furent repoussées par la division de Wrangel.

Pendant que le IXe corps ouvrait les hostilités comme nous venons de le voir, le *corps de la garde* s'était divisé : La *1e division* (de Pape), avec l'artillerie du corps, s'avança (de Doncourt) sur *Jouaville*, dans l'intention de se diriger sur *Habonville* (usant de la latitude que lui avait laissé l'ordre expédié à 11 $^1/_2$ heures), en suite de renseignements qui détruisaient jusqu'au moindre doute sur l'extension de la ligne de bataille ennemie vers le nord. La *2e division* (de Budritzki) marcha de Caule-Ferme sur *Verneville* (conformément aux premiers termes de l'ordre).

12 $^3/_4$ heures. En même temps (entre 12 $^1/_2$ et 12 $^3/_4$ heures), le *XIIe corps* se dirigeait de Jarny sur *Batilly*, pour marcher de là sur *Ste-Marie*.

Lorsque le canon du IXe corps, se faisant entendre près de Champenois et L'Envie, eut annoncé à l'aile droite que l'ennemi occupait réellement les positions que l'on supposait, le général de Steinmetz ordonna au *VIIIe corps* (de Göben) de marcher par *Rézonville* et *Gravelotte* contre la gauche française. Ce corps déploya bientôt son artillerie sur les hauteurs à l'est et au sud-est de Gravelotte, tout en occupant ce village. Ces batteries ouvrirent le feu à 12 $^3/_4$ heures ; mais elles avaient éprouvé de grandes difficultés à s'établir sous le feu de l'artillerie française, parfaitement couverte (celle du IIe corps, placée sur les hauteurs de Rozerieulles).

Ici, comme à Champenois, la bataille n'avait pas de préliminaires ; les positions françaises se passaient d'avant-postes et il fallait entrer sans transition dans le fort de l'action.

En fort peu de temps le général de Göben eut 50 pièces en batterie; d'autres devaient lui arriver bientôt.

Pour les raisons que nous avons déjà exposées, il s'agissait surtout d'occuper la gauche française.

Le bruit du canon de Verneville avait été également entendu du *VIIe corps*, sur la route d'Ars-sur-Moselle à Gravelotte et dans le bois de Vaux. Le général *de Zastrow* n'hésita pas un instant: Il envoya à l'artillerie divisionnaire du général de Kameke, qui se trouvait sur la route, dans la vallée de la Mance, l'ordre de prendre la tête, la fit suivre par les batteries de la division de Glümer, puis il prescrivit à l'artillerie du corps de se porter en avant à son tour.

Nous verrons plus tard qu'à la suite de cette mesure, une partie de cette artillerie fut à même de marcher promptement au secours de l'infanterie du VIIIe corps, particulièrement menacée.

A 1 heure, le *prince Frédéric-Charles* arriva à *Verneville*. 1 heure.
Il savait déjà que la ligne française s'étendait beaucoup plus vers le nord qu'on ne l'avait cru d'abord, et prescrivit en conséquence au *corps de la garde*, qui marchait de Doncourt et St-Marcel sur *Habonville* et *Verneville*, de prendre un point de direction plus au nord. Comme la 1e division de ce corps se dirigeait déjà sur Habonville, cet ordre ne concernait réellement que la 2e division. Peu de temps après, le prince se rendit lui-même à Habonville.

La bataille était donc sérieusement engagée au centre et à l'aile droite. Deux corps (IXe et VIIIe) étaient engagés, tandis que des deux autres, le premier (la garde) accélérait sa marche pour aller prolonger, vers la gauche, la ligne de bataille déterminée par l'artillerie de ces corps, le second (VIIe) se trouvait tout près de l'aile gauche ennemie, qui se dérobait encore, et n'attendait qu'un moment favorable pour entrer en action. Un autre corps (XIIe) devait se porter par le nord, en faisant un grand détour, sur le flanc droit de la position française.

Outre ceux-ci, les Allemands avaient encore trois corps disponibles. Le *X^e corps*, en exécution des ordres qui le concernaient, s'était porté à *Bruville*. Le prince Frédéric-Charles, après avoir examiné lui-même la situation à Verneville, ordonna également au *IIIe corps* de marcher en avant.

A ce moment, le prince ne comptait pas encore sur le *IIe corps*; rappelons-nous cependant que le général de Fransecki avait reçu, du roi, l'autorisation de quitter Pont-à-Mousson à 2 heures du matin. Ce corps fit preuve de la plus grande énergie, en triomphant des difficultés d'un trajet éminemment pénible à travers d'étroites vallées et par une chaleur tropicale. La *3e division d'infanterie* (de Hartmann) marchait en tête et atteignit *Buxières* avant midi. La *4e division* (Hann de Weyhern) et *l'artillerie du corps*, qui suivaient, arrivèrent à la même heure à *Arnaville* et *Onville* (au sud de Buxières). Ces troupes étaient dévorées d'une soif ardente et ne purent trouver une goutte d'eau pour se désaltérer.

L'avant-garde de la *1e division de la garde*, commandée par le colonel *d'Erkert* et composée du *régiment de fusiliers*, du *bataillon de chasseurs* et d'*une batterie légère de la garde*, atteignit *Habonville* à 1 ½ heure, et se dirigea ensuite sur *St-Ail* où elle arriva à 1 ¾ heure, pendant que le gros de la division passait au premier de ces villages. De là elle devait attaquer *Ste-Marie-aux-Chênes*.

La *2e division de la garde* traversa également *Habon-*

ville après le gros de la 1ᵉ division, mais pour se diriger ensuite directement à l'est, contre la position française.

Le corps de la garde se trouvait donc aussi à proximité de l'ennemi, mais son infanterie ne devait entrer en action qu'au moment où le corps saxon serait formé en ligne à sa gauche.

Le *prince Frédéric-Charles* arriva à *Habonville* à 2 heures. 2 heures. L'avant-garde de la 1ᵉ division de la garde s'étant assurée que Ste-Marie et St-Privat étaient occupés par l'ennemi, le *prince de Wurtemberg* reçut l'ordre de ne se servir provisoirement que de son artillerie, le *corps saxon* ne se trouvant encore qu'à *Batilly*.

Après que nos troupes eurent pris possession de St-Ail, l'*artillerie* de la 1ᵉ division et du corps de la garde, sous les ordres du général-major *prince de Hohenlohe*, se déploya en angle obtus à quelques centaines de mètres à l'est du chemin qui relie St-Ail et Habonville. Elle ouvrit le feu de ses 54 pièces, partie sur *St-Privat*, partie sur *Ste-Marie*.

L'*infanterie* de la 1ᵉ division demeura provisoirement près de *St-Ail*, celle de la 2ᵉ division près de *Habonville*, afin d'être en mesure d'appuyer le IXᵉ corps au moment opportun.

L'artillerie du *IXᵉ corps* tonnait incessamment depuis deux heures ; l'infanterie de ce corps, malgré tous les efforts de l'ennemi, avait conservé ses positions. La *division hessoise* avait appuyé seulement vers le sud-est, vers l'artillerie, afin d'être mieux à portée de la soutenir. La *division de Wrangel* avait énergiquement résisté, dans le *bois de Genivaux*, aux attaques partant de La Folie.

Le canon de la garde vint considérablement soulager les batteries du IXᵉ corps. En revanche, la situation de l'artillerie de l'aile droite (VIII⁰ corps) était devenu fort critique. Non-seulement l'ennemi canonnait ces batteries des hauteurs de *Rozerieulles*, mais d'autres pièces (mitrailleuses) s'étaient encore démasquées près de *St-Hubert* et du *Point-du-Jour*, pendant que l'infanterie les accablait d'un feu violent de mousqueterie. De plus, quelques bataillons (du II⁰ corps français) avaient pris position dans le *bois de Genivaux* et menaçaient sérieusement leur flanc. Il n'est pas douteux que l'ennemi ait fait suivre ces bataillons de masses d'infanterie plus considérables, car le général *de Weltzien*, ayant attaqué cette partie du bois avec la *15⁰ division* (infanterie seulement), et s'étant emparé du saillant qu'elle présentait, rencontra une résistance telle, que ses troupes ne firent que peu de progrès, tout en perdant beaucoup de monde. (V. la composition de cette division, I⁰ partie, page 92.) La division de Weltzien devait opérer seule, la 16⁰ division (de Barnekow) étant encore retenue à Gravelotte comme réserve.

Le général *de Zastrow* ne pouvait manquer aussi de trouver bientôt l'occasion de déployer son infanterie. Il avait envoyé d'abord sur les hauteurs entre le bois des Ognons et Gravelotte, donc sur sa gauche, 3 batteries de la division de Kameke, faisant diriger leur tir sur l'artillerie ennemie établie à St-Hubert et au Point-du-Jour, et qui était opposée au VIII⁰ corps. A 2 heures, 8 batteries étaient en action sur ces hauteurs.

Le canon grondait au centre et aux deux ailes; le contact existait partout, excepté aux extrémités des deux lignes de bataille.

Les deux combats sanglants des jours précédents avaient rivé l'ennemi à sa forteresse. Aujourd'hui il devait y être complètement enfermé, ou reconquérir une entière liberté.

L'armée allemande était la plus nombreuse, cette fois, mais en revanche, l'ennemi occupait un terrain tel, qu'il fallait se résigner d'avance à voir couler des ruisseaux de sang pour lui résister. Bazaine, comptant sur le courage que ses troupes avaient montré pendant les journées du 14 et du 16, ainsi que sur sa formidable position, se croyait invincible.

La victoire, si elle se décidait pour lui, obligeait les Allemands à lui ouvrir le chemin de Châlons, permettait sa jonction avec l'armée de Mac-Mahon, et ébranlait considérablement la confiance des troupes allemandes.

S'il était vaincu, au contraire, il se voyait forcé de reconnaître qu'il ne pouvait plus rien contre ses adversaires.

Les Allemands comprenaient que tous devait en ce jour répondre à l'attente de leurs chefs, et ne pas trahir la confiance du pays.

Le sort en était jeté. Le roi Guillaume, en poursuivant son plan stratégique, n'avait pas le choix des champs de bataille. L'ennemi était tourné, coupé de sa ligne de retraite et de sa base d'opérations : Il s'agissait aujourd'hui de réunir ces grands avantages en un immense succès, qu'une partie des enfants de l'Allemagne devaient payer de leur vie. Une intrépidité inouïe, de la part de tous, pouvait seule nous donner la victoire.

XXIV.

Victoire de Gravelotte.

Jusqu'au moment où nous avons interrompu la description de cette bataille, la tactique allemande en était toujours à ses préludes; mais la stratégie lui apportait son puissant concours, et l'heure approchait où nous allions recueillir le fruit de nos efforts.

Notre armée venait d'opérer deux grandes conversions stratégiques aux yeux d'un ennemi également fort, également respectable, et devant une des plus importantes places de guerre de l'Europe. Trouverait-on dans l'histoire militaire du monde des précédents d'une manœuvre aussi hardie? L'habileté de ces mouvements apparaît surtout quand on considère que, tout en les exécutant, il fallait toujours être prêt à livrer bataille suivant les dispositions prescrites pour cette éventualité.

Le 18 août, une partie de l'armée avait engagé le combat, tandis que l'autre, également prête à y prendre part, continuait néanmoins ses opérations stratégiques. Les instants étaient précieux; c'est pourquoi nos colonnes avaient marché résolûment en avant, sans perdre de temps à faire reconnaître, par des avant-gardes, les positions dans lesquelles l'ennemi s'était retiré.

Après que les conversions dont nous avons parlé eurent conduit toute l'armée front vers l'est, et que les réserves furent convenablement établies, c'était à la tactique seule que restait le soin d'achever l'œuvre si savamment préparée par la stratégie.

Les Français, sans nul doute, allaient nous opposer toute la résistance dont ils étaient capables. Les Allemands se trouvaient devant un ennemi qu'il fallait combattre avant d'avoir pu l'apercevoir. Il ne pouvait donc être question de le tâter pour reconnaître le côté faible de sa position. L'habileté tactique et la circonspection habituelles des chefs étaient impuissantes en ce moment, si tous, depuis le général jusqu'au soldat, ne montraient une confiance et un courage à toute épreuve.

C'est ainsi qu'à 2 heures nous voyons nos batteries tenir ferme sur toute la ligne, sous les coups redoutables de l'artillerie et de l'infanterie françaises, dont les positions couvertes commandaient la plaine où les Allemands avaient dû s'établir. En plusieurs endroits les feux de l'ennemi étaient étagés, et les balles du chassepot touchaient nos soldats à des distances que le fusil à aiguille ne pouvait atteindre. Plusieurs pièces étaient démontées, un grand nombre de servants étaient morts en faisant leur devoir. Honneur à ces braves !

Les projectiles français faisaient beaucoup souffrir aussi l'infanterie du *IXe corps*, fort peu protégée par les bois clairs où elle s'était placée.

L'ennemi avait poussé d'*Amanvillers*, *Montigny-la-Grange* et *La Folie*, plusieurs attaques qui n'eurent aucun succès.

La *35e brigade*, de la division de Wrangel, avait reçu les premiers chocs; elle était suivie de la *36e brigade*, qui lui servait de soutien. Cette division défendait la ligne à l'est de Verneville, principalement la ferme de *Chantrenne* (au sud de L'Envie) et le terrain boisé situé vis-à-vis de La Folie.

Une partie de la *division hessoise* défendait la position de *Champenois*, occupée d'abord par le 2ᵉ bataillon de chasseurs. Le *prince de Hesse*, avec la *49ᵉ brigade* (de Wittich) en première ligne, la *50ᵉ brigade* en seconde ligne, la *brigade de cavalerie* à gauche de cette dernière, avait devant lui la position extraordinairement forte d'*Amanvillers*.

En face de la position de *Montigny-la-Grange* s'étendait une partie du front de la *division hessoise* et une partie de celui de la *division de Wrangel*. Cette dernière se trouvait seule devant la position de *La Folie*.

2 ½ heures. A 2 ½ heures, le Xᵉ *corps* atteignit *Batilly*, que les Saxons venaient de quitter pour se diriger vers le nord et exécuter le mouvement tournant projeté.

A 2 ½ heures, le *24ᵉ division* (de Holderberg) tourna à l'est pour marcher sur *Ste-Marie*, sous la protection de l'artillerie de la garde (établie en avant de la route, entre Ste-Marie et Habonville).

La *23ᵉ division* (prince Georges), auprès de laquelle se trouvait le *prince royal de Saxe*, continua sa route vers *Auboué*.

Pendant ce temps, quelques batteries du XIIᵉ corps s'étaient établies à l'ouest de Ste-Marie, dans le prolongement de l'artillerie de la garde, et avaient ouvert le feu sur les troupes ennemies qui occupaient ce village.

Le *prince de Wurtemberg* avait jusqu'alors retenu son infanterie pour attendre le corps saxon, se contentant de faire vigoureusement canonner la position de *St-Privat*.

L'arrivée de la *47ᵉ brigade* (Tauscher), qui formait la tête de la 24ᵉ division, permit au prince de tenter une attaque avec l'avant-garde de la 1ᵉ division de la garde, commandée par le colonel *d'Erkert*.

Pendant que la *brigade saxonne* (5ᵉ et 6ᵉ régiments d'infanterie Nᵒˢ 104 et 105) déployait ses tirailleurs à l'ouest de *Ste-Marie*, les fusiliers de la garde s'avancèrent contre ce point par le sud (venant de St-Ail), et le combat s'engagea.

Le *IIIᵉ corps* (d'Alvensleben) arriva à *Verneville* à 3 heures, et posta son artillerie entre ce village et le bois de Genivaux. 3 heures.

A 3 ½ heures, les Allemands remportaient un avantage à *Ste-Marie*. La colonne du colonel d'Erkert avait franchi au pas gymnastique la plaine de St-Ail à Ste-Marie, en faisant quelques haltes, pendant lesquelles les chasseurs se jetaient à terre afin de mieux diriger leurs coups. Le village était à nous quand le commandant de cette petite phalange fut mortellement atteint d'un obus. La brigade saxonne avait vaillamment contribué au succès. 3 ½ heures.

L'ennemi se retira sur St-Privat et Roncourt. Les Saxons continuèrent leur marche vers le nord, sauf le soutien de l'artillerie.

Lorsque l'infanterie (fusiliers et chasseurs) de la garde eut pris possession de Ste-Marie, *l'artillerie du XIIᵉ corps* alla s'établir au nord du village en le traversant, et ouvrit le feu sur *St-Privat* et *Roncourt*.

Il n'était plus douteux dès ce moment que la hauteur de St-Privat, couverte de constructions massives, ne fût la clef de la position de la droite française. Aussi le *prince royal de Saxe* résolut-il de favoriser l'attaque de ce point, en opérant immédiatement dans le sens des instructions qui avaient été données, c'est-à-dire en dirigeant son corps par Auboué sur *Roncourt*, de manière à tourner la droite de l'ennemi. Son intention était de s'emparer d'abord de ce dernier village, puis de marcher du nord au sud, contre la position de *St-Privat*.

Ce mouvement devait s'effectuer sous la protection des troupes de la garde occupant Ste-Marie, de celles de la 47e brigade (saxonne), qui se trouvait dans les environs, et de l'artillerie du XIIe corps, qui dirigeait son feu sur Roncourt.

Cette opération avait été concertée avec le *prince de Wurtemberg* : L'infanterie de la garde attendrait que le corps saxon eût achevé son mouvement tournant, avant d'attaquer elle-même *St-Privat*. Le terrain que les Allemands avaient à parcourir pour aborder cette position, défendue par des feux étagés d'artillerie et d'infanterie, était plat et totalement découvert.

Les deux régiments de grosse cavalerie de la *division de cavalerie saxonne* suivirent le corps comme réserve ; les deux régiments de lanciers furent laissés en arrière, pour observer la route de Metz à Verdun.

Passons maintenant à l'aile droite allemande, VIIe et VIIIe corps, que nous avons quittée à 2 heures.

Ici, comme à l'aile gauche, le combat n'était pas encore général, mais on y déployait une activité plus grande, afin d'empêcher la gauche ennemie de fournir des renforts à d'autres points de la ligne.

Tandis que l'artillerie seule combattait sur la gauche de notre ligne, et qu'un détachement d'infanterie s'emparait de Ste-Marie — simple épisode qui avait pour but de procurer un point d'appui à l'aile gauche — une division d'infanterie tout entière du *VIIIe corps* (aile droite) marchait à l'ennemi.

Les troupes du centre devaient, au moment de donner l'assaut à la position française, prendre le village de Verneville pour appui. L'infanterie alla donc s'établir à côté et dans le prolongement de ses batteries, exposée ainsi non-seulement aux feux de toutes armes, mais encore aux attaques réitérées de l'infanterie. Au centre, où le contact était le plus sensible, cette mesure suffisait momentanement pour occuper le centre ennemi.

A l'aile droite, au contraire, il était nécessaire d'attaquer aussi vigoureusement que possible, sinon l'ennemi eût peut-être tenté, après avoir réuni au centre la majeure partie de ses forces, de se faire une trouée pour effectuer sa retraite sur Verdun.

C'était dans ce but que la *15ᵉ division d'infanterie* (de Weltzien), accompagnée du *bataillon des chasseurs Nᵒ 8* et du *régiment de hussards Nᵒ 7*, s'était portée à 2 heures, comme nous l'avons vu, dans le *bois de Genivaux* : Les deux brigades de cette division, la 30ᵉ (de Strubberg) à droite, la 29ᵉ (de Wedell) à gauche, avaient pénétré avec difficulté dans les fourrés de ce bois, et durent bientôt faire tous leurs efforts pour conserver le terrain qu'elles y avaient gagné. Des troupes nombreuses du *IIIᵉ corps français* étaient accourues de Leipzig, de Moscou et de St-Hubert dans le *bois de Genivaux*, mais elles ne parvinrent pas à en déloger les Allemands. Bien plus, ceux-ci réussirent insensiblement à occuper la partie est du bois tout entière, et à jeter le bataillon de chasseurs Nᵒ 8 et le régiment d'infanterie Nᵒ 68 au delà du ruisseau qui le transversait.

A 3 ½ heures, ces troupes s'élancèrent avec la plus grande impétuosité contre *St-Hubert*, poste avancé garni d'artillerie. Mais il leur fut impossible de l'enlever. Outre

3 ½ heures.

le feu meurtrier qui les accueillit de front, une vive fusillade, partant des tranchées-abris, les prit en flanc et les força à la retraite. Elles furent ralliées à leur point de départ par le régiment N° 38, et la 30ᵉ brigade se reforma sur le ruisseau, qui resta en son pouvoir.

Une tentative sur *Moscou* échoua de la même manière.

Ces attaques eurent néanmoins l'avantage de permettre au général *de Göben* de se maintenir sur le terrain immédiatement en avant de ces deux points, et de déterminer une pause pendant laquelle l'artillerie elle-même se tut.

Nous savons que le *VIIᵉ corps*, établi à la droite du VIIIᵉ, dans la vallée entre le bois des Ognons et les hauteurs boisées de Vaux, avait fait avancer peu à peu, d'abord son artillerie, puis son infanterie, pour protéger par un feu de flanc les opérations du VIIIᵉ corps.

Le général *de Zastrow* avait reçu, du roi, l'ordre de ne déployer d'abord que son artillerie, en prévision des grands sacrifices que coûterait l'engagement prématuré de l'infanterie ; mais l'interruption qui venait de se produire vis-à-vis du *VIIIᵉ corps* fit croire au général que cette partie de la position ennemie était faiblement défendue, ou qu'on y avait puisé des renforts pour le centre.

Il résolut alors d'entreprendre un mouvement sur le *Point-du-Jour* pour attirer l'attention de l'ennemi, et de rendre en même temps plus étroites ses relations avec la 27ᵉ brigade, qui formait la gauche du corps vers Gravelotte (comme soutien du VIIIᵉ corps et de l'artillerie).

3 ³/₄ heures. Vers 3 ³/₄ heures, peu après la prise de Ste-Marie à l'aile gauche, la *25ᵉ brigade d'infanterie*, de la division de Glümer, et la *28ᵉ brigade*, de la division de Kameke, marchèrent sur le *Point-du-Jour*. La *27ᵉ brigade* devait

servir de réserve aux deux précédentes, qui furent accompagnées en outre de 3 batteries.

Avant que ces troupes ne fussent a moitié chemin du but, un feu terrible d'artillerie et de mousqueterie, éclatant tout d'un coup au Point-du-Jour et à St-Hubert, fit de tels ravages dans les rangs des Allemands, que les chefs furent immédiatemens convaincus de l'inutilité de leurs efforts, et commandèrent d'arrêter. Les 3 batteries cherchèrent à se poster au sud de St-Hubert, et ouvrirent le feu contre ce point.

En même temps la *26e brigade* (von der Goltz), détachée à l'extrême droite, vers la Moselle, entreprit une opération qui fut plus heureuse. Sur les ordres du général *de Steinmetz*, elle marcha d'Ars-sur-Moselle sur *Vaux*: Formée sur deux colonnes, l'une suivant la route le long de la Moselle, l'autre passant par les vignobles à gauche de cette route, elle poussa jusqu'à *Jussy*, où elle rencontra l'ennemi.

Les *régiments de Westphalie* Nos *15 et 55*, qui composaient la 26e brigade, enlevèrent d'abord un vignoble à l'ouest de *Jussy*, puis, après un combat acharné où les Français montrèrent beaucoup de valeur, le village lui-même tomba entre leurs mains. L'ennemi fit de vains efforts pour le reprendre.

De même que la pause dont nous avons parlé avait déterminé le général de Zastrow à faire avancer l'infanterie du centre de son corps, de même elle engagea le général *de Steinmetz*, commandant de l'aile droite, à employer les troupes qui restaient disponibles, pour éclaircir la situation. En conséquence, la *1e division de cavalerie*, qui se trouvait en arrière et à gauche du VIIIe corps, reçut l'ordre de se porter en avant par la route de Gravelotte.

4 heures.　A 4 heures, le général *de Hartmann* fit avancer le *régiment de lanciers N° 4* et les deux batteries à cheval de la division, qui prirent la tête. L'ennemi semblait attendre que ces troupes fussent à portée, pour les écraser soudain de ses feux. De front et de flanc les chassepots, les mitrailleuses et les canons portent la mort dans les rangs des Allemands. Mais nos braves cavaliers restent impassibles et tiennent ferme, pendant que l'artillerie de la division met ses pièces en batterie en avant de leur front, et ouvre son feu sur St-Hubert. Ceci se passait au moment où l'infanterie du VIIIe corps attaquait le Point-du-Jour, et où les 3 batteries qui l'accompagnaient se mettaient également en action contre St-Hubert.

Ces batteries réunies se trouvèrent bientôt dans une situation de plus en plus périlleuse. Malgré des pertes énormes en hommes et en chevaux, elles continuèrent héroïquement le feu avec le personnel qui leur restait.

Bientôt l'arrivée de 2 bataillons du *régiment de fusiliers N° 39*, de la brigade de réserve, chargés de soutenir l'artillerie, permit au régiment de lanciers, fort maltraité, de se retirer.

Plusieurs pièces furent mises hors de combat. Mais ces grands sacrifices ne furent pas vains. Ils nous apprirent que l'ennemi ne songeait ni à battre en retraite, ni à transporter toutes ses forces vers le nord. L'importance que les Français semblaient attacher aux positions de leur aile gauche prouvait qu'ils voulaient à tout prix conserver leurs communications avec Metz. Donc, il suffisait désormais à notre droite de tenir l'ennemi en échec, en attendant que l'aile gauche eût exécuté le mouvement tournant qui devait l'empêcher de s'échapper par le nord.

D'autre part, l'attitude des troupes allemandes au milieu

des feux terribles auxquels ils étaient restés exposés, montrait aux Français qu'ils n'avaient plus à songer qu'à se dégager des étreintes d'un adversaire aussi redoutable.

Il ne s'agissait plus, pour nous, que d'occuper l'ennemi et de le fatiguer jusqu'à ce qu'il fût possible de le débusquer de ses positions.

Vers 4 1/2 heures, il fut obligé d'abandonner *St-Hubert*, 4 1/2 heures. et de faire reculer sa ligne avancée.

A la même heure environ, la *brigade von der Goltz* s'établit devant *Ste-Ruffine*.

Reportons à présent notre attention sur le centre et l'aile gauche.

Dans le combat d'artillerie engagé entre les batteries ennemies établies à Amanvillers, Montigny-la-Grange et La Folie, et l'*artillerie du IXe corps prussien*, celle-ci eut successivement 15 pièces démontées; ses munitions étaient presque totalement épuisées, et il fallait un certain temps pour les renouveler. L'infanterie du *IVe corps français* faisait d'énergiques efforts pour atteindre le flanc de nos batteries et les déloger. Mais la *division de Wrangel* et les *régiments hessois* surent déjouer toutes ses tentatives.

A l'aile gauche, l'*artillerie de la garde*, postée à droite du chemin de St-Ail à Habonville, s'était conduite aussi vaillamment que celle du centre. Les *batteries du corps saxon*, qui n'étaient entrées en ligne que depuis 3 3/4 heures, avaient forcé l'ennemi à se diviser davantage, et venaient en aide à la garde en envoyant des obus sur *St-Privat*, tout en canonnant particulièrement *Roncourt*.

Le nombre des batteries de la garde en action, d'abord de 9, était en ce moment de 14, placées sous les ordres du *prince de Hohenlohe*; en raison de la place que cette artillerie occupait dans la ligne de bataille, elle pouvait rendre d'immenses services. Bien que l'infanterie ne pût pas encore agir, le prince, encouragé par l'attitude défensive de l'infanterie ennemie, fit approcher successivement ses batteries de St-Privat, jusque sous le feu des bataillons français.

Cette manœuvre eut pour effet de donner un appui solide au IXe corps ; à 4 3/4 heures, les efforts réunis de l'artillerie de ces deux corps parvinrent à réduire au silence, pour un certain temps, les batteries de St-Privat, d'Amanvillers et de Montigny. Malgré ce succès, le moment n'était pas venu où l'infanterie de la garde pût se mêler au combat, car l'infanterie du corps saxon était loin d'avoir achevé son mouvement tournant. A 5 heures seulement, la 23e division quitta Auboué pour marcher sur Roncourt.

L'artillerie du corps saxon avait eu beaucoup de peine à prendre position devant Roncourt, où un feu violent de mousqueterie, partant des retranchements ennemis et d'un bois situé à proximité, avait contrarié son établissement. Des détachements du *régiment N° 106*, de la 48e brigade d'infanterie, et le *2e bataillon de chasseurs saxon* se chargèrent de faire disparaître le danger, en enlevant vivement le bois dont il s'agit.

Rien de particulier ne s'était passé à l'aile droite depuis le moment où nous l'avons quittée (4 1/2 heures), jusqu'à celui où les Saxons passaient à Auboué (5 heures). Nous avons à mentionner seulement que le *IIe corps*, après avoir pris le repos strictement nécessaire, avait rompu de Buxières et marchait sur *Rézonville*. D'après les ordres du prince Frédéric-Charles, ce corps devait former la réserve de l'aile droite (le IIIe corps servait de réserve au centre, le Xe corps, à l'aile gauche). *L'artillerie du corps* et le *régiment de dragons N° 3* se trouvaient en tête, suivis de la *3ᵉ division d'infanterie* (de Hartmann), puis de la *4ᵉ division* (Hann de Weyhern).

Jetons un coup d'œil, à présent, sur la situation de nos adversaires.

Il ressort de tout ce que nous avons dit précédemment concernant les opérations des Allemands, qu'à 5 heures le front de la position ennemie était intact, sauf quelques détachements avancés qui avaient dû se retirer.

Cependant l'artillerie française avait été fort maltraitée par nos batteries. A l'aile droite, on avait été forcé de cesser le feu et de faire reculer les pièces pour les épargner, en les remplaçant par une ligne d'infanterie. Cette mesure, tout opportune qu'elle fût, était un signe de faiblesse et prouvait que l'artillerie française, malgré les terribles positions qui la couvraient, n'était pas à hauteur de la nôtre.

L'artillerie ennemie se reposait donc, tandis que nos batteries continuaient à lutter contre le feu de l'infanterie.

La position excessivement forte occupée par l'armée française fut d'un grand poids dans la détermination de ses chefs de se tenir sur la défensive. Quelques bataillons, puis des brigades entières tentèrent bien quelques attaques au centre et à l'aile gauche, mais sans cette énergie qui naît de la confiance; elles devaient nécessairement échouer devant la résolution qui caractérisait toutes les entreprises des Allemands.

Les Français s'en rapportaient désormais à la supériorité de leurs armes, chassepot et mitrailleuse, aux tranchées-abris étagées qui flanquaient infailliblement l'assaillant, à leur position couverte surtout, et enfin à la grande abondance de leurs munitions, dont ils étaient du reste fort prodigues.

Ils brûlèrent énormément de poudre, et le chassepot

portait à 2000 pas, ce qui leur donnait un avantage incontestable sur les Allemands. Les balles atteignaient nos colonnes avant qu'elles ne fussent préparées au combat, et alors qu'elles se croyaient encore écartées du champ de bataille. Cette circonstance eût été bien faite pour ébranler la confiance de nos troupes, sans la discipline sévère qui régnait dans les rangs, sans l'habileté des chefs et la valeur éprouvée des soldats, qui savaient triompher de tous les obstacles.

D'autre part, l'habitude de tirer à longue portée inspirait à l'ennemi une certaine timidité quand il s'agissait de combattre de près. De plus, l'attitude défensive dont on ne voulait pas se départir, trahissait aux yeux des officiers subalternes et des soldats, la situation désespérée dans laquelle on se trouvait, et produisait naturellement sur les esprits un effet des plus pernicieux.

L'armée française tout entière prévoyait la catastrophe finale; ses efforts ne tendaient plus qu'à la différer. La force d'âme, qui seule mène aux grandes entreprises, qui seule pouvait la délivrer, lui faisait complétement défaut.

L'infanterie des IVe et IIIe corps avait tenté, sans résultat, quelques attaques contre les bois de la Cusse et de Genivaux.

Le VIe corps restait retranché à St-Privat; cependant, au commencement de la bataille, l'occupation de Ste-Marie lui donnait toute facilité pour opérer offensivement contre les têtes des colonnes de marche allemandes.

Sur la gauche, le IIe corps français, s'il avait été renforcé de la garde, aurait pu se frayer un passage au travers de la ligne très-étendue du VIIe corps prussien; nos réserves étaient encore loin. Mais au lieu d'attaquer, on attendit que les Allemands vinssent s'anéantir contre cette formidable position. Ceux-ci lui donnèrent effectivement l'assaut, mais bien que décimés, ils surent tenir ferme. La position la plus forte ne suffit pas pour remporter la victoire; il faut attaquer aussi, et surtout savoir attaquer à temps. Le IIe corps français fit ultérieurement plusieurs sorties intempestives, qui n'eurent aucun résultat.

La garde se trouvait toujours près de Ban St-Martin.

Le maréchal Bazaine n'avait pas quitté la hauteur de Plappeville, et, voyant ses positions intactes, il osait compter sur un succès. Avait-il oublié déjà la bataille de Woerth?

Les troupes que nous avions en ligne avaient à remplir ici une tâche analogue à celle qui incombait à l'armée du prince Frédéric-Charles à Königgrätz, avec cette différence que les Français étaient mieux armés que les Autrichiens. A Gravelotte, les Allemands devaient attendre immobiles, impassibles sous le feu de l'ennemi, avant de pouvoir eux-mêmes marcher en avant, l'arrivée du IIe corps, comme à Sadowa ils avaient attendu celle de l'armée du prince royal. Cette journée du 18 août 1870 nous rappelle encore les combats soutenus par le général de Fransecki, à la tête des Magdebourgeois, dans les bois de Maslowed et de Benatek.

Outre l'artillerie, la majeure partie de l'infanterie des VIIe et VIIIe corps prussiens avait pris également, jusqu'ici, une large part aux efforts de la journée; la 16e division d'infanterie seule, placée à l'extrême droite, n'avait fait qu'appuyer les opérations des autres troupes de ces corps.

Hors les deux corps qui avaient combattu le 16 (IIIe et X^e), et qui ne devaient entrer en ligne qu'en cas d'absolue nécessité, il restait au corps de la garde, au IIe et au XIIe corps, à montrer ce dont ils étaient capables.

Depuis le commencement de la bataille, le *roi Guillaume*

et le général *de Moltke* se tenaient sur une hauteur au nord de *Rézonville*, vers le centre de la ligne de bataille, d'où ils pouvaient embrasser toute l'étendue du front de l'aile droite, et suivre les différentes phases du grand drame qui se jouait devant eux.

De nombreux rapports, envoyés par le prince Frédéric-Charles, tenaient le commandant en chef au courant de ce qui se passait à l'aile gauche.

Le fait que nous allons raconter, donne la mesure du calme et de la présence d'esprit avec laquelle le roi jugeait la situation de la bataille, dont le résultat, pourtant, devait avoir une immense influence sur les destinées de l'Allemagne: Le général *de Fransecki* avait devancé le IIe corps pour en annoncer l'arrivée. L'artillerie du corps ayant atteint les environs de Rézonville, le général demanda au roi l'autorisation de faire entrer quelques batteries en ligne, à côté de celles du VIIe corps. Le roi jugea le moment inopportun et refusa. Outre les difficultés qui se présentaient, l'ordre tactique, dit-il, ne devait pas être interrompu. Il comptait faire ultérieurement un emploi plus judicieux de ces renforts, soit pour l'exécution des ordres existants, soit pour de nouvelles dispositions qu'il avait l'intention d'ordonner.

Vers 5 heures, le roi reçut de l'aile gauche des nouvelles satisfaisantes : Notre artillerie avait réduit celle de l'ennemi au silence, et le mouvement tournant de l'infanterie se poursuivait dans de bonnes conditions. Les Français se tenaient toujours sur la défensive.

Lorsque la 1e division de cavalerie, rentrée de la reconnaissance qu'elle avait poussée au-delà de Gravelotte, se fut reformée au nord de ce village, lorsque l'on fut convaincu, par la résistance opposée à ces troupes par l'ennemi, que

Bazaine n'avait aucunement l'intention de faire évacuer sa position par la gauche de son armée et de se retirer vers le nord, lorsqu'enfin il n'y eut plus de doute au sujet de l'arrivée du IIe corps, le roi jugea que le moment décisif approchait, et se rendit avec son état-major sur le plateau au nord de *Gravelotte.*

Nous savions la grandeur des sacrifices auxquels nous devions souscrire pour atteindre le résultat désiré; cependant les pertes qu'éprouva le corps de la garde dépassèrent toute prévision.

Le *prince de Wurtemberg*, comme il en avait l'ordre, aurait voulu attendre que le XIIe corps eût achevé son mouvement, avant de faire donner la garde. Mais la nuit approchait, et il était à craindre que l'ennemi n'en profitât pour battre en retraite. Un retard prolongé pouvait tout perdre.

D'un autre côté, la situation de la gauche était devenue tellement critique, après 5 heures, que toute réflexion était superflue; il fallait agir.

Quelles objections le prince Frédéric-Charles eût-il pu faire, en pareille conjoncture, si on lui avait demandé des instructions? Autrefois on aurait cherché le moyen d'épargner ces troupes d'élite; aujourd'hui elles doivent gagner leur titre, et prouver qu'elles savent mourir aussi bien que les autres, pour le roi et la patrie.

A 5 $\frac{1}{4}$ heures, le *corps de la garde* reçut donc l'ordre d'attaquer *St-Privat.* 5 $\frac{1}{4}$ heures.

Le prince de Wurtemberg disposait de 3 brigades d'infanterie. Les *1e* et *2e brigades de la garde*, sous les ordres du général *de Pape*, se trouvaient près de *Ste-Marie*; la 3e brigade, de la 2e division de la garde (de Budritzki), devait rester à Verneville, pour appuyer la division hessoise dans le bois de la Cusse ; la *4e brigade* avait été envoyée à *St-Ail*, pour se rapprocher des deux premières.

Le maréchal *Canrobert* (VIe corps français) ayant commencé à évacuer *Roncourt* pour renforcer St-Privat, l'*artillerie du corps saxon* put diriger tous ses feux sur ce dernier point. De plus, l'infanterie de ce corps avançait rapidement d'Auboué sur Roncourt.

Pour que le lecteur puisse apprécier complétement la position de *St-Privat*, nous ajouterons à la description générale que nous en avons donnée au chapitre précédent, que le terrain qui s'étendait en avant du front de l'ennemi, et sur lequel la garde devait se mouvoir, était incliné en forme de glacis vers l'ouest. Une dépression du terrain, en arrière de la position, offrait un abri sûr aux réserves qui n'occupaient pas le village. Le bord de la hauteur sur laquelle est bâti St-Privat, était garni de batteries, tandis que les constructions de la localité servaient elles-mêmes à couvrir une seconde ligne de feu.

Les fermes isolées, très-solidement bâties et renforcées d'ouvrages de campagne, qui se trouvaient à proximité, formaient de véritables petits forts.

L'infanterie destinée à la défense de St-Privat se composait de toutes les troupes disponibles du *VIe corps français* (Canrobert avait avec lui un total de 40 bataillons).

La garde avait 3 brigades pour donner l'attaque à la position (18 bataillons, sans les fusiliers et les chasseurs, qui furent placés en réserve).

La *4e brigade*, commandée par le général *de Berger*, et composée des *régiments Empereur François* (de Böhn) et *Reine Augusta* (Cte de Waldersee), occupait la droite, près de *St-Ail*.

La *2e brigade*, sous les ordres du général *de Medem*, 2e

(Cte de Kanitz) et *4*^e (de Neumann) *régiments de la garde à pied*, se trouvait au centre, près de *Ste-Marie*, à droite de la chaussée, ayant à sa gauche, de l'autre côté de la chaussée, la *1*^e *brigade de la garde*, général *de Kessel*, comprenant les *1*^er (de Röder) et *3*^e (de Linsingen) *régiments de la garde à pied* (plus une compagnie de pionniers de la garde). Le *bataillon de chasseurs* demeura à *Ste-Marie;* le *régiment de fusiliers* suivit la brigade du centre, comme réserve.

A 5 $\frac{1}{2}$ heures, ces troupes se formèrent en ordre de combat. La brigade de droite se mit la première en mouvement. De fortes bandes de tirailleurs, avec leurs soutiens, commencèrent l'attaque, suivis de demi-bataillons sur deux lignes. Tous les généraux, officiers d'état-major et aides de camp restèrent à cheval.

L'ennemi ouvre aussitôt un feu d'une extrême violence, qui fait dans nos rangs de terribles ravages. A chaque pas la mort fauche de nouvelles victimes. Tous les officiers montés ont bientôt leurs chevaux tués sous eux.

Les commandants de brigade sont tous blessés, ainsi que la plupart des commandants de régiment. Le colonel *de Röder*, du 1er régiment, est tué.

Les troupes sont décimées sans pouvoir riposter. Elles courent à une perte certaine.

En présence de ce carnage, le prince de Wurtemberg se décide à attendre l'arrivée du corps saxon. Il fait arrêter au moment où la plus grande partie de la distance est franchie. Les Allemands restent donc complétement exposés aux coups de l'ennemi. Le général *de Pape*, qui avait eu déjà deux chevaux tués sous lui, perd deux de ses aides de camp en passant devant le front de sa division.

Après avoir fait halte, les hommes se couchèrent et

répondirent au feu des Français; les chefs, ayant pu mieux juger de près la position ennemie, purent distribuer les troupes plus avantageusement.

Pendant ce temps, *l'artillerie de la garde*, aidée de celle du corps saxon, avait forcé l'artillerie ennemie, un peu plus faible, à se retirer, et s'était rapprochée de St-Privat.

Le *roi Guillaume*, suivant du haut du plateau de Gravelotte les opérations de l'aile droite, put s'assurer bientôt qu'il fallait du renfort à cette aile pour vaincre la résistance énergique de l'ennemi. Il envoya donc au *IIe corps*, à 5 $^1/_2$ heures, l'ordre d'attaquer le plateau de *Moscou*.

[5 $^1/_2$ heures.]

Le *VIIIe corps*, qui s'était avancé de Gravelotte jusqu'à la lisière orientale du bois de Genivaux, s'épuisait en vains efforts contre cette position, et subissait des pertes considérables. L'artillerie des VIIe et VIIIe corps avait conservé ses premiers emplacements, mais avec la plus grande peine. L'infanterie du *VIIe corps*, entre Vaux et le Point-du-Jour, tentait, également sans résultat, de s'emparer de cette dernière localité.

Les Français entreprirent bientôt quelques mouvements offensifs qui firent vivement désirer, à notre aile droite, l'intervention du IIe corps.

A l'aile gauche non plus, rien n'était décidé. Le *X^e corps* avait atteint *Batilly*, et envoyé à 6 heures, sur les ordres du prince Frédéric-Charles, son artillerie à *St-Ail*. Ces batteries purent suivre, peu après, le mouvement en avant de celles de la garde.

[6 heures.]

Nous savons que la *3e brigade de la garde* avait été laissée près de Verneville, comme soutien de la division hessoise, qui occupait le bois de la Cusse. Un mouvement contre la position d'Amanvillers par cette division, conjointement avec la brigade de la garde, semblait promettre quelque succès.

Un peu avant 6 heures, la *49ᵉ brigade d'infanterie* s'avança donc le long du remblai de chemin de fer à proximité du bois. Arrivée près d'Amanvillers, elle escalada le remblai, mais un feu d'une violence extrême la força à rétrograder. Il était alors 6 heures; le corps de la garde avait dû s'arrêter quelques instants auparavant.

(Entretemps, le *IIᵉ corps* avait rompu pour marcher au pas accéléré sur *Gravelotte*, où l'artillerie du corps mêlait déjà son feu à celui des batteries du VIIᵉ corps.)

Le *prince Frédéric-Charles*, qui surveillait les opérations du IXᵉ corps aussi bien que celles de la garde, fit alors appuyer à droite, dans le bois de la Cusse, la *3ᵉ brigade de la garde*, régiments de grenadiers *Empereur Alexandre* (de Zeuner) et *Reine Élisabeth* (de Zaluskowski), ainsi que le *bataillon de tirailleurs de la garde*, afin de soutenir l'attaque des Hessois.

Cette brigade se porta en ligne à 6 ¼ heures, dans des conditions extraordinairement difficiles, et prit place entre la division hessoise et la division de Wrangel.

6¼ heures.

Notons en passant que pendant que le corps de la garde continuait son attaque sur St-Privat, certaines parties des troupes qui marchaient sur Amanvillers eurent à soutenir des combats des plus sanglants. (Pas un officier du bataillon de tirailleurs de la garde ne revint sans blessure; près de la moitié des hommes furent tués ou blessés.)

La *3ᵉ brigade de la garde* et la *49ᵉ brigade d'infanterie* s'élancèrent ensuite ensemble contre *Amanvillers*, tandis que la *division de Wrangel*, plus à droite, attaquait *Montigny-la-Grange*.

Ce mouvement combiné permit au *corps de la garde* de reprendre aussi sa marche sur *St-Privat*.

Après que le prince Frédéric-Charles eut fait avancer l'artillerie du Xe corps, il ordonna également à la *20e division d'infanterie,* de ce corps, qui se trouvait près de Batilly, de se diriger sur *St-Privat* pour soutenir la garde. A 6 ½ heures, cette division était en route. (Elle atteignit le champ de bataille assez tôt pour suivre la garde en seconde ligne, pendant les derniers moments de l'action.)

A 6 ½ heures, les tirailleurs avaient atteint le bord de la hauteur de St-Privat, et n'étaient plus éloignés que de 400 pas du village, où l'ennemi avait massé son infanterie. A cette distance, ils pouvaient répondre efficacement au feu des chassepots.

La ligne avancée de la garde avait pu se rapprocher autant de l'ennemi parce que l'infanterie du XIIe corps venait de s'emparer de Roncourt, et devait paraître incessamment sur le flanc droit de la position française.

La *brigade de grenadiers* du *corps saxon* avait vivement délogé de *Roncourt* les troupes que l'ennemi y avait laissées, et le *prince royal de Saxe* se dirigeait rapidement sur *St-Privat*.

La *45e brigade d'infanterie* (grenadiers), sous les ordres du général *de Craushaar*, marchait en première ligne, soutenue par l'artillerie du corps. Le *régiment de grenadiers gardes du corps, N° 100* (Garten) et le *régiment de grenadiers Roi Guillaume, N° 1* (de Seydlitz), suivirent l'exemple héroïque de la garde prussienne et s'élancèrent à l'attaque avec la plus grande intrépidité. La *46e brigade* suivait immédiatement la 45e.

Au moment où les Saxons approchaient, la garde, exposée jusqu'alors aux feux meurtriers de l'ennemi devant St-Privat, reçut également l'ordre de marcher à l'assaut, ordre auquel les voix des 3 brigades répondirent par des cris d'enthousiasme.

A 6 ³/₄ heures, la *garde* et les *Saxons* pénétrèrent dans St-Privat, faisant le siége de chaque maison, frappant de la baïonnette et de la crosse. C'était un véritable massacre. Les Français faisaient une résistance magnifique, chaque pied de terrain était défendu avec fureur. 6 ³/₄ heures.

Le général *de Craushaar* fut mortellement atteint.

A 7 heures, le *VIᵉ corps français* (Canrobert) commençait à plier et à opérer sa retraite sur *Saulny*. 7 heures.

Sur ces entrefaites, les troupes du *IXᵉ corps* et de la *3ᵉ brigade de la garde* avaient à leur tour atteint les hauteurs qu'elles attaquaient, et déployaient un égal courage. Mais l'ennemi tenait ferme.

La 50ᵉ brigade (de Lyncker), de la division hessoise, qui était en réserve, ne pouvait encore entrer en ligne.

Afin d'assurer le succès, le prince Frédéric-Charles mit alors à la disposition du général de Manstein une brigade du IIIᵉ corps, qui se trouvait en réserve près de Verneville.

Le général *d'Alvensleben* se décidait à envoyer plus de troupes encore au secours des Hessois, lorsqu'il reçut de l'aile droite, à 7 ¼ heures, des nouvelles qui faisaient craindre une attaque de l'ennemi sur Verneville par le bois de Genivaux. 7 ¼ heures.

En conséquence, le IIIᵉ corps se tint prêt à soutenir l'aile droite, qui se trouvait réellement en danger.

Mais bientôt après les positions d'*Amanvillers* et de *Montigny* tombaient également au pouvoir des Allemands, et le *IVᵉ corps français* suivait le VIᵉ dans sa retraite.

Cependant Bazaine avait renforcé à temps son aile gauche par une partie de la garde.

La quantité de troupes qui se trouvaient ainsi réunies

vis-à-vis de notre droite, mettaient les VIIIe et VIIe corps prussiens dans une situation fort critique ; leurs plus grands efforts suffisaient à peine pour se maintenir dans leurs positions actuelles.

La division de voltigeurs, que Bazaine avait envoyée à sa gauche, s'était établie à Chatel St-Germain et Lessy. Elle était partie plus tôt que la division de la garde destinée à renforcer l'aile droite, et que le maréchal avait dirigée sur le bois de Saulny. Aussi cette dernière arriva-t-elle trop tard et ne put-elle servir qu'à protéger la retraite des corps battus.

L'infanterie du IIe corps prussien, qui devait attaquer Moscou, avait déjà reçu l'ordre de se porter en avant quand le *roi Guillaume*, accompagné du général *de Moltke* et du ministre de la guerre *de Roon*, se rendit sur le plateau de *Gravelotte*. Cet endroit était battu de tous côtés par des feux d'artillerie et d'infanterie. Une personne de la suite fut blessée presqu'aux côtés du souverain ; cependant ce ne fut qu'après les plus vives instances du ministre de la guerre, que le roi consentit à s'éloigner.

La tête du IIe corps n'était pas encore en vue lorsque l'ennemi, renforcé et convaincu de sa supériorité, lança des masses d'infanterie contre notre position de *Gravelotte*.

A 7 $^1/_4$ heures, la situation de l'aile droite des Allemands devenait de plus en plus périlleuse.

Le *VIIIe corps prussien* était seul en état d'opposer quelque résistance aux masses ennemies qui sortaient de Moscou et du Point-du-Jour. Cependant le général *de Göben* usait ses forces depuis plusieurs heures à remplir la mission qui lui incombait, d'empêcher l'ennemi de percer notre ligne par le défilé de Gravelotte, le bois de Genivaux ou le bois de Vaux.

Le *VIIe corps*, à cause de la tâche qu'il avait à remplir lui-même, ne pouvait appuyer que faiblement le VIIIe corps. En effet, il devait s'étendre jusqu'à la Moselle en faisant face à la position ennemie depuis le Point-du-Jour jusqu'à Ste-Ruffine, et assurer en même temps les communications avec les troupes du Ier corps qui se trouvaient sur la rive droite de la rivière.

Un détachement de la *4e brigade d'infanterie*, du Ier corps, avait franchi la Moselle pour se joindre à la 26e brigade. Le VIIe corps ne pouvait songer à déloger l'ennemi de sa position de Rozerieulles; tous ses efforts réussissaient à peine à empêcher les Français de percer la ligne qui les enveloppait.

La *26e brigade d'infanterie* parvint à 7 ¼ heures, à l'extrême droite, à tenir l'ennemi en échec à *Ste-Ruffine*, ce qui, en présence de ce qui se passait à Gravelotte, n'était pas sans importance.

Le général *de Moltke* avait quitté le roi pour se rendre compte par lui-même de la situation, pour passer les troupes en revue et hâter l'arrivée de la réserve. L'ennemi s'était préparé, à Moscou, au Point-du-Jour et à Rozerieulles, à faire une attaque générale. La première ligne des corps prussiens, épuisée, décimée, ne put résister au choc. De grandes bandes de tirailleurs, suivies de fortes colonnes d'infanterie, poussèrent au pas de charge et en criant jusque dans la vallée de la Mance, près de Gravelotte. Mais arrivées devant le pont, sur la chaussée, les troupes françaises furent arrêtées par notre artillerie, qui, placée sur les hauteurs en arrière, lança ses boulets par-dessus l'infanterie dans les colonnes ennemies.

Les effets de ce mouvement des Français s'étaient fait sentir jusqu'à l'endroit où se trouvait le commandant en chef, et le sang-froid dont le roi et le général de Moltke firent preuve en cette circonstance, exerça sur l'esprit des chefs et des soldats une influence des plus salutaires, en raffermissant leur confiance.

La nouvelle des avantages remportés à l'aile gauche étant arrivée sur ces entrefaites, le général de Moltke se porta personnellement à la rencontre du *II*^e *corps*. En tête de la *3*^e *division d'infanterie* (de Hartmann) marchait le *2*^e *bataillon de chasseurs*, les *régiments d'infanterie de Poméranie, N*^{os} *54* et *14* (brigade von der Decken). Avant d'arriver au défilé formé par la route de Gravelotte, ces troupes étaient déjà soumises au feu de l'infanterie française, qui, bordant les hauteurs au-delà de la Mance, dominait le terrain en deçà du ruisseau. Sur la route, le front des subdivisions ne pouvait dépasser 12 pas, car d'un côté elle était bordée de rochers de 30 à 50 pieds d'élévation, de l'autre par un talus raide et profond. Il n'était possible de s'y déployer qu'au-delà de St-Hubert.

Le général de Moltke, ayant rejoint ces troupes, transmit au général *de Fransecki*, de la part du roi, l'ordre de donner l'attaque à la hauteur du *Point-du-Jour*.

En conséquence, la *6*^e *brigade* (von der Decken), qui s'était portée aussi rapidement que possible devant le pont de la Mance, reçut l'ordre d'escalader la hauteur située au-delà et à droite de ce point, pour se déployer le long de la lisière du bois, vis-à-vis de la position du Point-du-Jour. L'ennemi n'opposa à ce mouvement que des feux partant de ses anciens emplacements.

La *5*^e *brigade* (de Koblinski) suivit de près la 6e brigade. Le reste du corps demeura en deçà du pont, où l'artillerie du corps se trouvait déjà établie.

La *brigade von der Decken* gagnait rapidement du terrain

dans le *bois de Vaux*, pendant que le *régiment de grenadiers N° 2* (de Ziemietzki), de la brigade Koblinski, reprenait *St-Hubert* et s'installait dans des jardins entourés de murs.

Cet avantage ayant procuré à nos troupes un point d'appui au-delà du ruisseau, la *7ᵉ brigade* (du Trossel), de la 4ᵉ division d'infanterie, passa également sur l'autre bord. Cette brigade se composait des *régiments de grenadiers de Colberg, N° 9* (de Ferentheil), et *d'infanterie N° 49* (Laurier).

Peu après 8 heures, les tambours et les clairons donnèrent tous ensemble le signal d'une charge générale. La plupart des bataillons, formés en colonnes serrées, ne quittèrent pas la chaussée. 8 heures.

Ces troupes eurent bientôt dépassé St-Hubert, et marchèrent alors directement sur le *Point-du-Jour*. L'immense quantité de projectiles qui les accueillit, partant des tranchées-abris étagées sur le flanc de la hauteur, et qui pénétraient jusque dans les colonnes les plus éloignées, ne leur permit d'avancer que fort lentement.

Au moment où l'ennemi avait envoyé des masses considérables d'infanterie dans la vallée de la Mance, et avait forcé les nôtres à la retraite, le VIIIᵉ corps avait cependant conservé au-delà du ruisseau quelques détachements chargés de protéger les pièces établies de ce côté, et qui avaient perdu la majeure partie de leur personnel et de leurs chevaux. L'attaque du IIᵉ corps permit à ces détachements de conduire les pièces sur le bord opposé du ruisseau.

Cependant ce mouvement s'effectua avec une certaine confusion, que la nuit tombante ne fit qu'augmenter. Les feux de l'ennemi battant le défilé qu'il fallait traverser, le grondement effroyable du canon pouvaient produire un moment de consternation funeste. Plusieurs officiers et soldats avaient été précipités déjà dans les profondeurs qui bordaient la route d'un côté.

8 1/2 heures. Pour sortir de cette situation critique, le général *de Fransecki* fit donner le signal de cesser le feu. Chose singulière, l'ennemi sembla obéir aussi à ce commandement, et pour un instant la voix de la bataille se tut. Cette heureuse interruption permit également aux troupes du IIe *corps* de se rapprocher en ordre du *Point-du-Jour*.

(A la même heure, le prince Frédéric-Charles, considérant que la victoire n'était pas encore décidée à l'aile droite, prévenait ses troupes de la possibilité d'une tentative désespérée de la part de l'ennemi, de se faire une trouée pendant la nuit, et qu'elle eût à se tenir prête pour cette éventualité.)

Bientôt le feu reprit avec une nouvelle intensité des deux côtés, malgré l'obscurité croissante.

Cependant les *régiments N° 14* (de Voss), *N° 54* (de Rechenberg) et *N° 2* (de Ziemetzki) avaient gagné du terrain, et purent s'abriter dans les carrières de pierres qui se trouvaient en grand nombre devant le Point-du-Jour.

Les Français avaient profité de l'obscurité pour abandonner ces carrières, ainsi que leur première ligne de tranchées-abris.

Le IIe corps se trouvait ainsi dans une position solide, d'où, quand bien même il ne parviendrait pas à débusquer l'ennemi, il pouvait du moins le tenir en respect.

Il fallait s'attendre à ce que l'ennemi tentât de s'affranchir de la contrainte imposée à son action; en effet, après que 9 heures. son feu se fut insensiblement éteint, le bruit de la fusillade et des mitrailleuses reprit tout-à-coup avec une violence excessive, mais en vain, car nos troupes ne songeaient pas à quitter leurs couverts.

Cependant il fut reconnu bientôt qu'en poursuivant l'attaque, on s'exposait à des pertes énormes, capables de compromettre le succès. On résolut par conséquent de s'en tenir au résultat obtenu, qui était satisfaisant en somme, puisque l'ennemi était totalement paralysé. On continua néanmoins à observer attentivement sa position.

Les Français semblaient du reste avoir conscience de leur situation, car pendant longtemps ils ne donnèrent plus signe de présence.

Résumons ce qui s'était passé à l'aile droite jusqu'à 9 heures du soir :

Les troupes des VIIIe et VIIe corps avaient défendu avec la plus grande ténacité leur position en avant de Gravelotte, le défilé et les bois des deux côtés, mais elles étaient épuisées et ne pouvaient plus tenir longtemps. L'arrivée du IIe corps, qui s'avança en colonnes serrées jusqu'au pied des dernières positions qui restaient au pouvoir de l'ennemi, vint mettre un terme à cette situation. Si les Français, malgré les avantages du terrain, malgré les troupes nombreuses que le maréchal Bazaine avait placées à l'aile droite, ne réussirent pas à repousser les Allemands, pouvaient-ils espérer encore parvenir à se frayer, le lendemain, un passage au travers de nos lignes? (Remarquons ici que la position de St-Privat, occupée par la droite ennemie, n'offrait pas, malgré toute sa force, autant de garanties de sécurité que les positions de l'aile gauche.)

L'aile droite française était complétement battue, l'aile gauche était refoulée dans ses réduits et serrée de si près, qu'il n'était pas possible de douter qu'une attaque générale n'en eût facilement raison le lendemain.

Ce fut donc avec raison que le général *de Moltke* put dire au roi : *Sire, nous avons vaincu !*

A la suite des avantages remportés à St-Privat, Amanvillers et Montigny, l'aile droite de l'ennemi pouvait être considérée comme entièrement enveloppée, car le corps Saxon devait bientôt donner la main, par-dessus la Moselle, à la droite du général de Manteuffel. De même, les opérations de la 26e brigade, et sa liaison, au sud de Metz, avec le détachement de la 4e brigade d'infanterie qui s'était porté sur la rive gauche de la Moselle, réduisait également l'aile gauche de l'armée de Bazaine à une entière impuissance.

En présence de ces succès, les résultats obtenus devant le Point-du-Jour suffisaient certainement pour caractériser une grande victoire tactique, répondant parfaitement au but de nos opérations stratégiques.

Nous avons à mentionner encore, qu'à notre extrême gauche *2 escadrons de la cavalerie saxonne* tournèrent complètement la droite française, en suivant l'Orne jusqu'à la vallée de la Moselle, et, arrivés dans la soirée aux environs de *Maizières* (1 $^1/_4$ mille nord de Metz) y détruisirent le télégraphe et le chemin de fer de Metz à Thionville.

Pendant ce temps, une partie du *XIIe corps* et quelques bataillons de la *garde* poursuivaient l'ennemi jusqu'à *Woippy*.

Des renseignements de source française nous apprennent que la retraite des VIe et IVe corps s'effectua dans le plus grand désordre. Une partie de ces troupes se réfugia dans Metz ; un grand nombre d'hommes avaient jeté leurs armes.

Par contre, l'aile gauche continuait, après 9 heures, à se maintenir dans sa position. A 9 $^1/_2$ heures, le général *de Fransecki* fit relever sa division de la tête par la *division*

9 $^1/_2$ heures.

Hann de Weyhern; après avoir pris les mesures de précaution nécessaires, les bataillons de cette division se déployèrent et se livrèrent au repos.

Une heure après, l'ennemi fit encore quelques décharges d'artillerie et de mousqueterie près de Rozerieulles et derrière le Point-du-Jour; mais comme il ne pouvait espérer aucun succès, il est probable que cette démonstration servit à dérober sa retraite. Les projectiles passèrent par-dessus les premières lignes des Allemands; les troupes qui se trouvaient en arrière s'étaient suffisamment abritées. Ce furent les derniers bruits de la bataille de Gravelotte.

Le *roi Guillaume,* qui avait payé de sa personne autant que le lui permettaient son rang et ses fonctions de commandant en chef, passa la nuit au milieu de ses soldats. Enveloppé dans son manteau, il se jeta sur un lit dans une petite chambre à Rézonville.

Les troupes allemandes campèrent sur les emplacements qu'ils occupaient à la fin de la bataille. Après que toutes les mesures de précaution furent prises, on procéda à l'enlèvement des blessés et à l'enterrement des nombreuses victimes de la journée.

Quelques corps de troupes étaient réduits jusqu'à la moitié de leur effectif. La proportion des pertes en officiers était la plus considérable; certaines parties de l'armée se voyaient privées de presque la totalité de leurs chefs. Des ruisseaux de sang, du sang des généreux enfants de l'Allemagne, étaient le prix de notre victoire. Les vainqueurs avaient été plus rudement éprouvés que les vaincus. Mais les douloureux sacrifices que nous avaient coûtés les trois batailles de Metz, ne payaient pas trop chèrement les immenses résultats stratégiques qui les couronnaient.

Le maréchal Bazaine laissa, pendant toute la nuit, des

troupes dans les positions occupées par son aile gauche; mais il reconnut bientôt qu'à la suite de la défaite et de la retraite de sa droite sur Woippy et Plappeville, il lui serait impossible de les conserver. Il donna donc, pendant la nuit, pour le 19 au matin, un ordre d'après lequel son armée devait complétement évacuer le terrain à l'ouest du ruisseau de Chatel St-Germain, pour aller se former en demi-cercle autour des forts de St-Quentin et de Plappeville; la garde devait reprendre son ancien emplacement près de Ban St-Martin. Ce mouvement, ordonné par le maréchal, était un aveu de sa défaite; il se résignait à se laisser enfermer, se faisant probablement de flatteuses illusions sur le moment de sa délivrance.

L'investissement de Metz était un fait accompli!

C'est à la stratégie habile de nos chefs que nous devons d'avoir disposé d'un nombre aussi considérable de troupes pour la bataille du 18 août. Si elle n'avait pu nous donner une supériorité numérique très-sensible, il eût été imprudent de détourner l'armée de sa ligne d'opération rationnelle, de l'engager dans la manœuvre colossale consistant dans la double conversion qui devait l'amener devant les positions ennemies, et enfin de lui faire aborder ces formidables positions. La supériorité de l'infanterie n'était pourtant pas excessive, car deux corps d'armée assistèrent à l'action sans y prendre part, ce qui réduisait aussi l'excès de notre artillerie sur celle de l'ennemi, surplus qui nous était nécessaire, d'ailleurs, pour contre-balancer les effets des mitrailleuses et des chassepots.

Un écrivain militaire bien informé évalue à 112,000 combattants, la force de l'armée française au 18 août, estimant en moyenne à 500 hommes, l'effectif des bataillons. Il donne aux Allemands 211,000 hommes, dont 146,000 seulement furent engagés.

La cavalerie ne put être d'aucune utilité dans cette bataille; l'unique tentative qui fut faite de notre côté pour l'employer à des opérations secondaires (1ᵉ division de cavalerie) échoua complétement.

Les pertes subies par les Allemands se comptent comme suit :

Corps de la garde	315 officiers	7,785 hommes.
VIIIᵉ corps	189 »	3,220 »
IXᵉ corps (div. de Wrangel)	120 »	2,341 »
VIIᵉ corps	104 »	2,010 »
XIIᵉ corps (saxon)	89 »	1,862 »
Division hessoise	77 »	1,721 »
Autres troupes	10 »	119 »
Total	904 officiers	19,058 hommes.

Les pertes accusées par les Français s'élèvent à 609 officiers et 11,705 hommes, chiffres que nous devons accepter, parce qu'il nous est impossible d'en vérifier l'exactitude.

Si l'armée française avait été rejetée sur Paris et poursuivie pendant une ou deux étapes par notre cavalerie au lieu d'être enfermée à Metz, notre victoire n'eût certes pas eu la même importance. Cependant, l'impression qu'aurait faite sur l'esprit de la France une retraite opérée sous les yeux des populations, aurait été plus grande peut-être que celle qui suivit les batailles de Wœrth et de Spicheren. Dans l'un et l'autre cas, le ministère Palikao ne devait rester au pouvoir. Mais aucun fuyard n'ayant percé nos lignes, il fut facile au gouvernement de faire croire à la France et aux puissances étrangères dont il avait les sympathies, que le résultat des trois batailles de Metz n'était pas décisif.

Les Français n'apprirent l'investissement de Metz que par les journaux allemands, qui leur arrivaient par Londres; mais ils n'eurent garde d'y croire.

Malgré les grands éloges que ces journaux accordaient à la stratégie savante des commandants de l'armée, la nation allemande elle-même resta froide devant nos succès. Bazaine rejeté sur la Meuse, un grand nombre de canons enlevés, une foule de prisonniers (¹), voilà ce qu'il eût fallu pour éveiller l'enthousiasme de l'Allemagne.

Mais les chefs auraient été beaucoup moins satisfaits d'une pareille victoire. Bazaine et Mac-Mahon, une fois réunis, pouvaient rejoindre alors l'armée qui était en voie de formation à Paris, tandis que la victoire de Gravelotte divisait les forces françaises en les affaiblissant. Celle-ci devait avoir fatalement pour conséquence la perte de l'armée de Mac-Mahon, la victoire de Sedan.

Palikao ne pouvait prévoir ces événements. Il s'efforçait, il est vrai, de cacher à la France la désastreuse vérité; mais le gouvernement et les neutres mal disposés à notre égard espéraient encore, même après Gravelotte. On croyait toujours que Mac-Mahon parviendrait à opérer sa jonction avec Bazaine! Cependant, les rapports de ce dernier ne dissimulaient rien, ne niaient point les faits; mais le maréchal y exprimait l'espoir de se faire une trouée, et, avec cette confiance illimitée en eux-mêmes qui caractérise les Français, la manifestation de cet espoir reçut l'interprétation la plus favorable.

Au 19 août, le maréchal Bazaine ne disposait plus d'aucune ligne télégraphique. Il trouva cependant un garde forestier qui promit de percer nos lignes et qui y réussit

---

(¹) Un millier d'hommes avaient été faits prisonniers.

en effet, porteur d'une dépêche pour Paris, datée du 19, de Ban St-Martin, et annonçant que l'armée se trouvait concentrée sous la protection des forts de St-Quentin et de Plappeville. Cette dépêche contenait en outre le passage suivant :

« Les troupes sont fatiguées par ces combats successifs,
» qui ne leur permettent ni de satisfaire leurs besoins ma-
» tériels, ni de prendre deux ou trois jours de repos. Le
» roi de Prusse et le général de Moltke se trouvaient
» aujourd'hui à Rézonville, et tout fait présumer que l'ar-
» mée prussienne veut investir Metz. Je crois encore
» toujours pouvoir me retirer par le nord vers Montmédy,
» et atteindre la route de Ste-Menehould à Châlons, si elle
» n'est pas trop fortement occupée. Dans ce cas j'irais
» jusqu'à Sedan et même jusqu'à Mézières, pour de là
» gagner Châlons. Nous avons à Metz 700 prisonniers qui
» nous gênent. J'en proposerai l'échange au général de
» Moltke. »

Pas la moindre dissimulation dans ces lignes ; Bazaine y fait part de ses espérances dans des termes que pouvait employer tout général en pareilles circonstances.

L'existence du ministère Palikao, le salut de la dynastie impériale ne tenaient plus qu'à ces quelques mots d'espoir. Peut-on faire un crime au gouvernement de s'être appuyé sur la confiance de Bazaine, pour se persuader à lui-même qu'il y avait lieu d'espérer encore en l'avenir ?

Mais tirons le rideau sur les illusions d'un parti dont la Providence marqua la chute par une catastrophe aussi terrible qu'imprévue, et qui n'a pas son précédent dans l'histoire.

FIN DE LA DEUXIÈME PARTIE.

ANNEXE IV.

Noms des officiers tués à la bataille de Vionville, le 16 août 1870, ou morts peu après des suites de leurs blessures.

Corps de la garde.

1ᵉʳ Régiment de dragons de la garde :

Colonel	d'Auerswald.	Capitaine	Cᵗᵉ de Wesdehlen.
Major	de Kleist.	1ᵉʳ lieutenant	Cᵗᵉ de Schwerin.
Capitaine	Cᵗᵉ de Westarp.	2ᵈ »	de Tresckow.
»	Henri XVII, Pᶜᵉ de Reuss.		

2ᵉ Régiment de dragons de la garde :

Colonel   Cᵗᵉ Finck de Finckenstein. Capit. Beneckendorf de Hindenbourg.

IIIᵉ Corps.

Général-major de Döring, commandant de la 9ᵉ brigade d'infanterie.
    »   Bᵒⁿ de Diepenbroick-Gürter, comᵗ de la 5ᵉ brigade de cavalerie.

Régiment de grenadiers gardes du corps (1ᵉʳ de Brandebourg) N° 8 :

Major	Bᵒⁿ de Verschuer.	2ᵈ lieutenant	Gräwe.
Capitaine	de Gorszkowski.	»	de Blanckensee.
»	Sack.	»	Seidel II (R).
»	de Klinguth.	»	Oesterreich.
2ᵈ lieutenant	de Kunowski.		

2ᵉ Régiment de grenadiers, Brandebourg, N° 12 :
(Prince Charles de Prusse.)

Major	de la Chevallerie.	1ᵉʳ lieutenant	d'Ahlefeldt.
»	Johow.	2ᵈ »	Pabst (R).
Capitaine	Offermann.		

3ᵉ Régiment d'infanterie, Brandebourg, N° 20 :

Capitaine	de Schepke.	2ᵈ lieutenant	Wasserfall (R).
1ᵉʳ lieutenant	Meibom.	»	Lummé (R).
2ᵈ »	Nehring.	»	Niendorff (R).
»	Wegener II.		

(R) Officier de réserve. — (L) Officier de landwehr.

4e Régiment d'infanterie, Brandebourg, No 24 :
(Grand-Duc de Mecklembourg.)

Major	de Sellin.	2d lieutenant	de Randow.
»	Rechtern.	»	de Borck.
Capitaine	Marquardt.	»	de Quast.
»	Siercks.	»	de Klösterlein II.
»	de Brodowski.	»	de Reichenbach II.
2d lieutenant	Hugo.	»	Niemack.
»	de Fiebig.	»	Costenoble (R).

Régiment de fusiliers, Brandebourg, No 35 :

1er lieutenant	de Reitzenstein.	2d lieutenant	de Buddenbrock.
2d »	Junghans.	»	Gottgetreu (R).

5e Régiment d'infanterie, Brandebourg, No 48 :

Colonel	de Garrelts.	1er lieutenant	v. d. Oelsnitz.
Major	Schaer.	2d »	Burchardt.
1er lieutenant	Graffunder.	»	Philippi.

6e Régiment d'infanterie, Brandebourg, No 52 :

Major	Herwarth de Bittenfeld.	2d lieutenant	de Koppy.
»	de Schorlemmer.	»	de Karger.
Capitaine	Hildebrandt.	»	Drassdo.
»	de Falken-Plachecki.	»	Kirchner.
1er lieutenant	de Thümen.	»	Petsch I.
»	de Sommerfeld.	»	Schaefer (R).
2d »	Paech II.	»	Petsch II (R).
»	Held.	»	Gruner (R).

8e Régiment d'infanterie, Brandebourg, No 64 :
(Prince Frédéric-Charles de Prusse.)

Lieut.-col.	de Winterfeld.	2d lieutenant	Oppermann.
Capitaine	de Glasenapp.	»	Stosch II.
»	Tortilovius.	»	d'Arnim (R).
2d lieutenant	de Banchet.	»	de Löper.
»	de Derschau.	»	Geim.
»	Gläsemer.	»	Thiele II (L).
»	d'Engelhart.	»	Heller I (L).

Bataillon de chasseurs, Brandebourg, No 3 :

2d lieutenant	de Bredow.	2d lieutenant	Cte de Bredow.

Régiment de hussards (Zieten), Brandebourg, No 3 :

Colonel	de Zieten.	2d lieutenant	de Klencke.
Capitaine	de Grimm.		

Régiment de lanciers, Schleswig-Holstein, N° 15 :
Major Bon de Friesen.

3e Régiment d'artillerie :

Capitaine	Vollbrecht.	1er lieutenant de Heidenreich.	
»	Rödenbeck.	2d » Borchert.	
1er lieutenant Hildebrandt.			

IVe Corps.

4e Régiment d'infanterie, Thuringe, N° 72 :

Colonel	de Helldorff.	2d lieutenant	Westphal.
Major	d'Oertzen.	»	Rück II.
Capitaine	de Hanstein.	»	Gottheiner (R).
1er lieutenant	d'Alvensleben.	»	Jacob (L).
2d »	de Bömcken.	»	Bertram (L).
»	Rück I.	»	Stedefeldt (L).
»	Batsch.		

Régiment de cuirassiers, Magdebourg, N° 7 :

Capitaine Meyer. 2d lieutenant Cte de Sierstorpff (L).

Régiment de hussards, Magdebourg, N° 10 :
Major de Hertell.

Régiment de dragons, Schleswig-Holstein, N° 13 :
1er lieutenant Rogalla de Bieberstein.

Régiment de lanciers, Vieille Marche, N° 16 :

2d lieutenant Bon de Roman. 2d lieutenant de Gellhorn.

4° Régiment d'artillerie :

1er lieutenant Bon de Türcke. 2d lieutenant Schellhaas (R).

VIIe Corps.

6e Régiment d'infantérie, Westphalie, N° 55 :
2d Lieutenant de Pöppinghausen.

7e Régiment de landwehr, Westphalie, N° 56 :
(Officiers désignés pour le régiment d'infanterie N° 56, du Xe corps).

2d lieutenant Ballauf.	2d lieutenant Koch.	
» Boos.	» Bechem.	

3e Régiment de landwehr, Westphalie N° 16 :
(Officiers désignés pour le régiment d'infanterie N° 16, du Xe corps).

2d lieutenant Ulrich.	2d lieutenant Schröder.	
» Vorwerk.	» Göschen.	
» Unruh.	» Heydsink.	

VIIIe Corps.

Régiment de fusiliers, Hohenzollern, No 40:

Colonel	Bon d'Eberstein.	2d lieutenant	de Glasenapp.
Capitaine	de Schulz.		

IXe Corps.

2e Régiment de grenadiers, Silésie, No 11:

Colonel	de Schöning.	2d lieutenant	de Colomb.
Major	d'Ising.	»	d'Ebertz.
Capitaine	de Lobeck.	»	de Stockhausen.
1er lieutenant	Küper	»	de Tschirnhaus II.
»	de Werder.	»	Dierks (R).
»	de Wallhoffen.		

Xe Corps.

3e Régiment d'infanterie, Westphalie, No 16:

Colonel	de Brixen.	1er lieutenant	Schmitz.
Capitaine	Bon Schoultz d'Ascheraden. 2d	»	Bon de Cynatten.
»	Mebes.	»	Schwartz.
»	d'Arnim.	»	Ribbentrop.
»	Scholten.	»	Gruner.
1er lieutenant	Wenborne.	»	de Hanstein-Knorr (R).
»	Cte de Gluszcewski.	»	Engelhard (R).
»	d'Arnim.	»	Dornauer (R).

(De plus, les officiers renseignés au régiment de landwehr No 16.)

4e Régiment d'infanterie, Westphalie, No 17:

Capitaine Waldschmidt.

7e Régiment d'infanterie, Westphalie, No 56:

Major	de Ziehlberg.	1er lieutenant	Graff I.
»	de Hennings.	2d »	Schirmer.
Capitaine	de Haza-Radlitz.	»	d'Ende.
1er lieutenant	Groschuff.	»	Biermann.
»	Neuendorff.		

(De plus, les officiers renseignés au régiment de landwehr No 56.)

8e Régiment d'infanterie, Westphalie, No 57:

Lieuten-col.	de Roëll.	2d lieutenant	Weinhagen.
Major	de Döring.	»	Dittmar.
1er lieutenant	Ehrhardt.	»	Lindner.

Régiment d'infanterie, Frise orient., N° 78 :

1er lieutenant Pratsch.		2d lieutenant Sickermann (R).	
2d » Lichtenfelt.			

Régiment d'infanterie, Oldenbourg, N° 91 :

Colonel   de Kameke.   2d lieutenant Koch.
Capitaine   Gether.   »   de Bültzingslöwen.
1er lieutenant Tenge.   »   Wieben.
  »   »   de Bonin.   »   Wallroth.
2d   »   Scholtz.

Régiment de dragons, Oldenbourg, N° 19 :

1er lieutenant Zedelius.   2d lieutenant Cte de Lüttichau.
2d   »   de Luck.   »   d'Unger.

Régiment de landwehr, Frise orient., N° 78 :

2d lieutenant Koch (au régiment d'infanterie N° 78).

N.-B. — *Les pertes de la division hessoise seront renseignées à part.*

ANNEXE V.

Noms des officiers prussiens tués à la bataille de Gravelotte, le 18 août 1870, ou morts peu après des suites de leurs blessures.

Corps de la garde.

1er Régiment de la garde à pied:

Colonel	de Röder.	2d lieutenant	de Krosigk II.
Lieut.-col.	de Stülpnagel.	»	de Helldorff.
Capitaine	de Schack.	»	de Brandis.
1er lieutenant	de Tresckow.	»	de Luck.
»	Cte de Keller.	»	de Köller.
»	Cte de Schulenburg.	»	de Lauer.

2e Régiment de la garde à pied:

1er lieutenant		de Horn.	2d lieutenant	Bon de Salmuth.
»		de Frankenberg.	»	von der Marwitz.
»		de Hellermann.	»	de Trotha.
»		de Daum I.	»	Cte de Schwerin (R).
2e	»	Cte de Beust.	»	d'Alvensleben (R).
»		de Berenhorst.	»	de Hagen (R).
»		Bon de Tettau.	»	Gregor (R).
»		Arndt.	»	de Funke (R).
»		Cte de Monts.	»	d'Osterroth (R).

Rég. de gren. de la garde Empereur Alexandre N° 1:

Major		de Schon.	2d lieutenant	d'Oppen.
Capitaine		de Sack.	»	de Werthern.
1er lieutenant		de Schlabrendorff.	»	de Petersdorff (R).
»		de Rosenberg-Gruszczynski.	»	Frisch (R).
2d	»	de Treskow.		

(R) Officier de réserve. — (L) Officier de landwehr.

Rég. de gren. de la garde Empereur François, N° 2 :

Major	de Wittich.	2ᵈ lieutenant	de Hatten.
Capitaine	de Bentivegni.	»	de Gleissenberg.
2ᵈ lieutenant	de Tiedemann.	»	de Stuckradt.
»	Bᵒⁿ de Patow.	»	Kops (R).
»	de Kaphengst.	»	Meinecke (R).
»	de Kalckstein.	»	Bᵒⁿ de Riedesel (R).
»	de Kitzing.	»	de Kehler (R).

Régiment de fusiliers de la garde :

Colonel d'Erckert.   Major   Blecken de Schmeling.

3ᵉ Régiment de la garde à pied :

Lieut.-col.	de Holleben.	2ᵈ lieutenant	v. d. Gröben.
Major	de Notz.	»	de Sydow I.
Capitaine	Herwarth de Bittenfeld.	»	de Wedelstädt.
1ᵉʳ lieutenant	de Twardowski I.	»	de Hohnhorst.
»	de Sanden.	»	de Jastzembski II.
2ᵈ »	de Quast I.	»	Leonhardt.

4ᵉ Régiment de la garde à pied :

Lieut.-col.	de Wolffradt.	Capitaine	de Briesen.
Major	de Krosig.	2ᵈ lieutenant	de Niederstetter.

Régiment de gren. de la garde Reine Elisabeth, N° 3 :

Major	de Knobelsdorff,	2ᵈ lieutenant	Korn II (R).
2ᵈ lieuten.	Cᵗᵉ v. d. Recke-Volmerstein.	»	Grundmann (R).
»	Cᵗᵉ York de Wartensburg (R).		

Régiment de gren. de la garde Reine Augusta, N° 4 :

Major	Pᶜᵉ Félix de Salm-Salm.	1ᵉʳ lieut.	de Kropf.
Capitaine	de Haugwitz.	2ᵈ »	de Müller.
1ᵉʳ lieutenant	de Luttitz.	»	Cᵗᵉ d'Ysenburg-Philipps-Eich.
»	de Weltzien.	»	Pᶜᵉ Florentin de Salm-Salm.
»	de Pommer-Esche.	»	Helff (R).
»	de Nostitz.		

Bataillon de chasseurs de la garde :

1ᵉʳ lieutenant de Gersdorff.

Bataillon de tirailleurs de la garde :

Major	de Fabeck.	2ᵈ lieutenant	Cᵗᵉ de Schliffen.
Capitaine	de Massow.	»	de Langenbeck.
2ᵈ lieutenant	v. d. Hagen.	»	de Buddenbrock (R).
»	Cᵗᵉ de Dohna II.		

Régiment d'artillerie de la garde :

Capitaine de Friederici-Steinmann.   Capitaine   de Roon.
   » de Dewitz.   2ᵈ lieutenant Roth.

Iᵉʳ Corps.

2ᵈ lieutenant Oehlmann (L), au régiment de fusiliers N° 33.
   »   Wolff (L),   » d'infanterie N° 85.
   »   Schneider (L),   »   »   N° 44.

IIᵉ Corps.

7ᵉ Régiment d'infanterie, Poméranie, N° 54 :

Colonel   de Busse.   2ᵈ lieutenant Preusser (R).
Major   Prescher.   »   Busse (R).
2ᵈ lieutenant de Kottwitz.

3ᵉ Régiment d'infanterie, Poméranie, N° 14 :

Major de Dantzen.

6ᵉ Régiment d'infanterie, Poméranie, N° 49 :

2ᵈ lieutenant Schwarz.

Rég. de gren. Frédéric-Guillaume IV (1ᵉʳ de Poméranie), N° 2 :

2ᵈ lieutenant Runge.   2ᵈ lieutenant Fischer (L).

5ᵉ Régiment d'infanterie, Poméranie, N° 42 :

Capitaine   Clemen.   1ᵉʳ lieutenant de Massow.

8ᵉ Régiment d'infanterie, Poméranie, N° 61 :

2ᵈ lieutenant Krieger (L).

IIIᵉ Corps.

7ᵉ Régiment d'infanterie, Brandebourg, N° 60 :

Capitaine   Maurer.   2ᵈ lieutenant Breithaupt.
   »   de Kaminietz.   »   Grieben.
1ᵉʳ lieutenant Pütter I.   »   Brause (R).
   »   Modrach.   »   Greiner (R).
2ᵈ »   Haber.   »   Körner (L).
   »   Lange.

Bataillon de landwehr de réserve, Berlin.

2ᵈ lieutenant de Twardowski, au rég. de gren. Empereur François.
   »   Napromski,   au 4ᵉ rég. » de la garde.
   »   Herlth,   au 3ᵉ »   de la garde à pied.
   »   Pawlowsky,   au 3ᵉ »   »   »
   »   Leidig,   au   rég. de gren. Empereur Alexandre.
   »   Löwenberg II, au 3ᵉ »   de la garde à pied.
   »   Dittmann,   au   rég. d'infanterie N° 60.
   »   Fleck,   au   » de gren. Empereur Alexandre.

IVᵉ Corps.

4ᵉ Régiment d'infanterie, Magdebourg, Nº 67 :

Capitaine Grüson.	2ᵈ lieutenant Gottsched (R).
1ᵉʳ lieutenant Vorberg.	» Kurtze (L).
2ᵈ » de Hagen.	» Müller (L).
» de Schlieben.	

4ᵉ Régiment d'infanterie, Thüringe, Nº 72 :

1ᵉʳ lieutenant de Kräwel.

Bataillon de landwehr de réserve, Magdebourg :

2ᵈ lieutenant Hallmann, au rég. de gren. Empereur Alexandre.
» Strauss, » de fusiliers Nº 36.
» Fischer, » » »
» Bothe, » » »

VIIᵉ Corps.

1ᵉʳ Régiment d'infanterie, Westphalie, Nº 13 :

2ᵈ lieutenant de Basse.

Régiment de fusiliers, Bas-Rhin, Nº 39 :

Capitaine Cᵗᵉ de Stosch.

5ᵉ Régiment d'infanterie, Westphalie, Nº 53 :

Capitaine Rücker.

2ᵉ Régiment d'infanterie, Hanovre, Nº 77 :

2ᵈ lieutenant Lortzing.

7ᵉ Régiment d'artillerie :

Capitaine Lemmer.   2ᵈ lieutenant Ruhnke.
2ᵈ lieutenant Dieterici.

VIIIᵉ Corps.

2ᵉ Régiment d'infanterie, Rhin, Nº 28 :

Major Lange.	1ᵉʳ lieutenant de Rekowski.
Capitaine Hoffmann.	2ᵈ » de Rege.
1ᵉʳ lieutenant Jänsch.	» Beyer.

3ᵉ Régiment d'infanterie, Rhin, Nº 29 :

Capitaine Denhard.	2ᵈ lieutenant Anhäuser.
» Stephan.	» Daniels.
1ᵉʳ lieutenant de Manstein.	» Heimbach (R).
2ᵈ » Schmidt.	

Régiment de fusiliers, Prusse orientale, N° 33 :

Major	de Rheinhard.	2ᵈ lieutenant	Fragstein de Niemsdorff.
Capitaine	de Jasmund.	»	Gaddum.
»	Cohen de Baren.	»	Rupe.
1ᵉʳ lieutenant	Cᵗᵉ de Rittberg.	»	de Rosenberg-Gruscynski.
»	Nolte.	»	Raderschatt (R).

Bataillon de chasseurs, Rhin, N° 8 :

Capitaine	de Bergfeld.	2ᵈ lieutenant	Saxer.
»	Cᵗᵉ de Stillfried.	»	Pᶜᵉ Adolphe de Bentheim-
»	May.		Tecklenburg-Rheda.

7ᵉ Régiment d'infanterie, Rhin, N° 69 :

Major	de Hadeln.	2ᵈ lieutenant	Hilt.
Capitaine	Struck.	»	de Reitzenstein.
1ᵉʳ lieutenant	Münch.	»	Bᵒⁿ de Schrötter.
»	Albrecht.		

8ᵉ Régiment d'artillerie :

Capitaine   de Hadeln.   Capitaine   Rördansz.

Bataillon de landwehr de réserve, Cologne :

2ᵈ lieutenant Halm, au régiment d'infanterie N° 29.
» Bram, » » N° 69.

IXᵉ Corps.
(18ᵉ Division.)

Régiment de fusiliers, Magdebourg, N° 36 :

Colonel   de Brandenstein.   1ᵉʳ lieutenant Henschel.
1ᵉʳ lieutenant Braun.

Régiment d'infanterie, Schleswig, N° 84 :

Capitaine	de Koschembahr.	2ᵈ lieutenant	Störzel.
1ᵉʳ lieutenant	Materne.	»	Offersen (R).
»	Hoffman.	»	Lemke (R).
2ᵈ »	Bütow.	»	Gravert (R).
»	Baumin.		

Régiment d'infanterie, Holstein, N° 85 :

Major	Wolff de Goddenthow.	Capitaine	Fischer.
Capitaine	de Lengerke.	1ᵉʳ lieutenant	Faust.
»	de Brixen-Moutzel.	2ᵈ »	Sage de Fontenay (R).
»	Schuster.		

9ᵉ Régiment d'artillerie :

Major	de Gayl.	2ᵈ lieutenant	Korschefski.
1ᵉʳ lieutenant	Göze.		Ladewig.
»	Horremann.		Adam.

N.-B. — *Les noms des officiers du corps saxon et de la division hessoise, tués à cette bataille, paraîtront ultérieurement.*

TABLE DES MATIÈRES.

XIII.	Considérations sur les suites des victoires du 6 août..	5
XIV.	Retraite de l'armée française vers Metz et Châlons, et changements introduits dans son ordre de bataille................	19
XV.	Nouveau coup d'œil sur le théâtre des opérations............	35
XVI.	Offensive des armées allemandes après leur entrée en France...	52
XVII.	Marches des armées allemandes vers la Moselle, jusqu'au 11 août, et dispositions pour le siége de Strasbourg.................	67
XVIII.	Opérations depuis le 12 août jusqu'à la reprise des hostilités....	89
XIX.	Bataille de Borny, le 14 août..............................	109
XX.	Mouvements stratégiques des 14 et 15 août..................	126
XXI.	Bataille de Vionville (première partie)......................	140
XXII.	Bataille de Vionville (seconde partie).......................	161
XXIII.	Opérations du 17 août et bataille de Gravelotte................	186
XXIV.	Victoire de Gravelotte.....................................	218

ANNEXES.

IV.	Noms des officiers tués à la bataille de Vionville, le 16 août 1870, ou morts peu après des suites de leurs blessures...........	252
V.	Noms des officiers prussiens tués à la bataille de Gravelotte, le 18 août 1870, ou morts peu après des suites de leurs blessures.	257

CARTES.

V.	Positions des deux armées belligérantes au 8 août 1870, et retraite de l'armée française après les combats du 6 août...........
VI.	Mouvements de l'armée allemande, du 11 au 13 août 1870......
VII.	Batailles de Metz (Borny, Vionville et Gravelotte), les 14, 16 et 18 août 1870....................................

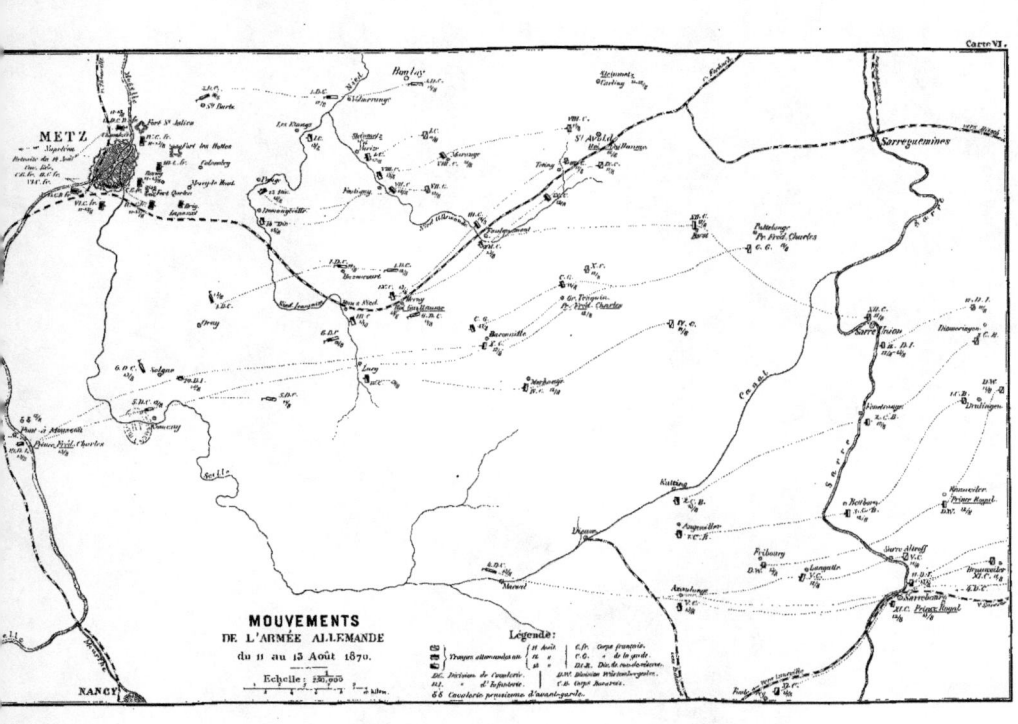

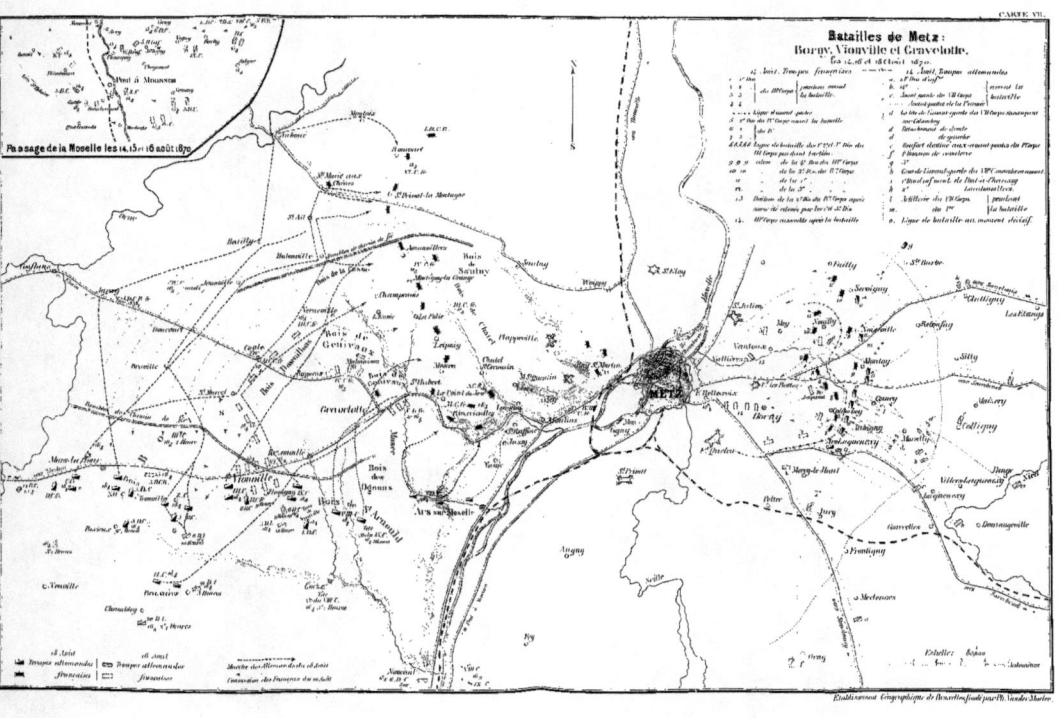

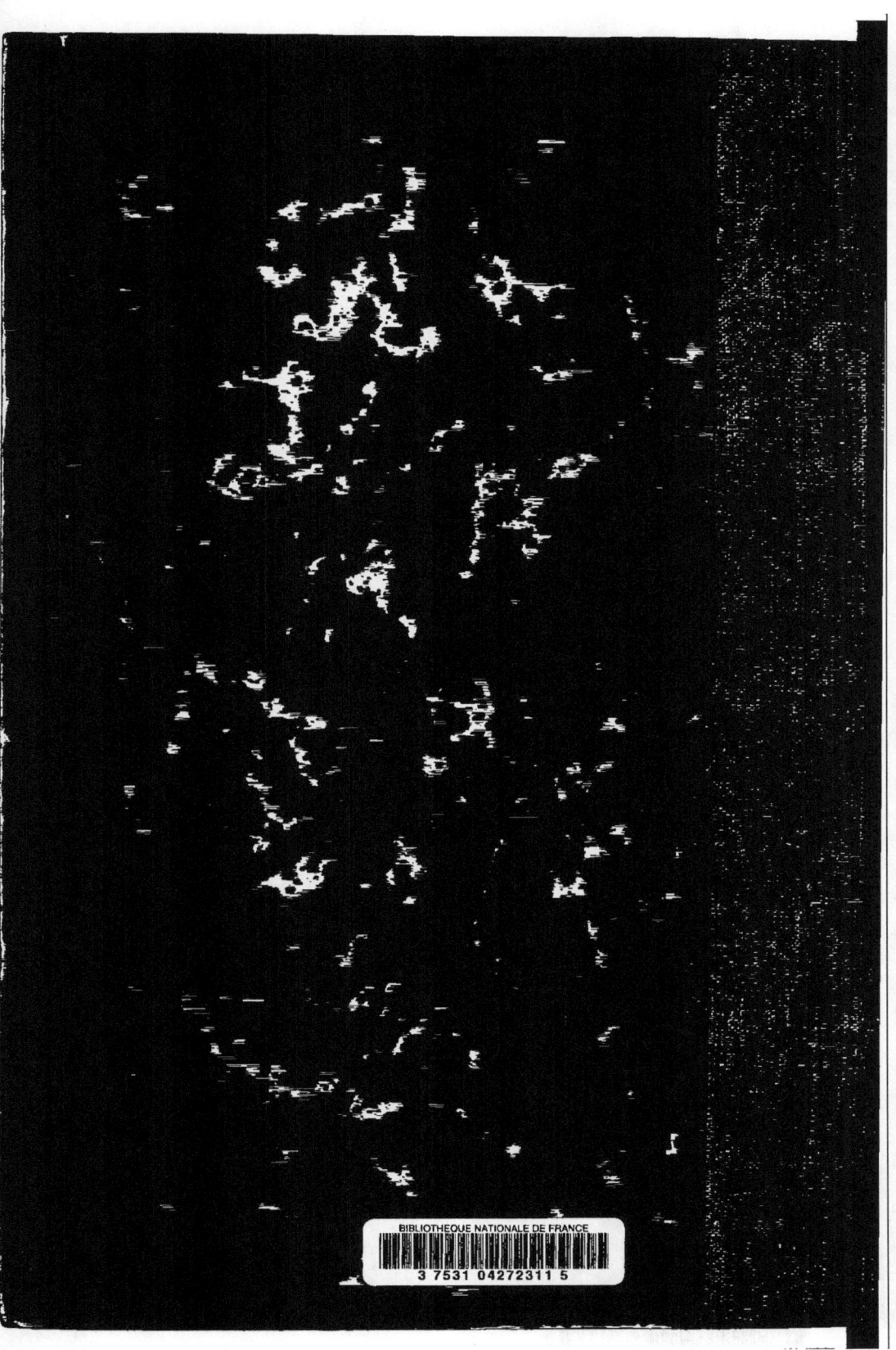

www.ingramcontent.com/pod-product-compliance
Lightning Source LLC
Chambersburg PA
CBHW050322170426
43200CB00009BA/1422